U0840931

新时代 新思想 新战略研究丛书
上海市习近平新时代中国特色社会主义思想研究中心

新时代我国社会发展的主要矛盾研究

XINSHIDAI WOGUO SHEHUI FAZHAN DE ZHUYAO MAODUN YANJIU

石建勋 | 著

人民出版社

总 序

党的十九大宣告，经过长期努力，中国特色社会主义进入了新时代，这是我国发展新的历史方位。在新时代中国特色社会主义的伟大实践中，我们党创造性地发展马克思主义和中国特色社会主义理论体系，形成习近平新时代中国特色社会主义思想。在这一新思想的指引下，中国共产党领导中国人民历史性地开启社会主义现代化事业新征程，奋力夺取新时代中国特色社会主义的新胜利。

一、新时代是催生新思想的伟大时代

新时代是承前启后、继往开来、在新的历史条件下继续夺取中国特色社会主义伟大胜利的时代，是决胜全面建成小康社会、进而全面建设社会主义现代化强国的时代，是全国各族人民团结奋斗、不断创造美好生活、逐步实现全体人民共同富裕的时代，是全体中华儿女勠力同心、奋力实现中华民族伟大复兴中国梦的时代，是我国日益走近世界舞台中央、不断为人类作出更大贡献的时代。

时代是思想之母，实践是理论之源。正如习近平总书记所说，“这是一个需要理论而且一定能够产生理论的时代，这是一个需要思想而且一定能够产生思想的时代。我们不能辜负了这个时代”。新时代是呼唤新思想的时代，也是催生新思想的时代。进入新时代，中国特色社会主义站在承前启后、继往开来的新起点上。在新的历史条件下谱写中国特色社会主义新篇章已经历史性地提到中国共产党人面前。新时代强烈呼唤我们党推动理论创新。与此同时，党的十八大以来，我们党以巨大的政治勇气和强烈的责任担当，提出一系列新理念新思想新战略，出台一系列重大方针政策，推出一系列重大举措，推进一系列重大工作，解决了许多长期想解决而没有解决的难题，办成了许多过去想办而没有办成的大事，推动党和国家事业发生历史性变革。这些历史性变革，不仅对党和国家事业发展产生了具有重大而深远的影响，而且也为我们党理论创新提供了丰厚的实践养分。习近平新时代中国特色社会主义思想就是在回答时代命题、总结实践经验的基础上形成的理论成果。

二、新思想是引领新时代的创新理论

习近平新时代中国特色社会主义思想运用马克思主义立场观点方法，聚焦新的时代命题，凝结新的思想精华，总结党的十八大以来的开创性独创性实践经验，提出一系列新思想新观点新论断。习近平新时代中国特色社会主义思想是引领新时代的科学理论。

回答新的时代课题。改革开放以来，党的全部理论和实践的主题是坚持和发展中国特色社会主义，但在不同发展阶段又具有不同理论内涵和呈现形式。进入新时代，由于我国发展已经进入新的历史方位，在新的时代条件下坚持和发展中国特色社会主义面临诸多新形势、新任务和新要求。习近平新时代中国特色社会主义思想正是在系统而深入地回答重大时代课题中推动马克思主义中国化深入发展，取得一系列重大理论创新成果。

构建起新的理论体系。习近平新时代中国特色社会主义思想是内涵丰富、系统完整、逻辑严密、独具特色的理论体系，其核心要义是“八个明确”，基本方略是“十四个坚持”。它系统回答了新时代坚持和发展中国特色社会主义的总目标、总任务、总体布局、战略布局和发展方向、发展方式、发展动力、战略步骤、外部条件、政治保证等基本问题，内容涵盖经济、政治、法治、科技、文化、教育、民生、民族、宗教、社会、生态文明、国家安全、国防和军队、“一国两制”和祖国统一、统一战线、外交、党的建设等各领域。这一理论体系具有鲜明的时代性、实践性和原创性，是中国特色社会主义理论体系最鲜活的组成部分。

开辟新的理论境界。习近平新时代中国特色社会主义思想赋予马克思主义以新的时代内涵，提出一系列新理念新思想新战略。这些理论上的重大突破、重大创新、重大发展，对马克思主义哲学、政治经济学、科学社会主义和建党学说的发展作出了重大原创性贡献，开辟了马克思主义新境界，开辟了中国特色社会主义新境界，开辟了党治国理政新境界，开辟了管党治党新境界。

习近平新时代中国特色社会主义思想是走好新时代长征路的主心骨和定盘星。这一新思想着眼于新时代坚持和发展中国特色社会主义，聚焦于实现中华民族伟大复兴的中国梦，从战略上规划全面建成小康社会、全面建设社会主义现代化国家。我们党将习近平新时代中国特色社会主义思想确立为党和国家必须长期坚持的指导思想，就是从根本上确立起我国社会主义现代化建设的行动指南，必将对新时代党和国家事业发展产生重大而深远的影响。

三、新战略是迈向民族复兴的战略部署

新时代是中华民族圆梦的时代。在习近平新时代中国特色社会主义思想指引下，中国共产党带领中国人民奋力开拓中国特色社会主义事业新局面，昂首阔步迈向民族复兴的新征程。

新战略是建设社会主义现代化强国的战略部署。从十九大到二十大，是“两个一百年”奋斗目标的历史交汇期。我们既要全面建成小康社会、实现第一个百年奋斗目标，又要乘势而上开启全面建设社会主义现代化国家新征程，向第二个百年奋斗目标进军。为此，我们党清晰地描绘了实现现代化的两个“十五年”战略规划，即从二〇二〇年到二〇三五年，在全面建成小康社会的基础上，再

奋斗十五年，基本实现社会主义现代化；从二〇三五年到本世纪中叶，在基本实现现代化的基础上，再奋斗十五年，把我国建成富强民主文明和谐美丽的社会主义现代化强国。实现上述战略目标，就必须统筹推进中国特色社会主义事业“五位一体”总体布局，协调推进“四个全面”战略布局，坚定不移贯彻创新、协调、绿色、开放、共享的发展理念，按照党的十九大做出的战略规划，不断把中国特色社会主义伟大事业推向前进。

实现民族伟大复兴是近代以来中华民族最伟大的梦想。中国特色社会主义进入新时代，意味着近代以来久经磨难的中华民族迎来了从站起来、富起来到强起来的伟大飞跃，迎来了实现中华民族伟大复兴的光明前景。今天，我们比历史上任何时期都更加接近、更有信心和能力实现中华民族伟大复兴的目标。承载着伟大历史使命的中国共产党人正在根据进行伟大斗争、建设伟大工程、推进伟大事业、实现伟大梦想的“四个伟大”战略设计，勇于担当，砥砺前行，不负人民重托，无愧历史选择，致力于铸就中华民族伟大复兴的千秋伟业。

党的十九大胜利召开后，为深入研究党的十九大精神，上海市社科规划办专门列出系列课题。上海市习近平新时代中国特色社会主义思想研究中心从完成结项的课题中精选十本书稿，这些书稿聚焦于不同的主题，从不同的维度深刻地阐释了新时代、新思想、新战略的思想内涵和实践要求，总体上反映了当前上海学术界研究阐释党的十九大精神的初步成果，为广大理论工作者和党员干部提供一套学习研究习近平新时代中国特色社会主义思想和党的十九大精神的参考资料。期待这套丛书的出版能够起到抛砖引玉的作用，推动学术界不断深化对习近平新时代中国特色社会主义思想的研究。

上海市习近平新时代
中国特色社会主义思想研究中心
2018 年 10 月

目　录

前　言

党的十九大报告指出："中国特色社会主义进入新时代，我国社会主要矛盾已经转化为人民日益增长的美好生活需要和不平衡不充分的发展之间的矛盾。"这一重大政治判断是习近平新时代中国特色社会主义思想的重要组成部分和核心内容，蕴涵着辩证唯物主义和历史唯物主义的世界观与方法论，深刻阐明了中国特色社会主义进入新时代的社会矛盾运动规律，具有重大历史意义、现实意义和理论意义。

建党 90 多年的历史和实践证明，对我国社会发展主要矛盾的分析判断，一直是中国共产党制定符合中国实际的路线、方针和政策的理论前提。旧的矛盾解决了，新的矛盾接着出现，中国共产党的历史就是不断地深刻认识和判断社会主要矛盾，不断修正错误，不断解决中国社会主要矛盾、从胜利走向胜利的历史。90 多年党的历史表明，什么时候党对社会主要矛盾分析判断准确，什么时候就能够制定出符合实际的路线、方针、政策和战略，团结带领全国各族人民取得革命和建设的胜利，什么时候对社会主要矛盾分析判断错误，什么时候就会犯右倾保守或"左倾"冒进的错误，革命和建设就会遭受挫折和损失。深入研究分析我国社会发展的主要矛盾演变发展的历史逻辑，对于深刻理解我国社会发展的矛盾运动规律，深刻理解新时代我国社会主要矛盾发生转化的历史条件、历史背景和历史脉络有着重要的理论和实践意义。这有助于我们对基本国情做出科学准确的判断和清晰认识，有助于我们深刻理解和把握习近平新时代中国特色社会主义思想的深刻内涵和科学要义，有助于我们紧扣时代主题，全面贯彻执行党的十九大精神，不断解决我国社会主要矛盾。

新中国成立以来近70年来，特别是改革开放40年来的历史和实践证明，我国社会主要矛盾发生转化不是偶然的，是我国社会主要矛盾运动和社会经济发展从量变到质变的必然结果，有着复杂深刻的演变发展的历史逻辑、现实逻辑和理论逻辑。其历史逻辑和现实逻辑就是：我国社会发展的主要矛盾发生变化是我国社会主要矛盾运动的必然结果；是改革开放以来我国社会经济发展进步，从量变到质变的必然结果；是党的十八大以来，以习近平同志为核心的党中央团结带领全国各族人民推进党和国家事业发生历史性变革必然结果；是以习近平同志为核心的党中央与时俱进、广纳善言、虚怀若谷、博采众长、承前启后、继往开来、勇于创新的理论成果。再一次升华了中国共产党对我国社会主要矛盾运动规律的认识水平和把握能力，开辟了马克思主义、毛泽东思想关于社会矛盾运动理论的新境界。

新时代我国社会主要矛盾发生转化的理论逻辑是：新时代社会主要矛盾转化是马克思主义关于生产力和生产关系、经济基础和上层建筑两对社会基本矛盾运动在新时代的必然体现，也是马克思主义唯物辩证法和历史唯物主义主要矛盾运动规律的逻辑使然。在社会主义发展的整个历史长河中，社会主义会因为生产力的发展状况不同而必然经历不同的发展阶段，在不同的发展阶段或时代，社会主要矛盾就有所不同。人民需要与社会生产之间的矛盾就会表现出不同的形式和内容，这就决定了社会主要矛盾必然会随着发展阶段的转变而发生新的转化。

新时代我国社会主要矛盾的发生转化是关系全局的历史性变化，它既是改革开放以来特别是党的十八大以来深入贯彻以人民为中心的发展思想，推动经济社会取得重大历史成就和人民生活不断改善的必然结果，又是中国特色社会主义进入新时代的鲜明标志，为新时代中国特色社会主义提供了发展进步的根本依据和内在动力源泉。因此，系统分析总结我国社会主要矛盾演变发展的历史逻辑、现实逻辑和理论逻辑，对于研究阐释新时代解决主要矛盾的基本方略有重要的理论和实践意义。

本书以马克思主义、毛泽东思想和邓小平理论，特别是以习近平新时代中国特色社会主义思想为指导，运用马克思主义政治经济学、辩证唯物主义和历史唯物主义有关社会矛盾运动的理论分析方法，运用毛泽东的《矛盾论》、《实践论》等有关中国社会主要矛盾的理论分析方法，总结分析我国社会发展的历史阶段、历史新方位和新时代特点；研究分析新时代我国社会发展的主要矛盾转化的历史逻辑、现实逻辑、理论逻辑和理论意义。在此基础上，系统研究坚持以人民为中心的发展思想是解决我国社会主要矛盾的根本遵循；贯彻落实新发展理念，着力解决好不平衡不充分的发展问题；深化供给侧结构性改革，不断化解社会需要与供给之间的矛盾；建设现代化经济体系，为解决我国社会主要矛盾创造强大的物质基础；走中国特色“四化”发展道路，找准化解社会主要矛盾的战略着力点；实施乡村振兴战略、着力破解农村发展不平衡不充分难题；实施区域协调发展战略，着力破解区域发展不平衡不充分难题；完善公共服务体系和社会保障制度，满足人民群众社会保障需求等多方面解决新时代我国社会发展主要矛盾的指导思想、战略布局和实现路径。

第一章　我国社会发展道路的历史必然性

深刻认识和理解新时代我国社会发展的社会主要矛盾转化，首先需要研究和回答的问题是：中国特色社会主义是从哪里来的？走什么样的道路？要到哪里去？今天的发展阶段处于什么样的历史方位？

2012年11月，习近平总书记参观《复兴之路》基本陈列时指出："实现中国梦必须走中国道路。这就是中国特色社会主义道路。这条道路来之不易，它是在改革开放30多年的伟大实践中走出来的，是在中华人民共和国成立60多年的持续探索中走出来的，是在对近代以来170多年中华民族发展历程的深刻总结中走出来的，是在对中华民族5000年悠久文明的传承中走出来的，具有深厚的历史渊源和广泛的现实基础。"

一、我国社会发展道路的艰难探索历程

近代我国社会发展历经了170多年的道路选择和艰难探索，从

君主立宪到民主共和、军阀混战到被日本侵略和肢解、独裁的蒋家王朝到社会主义新中国的独立，从早期社会主义的探索实践到中国特色社会主义道路的成功实践。这一艰难探索历程，可以形象地用三声炮响来形象地描述和深刻分析。

（一）1840年鸦片战争的一声炮响，中断了几千年中国封建社会发展进程，打开了中国封闭的大门，迫使中国融入世界工业化、现代化和资本主义体系，中国进入了半殖民地、半封建社会，逐渐从君主立宪到民主共和、进入早期资本主义探索阶段

1911年发生的辛亥革命推翻封建君主专制制度之后，中国面临着向何处去的道路选择问题，国内资产阶级革命派和改良派所付出的种种振兴中华的努力不断遭受失败。在四分五裂、军阀混战、天下大乱的旧中国，一大批先进的中国人远渡重洋，上下求索救国救民的真理。习近平总书记在欧洲访问时曾指出："君主立宪制、复辟帝制、议会制、多党制、总统制都想过了、试过了，结果都行不通。"① 残酷的事实一再证明，在西方列强和国内封建势力异常强大的半殖民地半封建的中国，试图走建立资产阶级民主共和国的道路，已经走不通了。中国革命、中国社会的发展、中华民族复兴迫切需要新的思想、新的理论，需要在新的领导力量带领下，走出新的道路已成为历史必然。

① 《习近平谈治国理政》，外文出版社2014年版，第282页。

（二）1917 年俄国十月革命的一声炮响，给中国传来了马克思列宁主义和社会主义道路新模式，在落后国家可以首先建立社会主义国家，走出半殖民地、半封建社会

十月革命的爆发为中国社会发展和中国革命带来了新的希望、新的模式。中国的先进分子经由十月革命获得了观察认识世界的革命理论——马克思列宁主义。毛泽东同志曾经说过："十月革命一声炮响，给我们送来了马克思列宁主义。十月革命帮助了全世界的也帮助了中国的先进分子，用无产阶级的宇宙观作为观察国家命运的工具，重新考虑自己的问题。走俄国人的路——这就是结论。"在当时，中国国情与俄国相近，俄国这种经济文化落后国家能够通过工农革命建立社会主义国家，这对中国革命产生了极强的示范性。十月革命的胜利在方向上、方法上、精神上都对中国革命产生了深远影响，"催速了中国革命的实现"，促使中国最终选择了马克思主义，成立了中国共产党，走上了通过武装斗争，取得国家独立，完成新民主主义革命的道路。诞生于 20 世纪 20 年代初的中国共产党，由小到大，由弱变强，不是偶然的。它以改变近代中国积贫积弱的悲惨命运为已任，以实现民族独立、人民解放和幸福、国家富强为使命，以共产主义远大理想为奋斗目标，历经艰苦卓绝的不懈奋斗，团结带领全国各族人民洗雪了百年耻辱，谱写了只有共产党才能救中国的辉煌篇章。

（三）1949 年 10 月 1 日天安门广场开国大典的一声炮响，开启了中国社会主义建设道路的探索历程，标志着中国人民站起来了，从此进入了国家独立、民族自决和社会主义发展新的历史阶段

以毛泽东同志为核心的中国共产党的第一代中央领导集体，带领全党全国各族人民完成了新民主主义革命，进行了社会主义改造，确立了社会主义基本制度，建设完成了比较完备的社会主义计划经济体系，为当代中国一切发展进步奠定了根本政治前提和制度基础。社会主义制度在中国的确立，彻底结束了近代以来的战乱、分裂局面，为实现中华民族伟大复兴奠定了根本制度前提。在探索社会主义建设过程中经历的曲折、取得的独创性理论成果以及工业、农业、国防、科技、文化等各领域的巨大成就，为开创中国特色社会主义事业提供了宝贵经验、理论准备和物质基础。

二、1978 年以后，我国社会发展道路的新探索

1978 年党的十一届三中全会以后，以邓小平同志为核心的党中央领导集体认真汲取新中国成立以来所经历的“社会主义改造”、“反右”、“大跃进”、“文革”动乱等的经验教训，深刻把握和顺应世界发展大势，通过真理检验标准的大讨论进行拨乱反正，果断地停止使用“以阶级斗争为纲”的口号，作出把党政工作重点转移到

社会主义现代化建设上来和实施改革开放的历史性战略决策，并提出社会主义本质的科学论断，确立了社会主义初级阶段基本路线，成功开创了中国特色社会主义新发展阶段。之后，经过几十年一以贯之的接力探索，中国特色社会主义道路不断向前推进和发展，最终形成一条符合中国独特文化传统、独特历史命运、独特国情的发展道路。

历史跨入21世纪第二个十年的门槛，如何在新时代进一步坚持和发展中国特色社会主义的历史重任摆在我们面前。2013年1月5日，习近平总书记在新进中央委员会的委员、候补委员学习贯彻党的十八大精神研讨班开班式上的讲话中进一步强调："道路问题是关系党的事业兴衰成败第一位的问题，道路就是党的生命。"①党的十八大以来，在国内外形势错综复杂、经济社会发展面临诸多挑战和困难的严峻条件下，以习近平同志为核心的党中央坚定地认为，只有中国特色社会主义道路而没有别的道路，能够引领中国进步、实现人民幸福。以习近平同志为核心的党中央团结带领全党全军和全国各族人民继往开来、开拓进取，全面推进社会主义经济建设、政治建设、文化建设、社会建设、生态文明建设，中国政治、经济、文化、科技、国防实力和国际影响力不断迈上新台阶，为在新的历史条件下不断夺取中国特色社会主义建设的新胜利，打下了更为坚实的发展基础。

纵观党的十八大以来我国经济社会发展的伟大实践，不难看

① 《习近平在新进中央委员会的委员、候补委员学习贯彻党的十八大精神研讨班开班式上发表重要讲话》，《人民日报》2013年1月6日。

出，以习近平同志为核心的党中央对国内外环境和形势变化作出的重大判断、对经济社会发展作出的重大决策、对经济社会发展战略作出的重大调整，经受了实践检验，是符合实际的，为夯实中国特色社会主义发展基础、为增强走中国道路的自觉和自信做出了重大理论和实践贡献。①

三、我国社会发展道路的历史必然性分析

历史和现实充分证明，中国共产党领导中国人民走中国特色社会主义道路，是历史的选择、是人民的选择，是符合中国实际和人类社会发展规律的正确道路。“雄关漫道真如铁，而今迈步从头越”。事实证明，只有社会主义才能救中国，只有改革开放才能发展中国、发展社会主义。中国特色社会主义是当代中国发展进步的根本方向，只有中国特色社会主义才能发展中国、富强中国，才能实现人民当家作主，过上幸福生活。发展才是硬道理，发展是解决我国一切问题的基础和关键。

中国特色社会主义道路是对实践经验的总结，是中国人民的自觉选择。在中国特色社会主义伟大实践中，作为实现途径的中国特色社会主义道路居于至关重要的地位。中国特色社会主义道路是党和人民在新中国建立、建设实践中，历经艰难曲折探索总

---

① 上海市中国特色社会主义理论体系研究中心：《善把大势　善谋大局——如何深入认识和把握我国发展规律》，《经济日报》2017 年 1 月 6 日。

结出来的一条经验性道路。习近平总书记指出，“中国特色社会主义不是从天上掉下来的，是党和人民历尽千辛万苦、付出巨大代价取得的根本成就”①。20 世纪 50 年代，从最初的“以俄为师”、走俄国人的路，到提出要“以苏为鉴”，通过把马克思主义与我国具体实际相结合，探索出社会主义建设的正确道路。1978 年召开十一届三中全会以来，中国共产党认真汲取之前 30 年探索社会主义建设道路的经验教训，深刻把握和顺应世界发展大势，在指导思想上进行拨乱反正，果断作出把党和国家的工作重点转移到社会主义现代化建设上来和实施改革开放的战略决策。在 20 世纪 80 年代，我们党领导人民坚持“摸着石头过河”的思想，克服了前进过程中的种种困难，不断在新的实践中积极探索，敏锐地认识到我国的经济社会发展水平还很低，各方面事业发展还很不完善，认为中国的发展离马克思、恩格斯等马克思主义经典作家所设想的情形存在差别，中国还处在社会主义的初级阶段。根据这个判断，我们党深刻阐述了中国特色社会主义发展过程中应该坚持的基本遵循，成功地探索出了符合中国实际的社会发展模式。因此，中国道路是近代以来一代又一代中国人历经曲折、坚持不懈探索中华民族伟大复兴而寻得的发展道路，集中体现了中国人民的智慧和力量，体现了全体中国人民的利益和意志，并得到中国社会各阶层的高度认同。

新时代的中国特色社会主义社会主要矛盾是站在新的起点上的

① 习近平:《在庆祝中国共产党成立 95 周年大会上的讲话》，人民出版社 2016 年版，第 12 页。

一个极其重要的历史判断，说明中国共产党在领导全国各族人民在社会主义征程的伟大实践中，已经解决了人民日益增长的物质文化需要同落后的社会生产之间的矛盾。主要矛盾的转化需要准确分析判断，新时代主要矛盾的解决需要新的思想引领，习近平新时代中国特色社会主义思想正是马克思主义中国化的最新成果，这一重要思想包括改革发展稳定、内政外交国防、治党治国治军等方方面面，都体现了以人民为中心的发展思想。为此，我们必须坚持以人民为中心的发展思想，坚持人民当家作主，坚持在发展中保障和改善民生，坚持人与自然和谐共生，坚持全面从严治党、始终保持党同人民群众的血肉联系……全党同志要永远与人民同呼吸、共命运、心连心，永远把人民对美好生活的向往作为奋斗目标，想人民之所想，急人民之所急，解人民之所困。唯有如此，我们方有无穷无尽的动力源泉，才会不断促进人的全面发展，真正实现全体人民共同富裕，才能更好解决人民日益增长的美好生活需要和不平衡不充分的发展之间的矛盾这一新时代中国社会的主要矛盾，从而早日实现中华民族伟大复兴的宏伟目标。

四、我国社会发展道路自信的依据

中国特色社会主义道路遵循了历史唯物主义发展规律，是中国人民的必然选择和历史选择。中国道路的成功开辟和不断拓展，对于人类社会发展具有重要示范价值。

（一）中国共产党领导是坚定道路自信最根本的力量源泉

长期以来，中国共产党带领人民探索形成的执政优势，使其具有了其他任何政治力量都无法比拟的领导力和组织力，具有独特的政治魅力。正是由于中国共产党 90 多年的不忘初心、砥砺前进，团结带领全国各族人民进行了艰苦卓绝的奋斗，为民族独立、国家富强和人民幸福作出了举世公认的历史贡献，才使中国人民更加深刻地认识到只有中国共产党才是中国社会进步和发展的坚强领导力量，才是实现全体中国人民当家作主的坚强基石，才是缩小贫富差距并最终实现共同富裕的领路人。中国共产党是中国道路的“定盘星”，是我们坚定道路自信最根本的力量源泉。中国共产党团结带领中国人民开创的中国特色社会主义道路是保持国家强盛和人民富裕、创造人类社会美好生活方式的必由之路。

中国共产党领导中国人民取得的伟大胜利，使具有 5000 多年文明历史的中华民族全面迈向现代化，让中华文明在现代化进程中焕发出新的蓬勃生机；使具有 500 多年历史的社会主义主张在世界上人口最多的国家成功开辟出具有高度现实性和可行性的正确道路，让科学社会主义在 21 世纪焕发出新的蓬勃生机；使具有 60 多年历史的新中国建设取得举世瞩目的成就，中国这个世界上最大的发展中国家在短短 40 年里摆脱贫困并跃升为世界第二大经济体，彻底摆脱被开除球籍的危险，创造了人类社会发展史上惊天动地的发展奇迹，使中华民族焕发出新的蓬勃生机。

（二）中国道路成功开辟了当代人类社会发展的新天地

“经过改革开放40年的努力奋斗，中国已经成为世界第二大经济体、第一大工业国、第一大货物贸易国、第一大外汇储备国。40年来，按照可比价格计算，中国国内生产总值年均增长约9.5%；以美元计算，中国对外贸易额年均增长14.5%。中国人民生活从短缺走向充裕、从贫困走向小康，现行联合国标准下的7亿多贫困人口成功脱贫，占同期全球减贫人口总数70%以上。”① 占世界总人口数五分之一的十几亿中国人民不仅解决了温饱问题，而且逐步走上了共同富裕道路，为国家繁荣昌盛、人民幸福安康、社会和谐稳定奠定了强大而坚实的物质基础。这不仅是中国人民生活状况和社会发展的巨大变化，也是中国对世界和平与发展事业的重要贡献。中国道路的伟大成就以及它所孕育的巨大经济能量和发展活力，已经成为当今整个世界经济社会发展的强大动力和主要引擎，有力地促进了世界经济的发展；中国作为世界经济增长的助推者，在促进世界经济稳定发展的同时，也为其他国家创造了发展机会，使世界各国尤其是发展中国家共享经济发展的成果。

（三）中国道路丰富和发展了人类文明发展道路的多样性

世界是丰富多彩的，文明多样性是人类社会的基本特征。前

① 习近平：《开放共创繁荣　创新引领未来——在博鳌亚洲论坛2018年年会开幕式上的主旨演讲》，人民出版社2018年版，第3页。

苏联和东欧国家解体以来，西方学者鼓吹的“历史终结论”喧嚣一时，一些西方国家常以自我为中心，把西方文明解释为人类文明普遍的、唯一的形式，将西方的现代化道路视为整个人类必须效法的“典范”加以推广。中国特色社会主义道路的成功开创，固然需要吸收、借鉴人类文明包括西方资本主义所创造的优秀文明成果，但吸收并非机械照搬照抄，现代化也不等于西方化；每个国家的国情并不相同，现代化道路的走法也不可能完全一样，人类社会的发展“不能只有一种文明、一种社会制度、一种发展模式、一种价值观念”①。

改革开放40年来，中国人民坚持立足国情、放眼世界，既强调独立自主、自力更生又注重对外开放、合作共赢，既坚持社会主义制度又坚持社会主义市场经济改革方向，既“摸着石头过河”又加强顶层设计，不断研究新情况、解决新问题、总结新经验，成功开辟出一条中国特色社会主义道路。中国人民的成功实践昭示世人，通向现代化的道路不止一条，只要找准正确方向、驰而不息，条条大路通罗马②。中国道路的成功开辟，反驳并解构了“西方中心主义”和“历史终结论”的神话，用事实证明了人类文明发展道路的多样性，丰富了马克思主义关于世界文明史演进发展的实践内涵。

---

① 种海峰：《中国道路的时代内涵和深远影响》，《中国社会科学报》2018年1月9日。

② 习近平：《开放共创繁荣　创新引领未来——在博鳌亚洲论坛2018年年会开幕式上的主旨演讲》，人民出版社2018年版，第4页。

（四）中国道路拓展了发展中国家走向现代化的途径，给世界上那些既希望加快发展又希望保持自身独立性的国家和民族提供了全新选择

中国发展道路在迈向现代化进程中，既汲取和借鉴人类社会文明发展成果，博采众长，也坚持中国特色社会主义根本制度，因此，中国道路的现代化不是西方化，在经济社会发展方式、价值观念和思维模式上有自己鲜明的独特性，在对外交往理念、政策和行为上有自己独有的标准，这使得中国道路既避免了西方模式的弊端，也充分发挥了社会主义制度的优越性。2008 年美国金融危机导致的世界经济危机、欧洲国家债务危机、难民危机、恐怖主义蔓延、西方经济长期低迷的事实充分证明，当西方资本主义发展方式遇到严峻挑战之时，中国式的现代化道路以其强劲、持续、快速的增长势头和令人瞩目的发展成就震撼了世界。现代化是人类社会发展的历史趋势，是众多国家所追求的共同目标。在西方的政治精英们在探求和苦苦思考着“后西方、后真相、后秩序”的时候，世界发展中国家举目向东，中国道路的成功、中国改革开放实践作为宝贵经验和精神财富，为广大发展中国家提供了新的选择和借鉴。

（五）中国特色社会主义道路是实现社会主义现代化的必由之路，是创造人民美好生活的必由之路

中国特色社会主义道路充满生机活力，创造了人类社会发展

史上的奇迹。落后国家如何实现现代化是一个历史性的课题。迄今为止，国际上曾出现过几种产生较大影响力的现代化发展模式，比如：西方模式、苏联模式和拉美模式。苏联模式以解体而告终；拉美模式陷入了“中等收入陷阱”不能自拔；一些发展中国家模仿西方模式陷入了国家政治动乱和经济停滞；西方模式本身也陷入了停滞不前的困境。与几种现代化发展模式相比，中国特色社会主义道路展现出强劲的活力。事实证明，中国特色社会主义道路已经在过去40年中创造了伟大的成就，是实现社会主义现代化的必由之路。只有中国特色社会主义道路而没有别的道路，能够引领中国进步、促进民族兴旺、实现人民幸福。只有坚定中国特色社会主义道路自信，坚定不移走中国特色社会主义道路，才能保证人民群众得到更多实惠，拥有更多获得感、幸福感、安全感；才能全面建成小康社会，加快推进社会主义现代化，才能不断夺取中国特色社会主义新胜利，最终实现中华民族伟大复兴的中国梦。

当然，现代化发展不可能一帆风顺，中国特色社会主义道路依然需要在实践中不断发展、完善。中国道路对共产党执政规律、社会主义建设规律、人类社会发展规律作出了新的探索和新的认识，我们相信，在以习近平同志为核心的党中央的坚强领导下，只要我们做到了“不忘初心、继续前进”，坚定不移地走中国道路，充分地激起各阶层社会力量的积极性和创造性，使社会活力全面迸发，就一定能够全面实现中国的现代化，实现中华民族伟大复兴的中国梦。

（六）中国道路取得了巨大成功，充分显示了中国力量

中国共产党领导中国人民坚持解放思想、实事求是，实现解放思想和改革开放相互激荡、观念创新和实践探索相互促进，充分显示了思想引领的强大力量。中国人民勇于自我革命、自我革新，不断完善中国特色社会主义制度，不断革除各方面体制弊端，充分显示了制度保障的强大力量。中国人民敢闯敢试、敢为人先，积极性、主动性、创造性空前高涨，创造了一个又一个令世人瞩目的“中国奇迹”，不断彰显了“中国优势”，使中国这条东方巨龙腾空而起，令那些抱有巨大优越感、自认为代表人类社会前进方向的西方社会为之震撼，充分显示了13亿多人民作为国家主人和真正英雄推动历史前进的强大力量。

中国力量就是中国各族人民大团结的力量，是全体中国人汇聚而成的整体力量。中国力量在战争年代具体表现为不屈不挠、勇往直前的力量，在和平建设时期表现为勤俭创业、艰苦奋斗的力量，在改革开放时期表现为奋勇拼搏、开拓创新的力量。常言道，团结就是力量。一滴水只有放进大海才能永远不会干涸，一个人只有把自己与集体融合在一起才最有力量，因为集体的团结能给个人以鼓舞和信心，使个人的能力得到充分发挥，集体的团结可以把每个人的长处集中起来，形成一股强大的合力。正因为如此，我们必须万众一心、同舟共济、同心同德、众志成城。实现中国梦，靠的正是这种集体的力量、团结的力量。只有每个人都梦想成真，才能使中国梦变为现实。习近平同志说得好，生活在我们伟大祖国和伟大时

代的中国人民，共同享有人生出彩的机会，共同享有梦想成真的机会，共同享有同祖国和时代一起成长与进步的机会。只有亿万中国人都确立为实现中国梦而不懈奋斗的信念和信心，心往一处想，劲往一处使，那么 13 亿多中国人的智慧和力量就必然会凝聚成一种无坚不摧、战无不胜的巨大力量。有了这种力量，中华民族伟大复兴就一定能尽快变为现实，中国梦就一定能实现。

第二章　我国社会发展阶段历史方位的分析与判断

早在民主革命时期，毛泽东就指出：“认清中国的国情，乃是认清一切革命问题的基本的根据。”认识国情，最重要的是搞清楚现实社会的性质和发展阶段，认识社会主要矛盾和它的变化。正是由于以毛泽东同志为核心的中国共产党第一代中央领导集体全面、准确地把握了当时我国处于半殖民地半封建社会这一基本国情，才正确地解决了新民主主义革命的对象、任务、性质、动力和前途等一系列基本问题，引导中国革命取得了胜利。在中国特色社会主义伟大事业发展的历史进程中，随着经济社会的快速发展变化，也有一个不断认识国情、正确判断我国社会发展所处历史方位、进而分析和判断我国社会主要矛盾的重大理论和实践问题。

一、我国社会主义发展阶段历史方位的分析判断及其探索

推进中国特色社会主义伟大事业，必须坚持一切从中国实际出

发。一个国家的实际是多方面的，包括社会性质、生产力水平、政治结构、文化传统、发展趋势等多个方面，但最大的实际是本国的历史方位即社会发展阶段。准确把握当代中国的历史方位，正确认识我国社会所处的发展阶段，是建设中国特色社会主义的首要问题，是制定和执行正确的路线、方针、政策的根本依据，也是制定国家中长期发展战略的根本前提。正因为如此，我们党始终高度重视对当代中国历史方位的判断和社会阶段性特征的分析。①

（一）毛泽东对新中国成立后我国社会发展阶段的预测、分析和判断

我国社会主义制度确立后，毛泽东多次提出我国社会主义发展的阶段问题，他在 1956 年 1 月召开的知识分子问题会议上提出了我国的社会主义社会已经进入、尚未完成的思想。后来，他又明确指出，我国社会主义制度只是“刚刚建立”，还没有“完全建成”，需要经过一段时间建立起现代工业和现代农业的基础，生产力得到比较充分的发展后，我们的社会主义经济制度和政治制度才算获得了比较充分的物质基础，社会主义社会才算从根本上建成了。但由于我国当时刚刚进入社会主义，没有足够的经验使我们对社会主义建设和发展的规律具有很清楚的认识。因此，关于社会主义发展阶段的思想没有能够得到坚持和进一步发展。在 1958 年的“大跃进”

---

① 秦宣：《认识和把握我国社会发展的阶段性特征——深入学习贯彻习近平同志“7 · 26”重要讲话精神》，《人民日报》2017 年 8 月 30 日。

和人民公社化运动中，由于对社会主义发展阶段认识不科学，对社会生产力发展速度作出严重错误的估计，又产生了“共产主义在我国的实现，已经不是什么遥远将来的事情了”的盲目乐观情绪。20世纪50年代末60年代初，在初步总结社会主义建设的经验教训后，毛泽东意识到了中国社会主义建设的艰巨性、复杂性和长期性。他在读苏联《政治经济学教科书》时提出了一个重要的观点，认为：“社会主义这个阶段，有可能分为两个阶段，第一个阶段是不发达的社会主义，第二个阶段是比较发达的社会主义。后一阶段可能比前一阶段需要更长的时间。”“在我们这样的国家，完成社会主义建设是一个艰巨任务，建成社会主义不要讲得过早了。”他在纠正“大跃进”的错误时，批评急于向共产主义过渡的人是误认社会主义为共产主义、按劳分配为按需分配、集体所有制为全民所有制，同时他还批评了否认价值规律和等价交换等错误思想倾向。毛泽东对社会主义发展阶段的划分，对混淆社会主义同共产主义的区别，对否认价值规律和等价交换等观点的批评，为后来我国社会主义社会发展阶段的探索提供了十分有益的启示。但是，20世纪60年代党的指导思想方面，“左”的倾向不断发展，进而把社会主义理解为“从资本主义社会到共产主义社会的革命转变时期”，中断了探索我国社会主义发展阶段的正确之路。

（二）邓小平对我国社会发展阶段的分析和判断

1978年末中国共产党十一届三中全会以后不久，邓小平就提出，底子薄、人口多、生产力落后，这是中国的现实国情，强调中国的现代化建设必然是长期的。1981年党的十一届六中全会通过的《关于建国以来党的若干历史问题的决议》，第一次提出我国社会主义制度还处于初级阶段。1986年9月中国共产党第十二届中央委员会第六次全体会议通过了《关于社会主义精神文明建设指导方针的决议》，对这一阶段的精神文明建设等内容作了一定的分析。但总的说来，这三次提出社会主义社会初级阶段或初级发展阶段时，都还没有把它作为建设中国特色社会主义的全局性问题加以把握，因而也还没有把它作为制定党的路线和政策的根本依据加以展开和发挥。

1987年，党的十三大召开前夕，邓小平强调指出：“党的十三大要阐述中国社会主义是处在一个什么阶段，就是处在初级阶段，是初级阶段的社会主义。社会主义本身是共产主义的初级阶段，而我们中国又处在社会主义的初级阶段，就是不发达的阶段。一切都要从这个实际出发，根据这个实际来制定规划。”这个论述，第一次把社会主义初级阶段作为事关全局的基本国情加以把握，明确了这一问题是党制定路线、方针、政策的出发点和根本依据。党的十三大对社会主义初级阶段和党的基本路线的系统阐述，表明了党对社会主义和中国国情认识上的一次飞跃。

（三）党的十五大至十八大对我国社会发展阶段的分析和判断

1997年9月，党的十五大进一步强调了社会主义初级阶段问题。正是基于我国现在处于并将长期处于社会主义初级阶段这一基本认识，党的十五大制定了党在社会主义初级阶段的基本纲领，精辟地回答了什么是社会主义初级阶段中国特色社会主义的经济、政治和文化，以及怎样建设这样的经济、政治和文化，进一步统一了全党全国人民的思想。

2002 年 11 月，党的十六大指出，我国正处于并将长期处于社会主义初级阶段，现在达到的小康还是低水平的、不全面的、发展很不平衡的小康，巩固和提高目前达到的小康水平，还需要进行长时期的艰苦奋斗。2007 年 10 月，党的十七大进一步指出，经过新中国成立以来特别是改革开放以来的不懈努力，我国取得了举世瞩目的发展成就，从生产力到生产关系、从经济基础到上层建筑都发生了意义深远的重大变化，但我国仍处于并将长期处于社会主义初级阶段的基本国情没有变，人民日益增长的物质文化需要同落后的社会生产之间的矛盾这一社会主要矛盾没有变。

2012 年，党的十八大突出强调，“建设中国特色社会主义，总依据是社会主义初级阶段”。党的十八大结束不久，习近平同志在主持十八届中央政治局第一次集体学习时就明确指出：“社会主义初级阶段是当代中国的最大国情、最大实际。我们在任何情况下都要牢牢把握这个最大国情，推进任何方面的改革发展都要牢牢立足这个最大实际。”在 2015 年 1 月中央政治局第二十次集体学习时，他进一步指出：当代中国最大的客观实际，就是我国仍处于并将长期处于社会主义初级阶段，这是我们认识当下、规划未来、制定政策、推进事业的客观基点，不能脱离这个基点。他还强调：既要看到社会主义初级阶段基本国情没有变，也要看到我国经济社会发展每个阶段呈现出来的新特点。

（四）党的十九大对我国社会发展阶段的分析和判断

习近平在党的十九大报告指出，中国特色社会主义进入了新时代，我国社会主要矛盾发生了转化，但我国仍处于并将长期处于社会主义初级阶段的基本国情没有变，我国是世界最大发展中国家的国际地位没有变。这是党的十九大报告对我国社会主义所处历史阶段的明确判断和再次重申，并要求全党在决胜全面建成小康社会、夺取新时代中国特色社会主义伟大胜利的征程中要牢牢把握社会主义初级阶段这个基本国情，牢牢立足社会主义初级阶段这个最大实际，牢牢坚持党的基本路线这个党和国家的生命线、人民的幸福线。这是新时代中国特色社会主义始终沿着正确方向前进的根本保证。

总之，党的十一届三中全会以后的历次党代会，在总结新中国成立以来历史经验和改革开放以来新的实践经验的基础上，都对我国社会主义所处的历史阶段进行了新的探索，逐步作出了我国还处于并将长时期处于社会主义初级阶段科学论断，准确地把握了我国的基本国情。正是由于对社会主义初级阶段的基本国情有了一个科学认识和正确把握，我们才得以成功走出了一条建设中国特色社会主义的新道路，使社会主义在中国显示出蓬勃生机和活力，使社会主义现代化建设取得了举世瞩目的巨大成就。

二、我国社会主义初级阶段长期性的分析和判断

中国正处于并将长期处于社会主义初级阶段，这是我们党总结正反两方面历史经验、经过长期探索得出的基本结论。社会主义初级阶段，从 1956 年生产资料私有制的社会主义改造基本完成起，到社会主义现代化在我国基本实现为止，至少需要一百年的时间。这种长期性，是由历史前提、现实国情和世界经济发展趋势决定的。

首先，我国社会发展的历史条件决定了初级阶段的长期性。建立新中国后，我国社会发展进入了新的历史阶段，但社会主义的新中国是建立在落后的社会生产力基础上的，这种历史条件首先是由旧中国的贫穷落后状况决定的。我国原来长期处于经济文化落后的半殖民地半封建社会，没有经历过资本主义充分发展的阶段。新中国成立前夕，我国现代化工业经济只占整个国民经济的 10%左右，基本是靠手工劳动，这其实和古代没有太大区别。因此，当我国通过新民主主义革命进入社会主义的时候，生产力发展水平以及经济的社会化、工业化、市场化、现代化的程度，都远远落后于发达的资本主义国家。这就要求我们，必须用相当长的一个历史时期，去建立和发展社会主义应有的发达的生产力基础，提高人的现代化、经济的社会化、工业化、市场化和现代化程度，这个历史时期就是我国的社会主义初级阶段。

其次，我国现实的基本国情决定了初级阶段的长期性。虽然经

过新中国成立后近70年特别是改革开放40年的发展，我国的生产力有了很大的提高，我国国内生产总值总量排名世界第二位，一些重要产品的总产量，如粮食、棉花、煤炭、石油、钢铁、电力等都位居世界前列。但是由于我国人口多，人均指标都大大低于世界平均水平，人口多，底子薄，发展不平衡不充分，生产力不发达的状况还没有根本改变，经济质量和效益都不高，社会主义市场经济体制还不成熟，社会主义民主法制还不够健全，封建主义、资本主义腐朽思想和小生产习惯势力在社会上还有广泛的影响。另外，长期非均衡发展导致的我国社会不同区域、不同人群、城市和农村的发展不平衡不充分问题严重，贫富差距较大。这些都表明，要实现现代化，把我国建设成为富强、民主、文明、和谐、美丽的社会主义现代化强国，还有很长的路要走，我国的社会主义还将长期处于不发达阶段。

最后，世界发展的大趋势大环境决定了初级阶段的长期性。“二战”之后，随着世界范围的科技革命的迅猛发展，一些发达国家的生产力有了高度的发展，新的经济增长方式不断出现，2008年美国金融危机后，全球范围新一轮科技革命和产业变革正在孕育兴起，一些重大颠覆性技术创新正在创造新产业新业态，这将对世界经济转型调整和人类社会发展产生重大或根本的影响。应对金融危机、经济危机和生态环境危机导致的世界科技革命迅猛发展，推动了世界范围的产业创新，商业模式创新、制度创新、国际分工和价值链重构，社会治理方式创新已经开始深刻影响各国综合国力与竞争力的重新排序。从国内看，尽管近年来我国科技进步成就斐然，但科技教育文化总体水平还不高，原创性的科技创新能力、科技对经济社会发展的支撑能力不足，对经济增长的贡献率远低于发达国家水平。这就使我国要实现现代化强国的目标，更具艰巨性和复杂性，我们必须经过很长的时间艰苦努力，才能真正建立起发达的社会主义所要求的物质技术基础，而在这之前，我国只能长期处在社会主义初级阶段。

总之，社会主义初级阶段，既是中国社会主义的现实状态，也是中国社会主义发展的历史过程，实现这个历史过程中的一系列转变，至少需要上百年的时间。2012 年 11 月，习近平就指出，不仅在经济建设中要始终立足初级阶段，而且在政治建设、文化建设、社会建设、生态文明建设中也要始终牢记初级阶段；不仅在经济总量低时要立足初级阶段，而且在经济总量提高后仍然要牢记初级阶段；不仅在谋划长远发展时要立足初级阶段，而且在日常工作中也要牢记初级阶段。习近平进而指出，中国仍然处于社会主义初级阶段，仍然是世界上最大的发展中国家，发展仍然是解决中国一切问题的关键。

三、社会主义初级阶段的阶段性特征分析判断

社会主义初级阶段是长期性与阶段性相统一的动态发展过程，这是我国社会发展的历史特点和鲜明的中国特色。发展中国特色社会主义是一项长期而艰巨的历史任务，必须分阶段分步骤地完成。

理解我国社会主义发展的初级阶段，既要认识到其发展是一个相当长的历史时期，又要认识到其在长期的发展进程中必然还要经历若干具体阶段，不同时期会显现出不同的阶段性特征。可以说，阶段性特征标识新的发展阶段，新的发展阶段有新的阶段性特征。及时认识和准确把握新的历史条件下我国社会发展的阶段性特征，制定好新的发展阶段的大政方针、战略部署，对于党和国家事业再创新局面、持续推进中国特色社会主义创新发展具有十分重要的意义。

（一）党的十三大对初级阶段的阶段性特征概括

党的十一届三中全会以后，经过近 10 年的探索，1987 年党的十三大报告明确提出“我国正处在社会主义的初级阶段”的重大论断，第一次对社会主义初级阶段进行了系统而精辟的论证，从我国人口结构、工业发展水平、地区发展状况、科学教育文化发展等五个方面系统概括了我国社会主义初级阶段的基本特征。指出我国社会主义初级阶段，是逐步摆脱贫穷、摆脱落后的阶段；是由农业人口占多数的手工劳动为基础的农业国，逐步变为非农产业人口占多数的现代化的工业国的阶段；是由自然经济半自然经济占很大比重，变为商品经济高度发达的阶段；是通过改革和探索，建立和发展充满活力的社会主义经济、政治、文化体制的阶段；是全民奋起，艰苦创业，实现中华民族伟大复兴的阶段。并以此为依据制定了党在社会主义初级阶段的基本路线。

党的十三大报告还指出：“社会主义初级阶段是很长的历史发

展过程。我们对这个阶段的状况、矛盾、演变及其规律的认识，在许多方面还知之不多，知之不深。我们的许多方针、政策和理论还有待于完善，要随着实践的发展，不断经受检验，得到补充、修正和提高。”正因为如此，党的十三大之后每隔一段时间，我们党都要就中国社会发展阶段问题作出新的补充和概括。

（二）党的十五大对初级阶段的阶段性特征概括

1997年，在我国现代化建设“三步走”战略的第二步即将完成之前，经过十年的认识和实践，党的十五大更加全面地从现代化发展的水平、产业结构状况、经济运行方式、文化教育发展水平、人民富裕程度、地区发展状况、体制改革、精神文明建设及国际比较等方面，对社会主义初级阶段特征作出了新的概括，强调指出：社会主义初级阶段，一是逐步摆脱不发达状态，基本实现社会主义现代化的历史阶段；二是由农业人口占很大比重、主要依靠手工劳动的农业国，逐步转变为非农业人口占多数、包含现代农业和现代服务业的工业化国家的历史阶段；三是由自然经济半自然经济占很大比重，逐步转变为经济市场化程度较高的历史阶段；四是由文盲半文盲人口占很大比重、科技教育文化落后，逐步转变为科技教育文化比较发达的历史阶段；五是由贫困人口占很大比重、人民生活水平比较低，逐步转变为全体人民比较富裕的历史阶段；六是由地区经济文化很不平衡，通过有先有后的发展，逐步缩小差距的历史阶段；七是通过改革和探索，建立和完善比较成熟的充满活力的社会主义市场体制、社会主义民主政治体制和其他方面体制的历史阶段；八是广大人民牢固树立建设有中国特色社会主义共同理想，自强不息，锐意进取，艰苦奋斗，勤俭建国，在建设物质文明的同时努力建设精神文明的历史阶段；九是逐步缩小同世界先进水平的差距，在社会主义基础上实现中华民族伟大复兴的历史阶段。其中，第一条和第九条是对社会主义初级阶段基本特点和历史任务的总概括，其他七条是对社会主义初级阶段基本特点和历史任务在经济、政治、文化等各方面的展开。这九条充分体现了社会主义初级阶段历史发展的阶段性特征。

（三）党的十七大对初级阶段的阶段性特征概括

进入新世纪，我国进入全面建设小康社会新时期，人民生活实现了从温饱到总体小康的历史性跨越。2007 年召开的党的十七大明确指出：经过新中国成立特别是改革开放以来的不懈努力，我国取得了举世瞩目的发展成就，从生产力到生产关系、从经济基础到上层建筑都发生了意义深远的重大变化，但我国仍处于并将长期处于社会主义初级阶段的基本国情没有变。党的十七大报告还从八个方面对新世纪新阶段我国发展呈现出的新的阶段性特征，进行了深入分析和概括。第一，经济实力显著增强，同时生产力水平总体上还不高，自主创新能力还不强，长期形成的结构性矛盾和粗放型增长方式尚未根本改变；第二，社会主义市场经济体制初步建立，同时影响发展的体制机制障碍依然存在，改革攻坚面临深层次矛盾和问题；第三，人民生活总体上达到小康水平，同时收入分配差距拉大趋势还未根本扭转，城乡贫困人口和低收入人口还有相当数量，统筹兼顾各方面利益难度加大；第四，协调发展取得显著成绩，同时农业基础薄弱、农村发展滞后的局面尚未改变，缩小城乡、区域发展差距和促进经济社会协调发展任务艰巨；第五，社会主义民主政治不断发展、依法治国基本方略扎实贯彻，同时民主法制建设与扩大人民民主和经济社会发展的要求还不完全适应，政治体制改革需要继续深化；第六，社会主义文化更加繁荣，同时人民精神文化需求日趋旺盛，人们思想活动的独立性、选择性、多变性明显增强，对发展社会主义先进文化提出了更高要求；第七，社会活力显著增强，同时社会结构、社会组织形式、社会利益格局发生深刻变化，社会建设和管理面临诸多新课题；第八，对外开放日益扩大，同时面临的国际竞争日趋激烈，发达国家在经济科技上占优势的压力长期存在，可以预见和难以预见的风险增多，统筹国内发展和对外开放要求更高。

（四）党的十八大以来，中国特色社会主义进入了新的发展阶段

中国特色社会主义是在一个连续性与阶段性相统一的过程中持续向前推进的，因而这一伟大事业始终充满生机活力、不断创新发展。习近平在2017年“7·26”重要讲话中明确指出：“党的十八大以来，在新中国成立特别是改革开放以来我国发展取得的重大成就

基础上，党和国家事业发生历史性变革，我国发展站到了新的历史起点上，中国特色社会主义进入了新的发展阶段。”2012 年党的十八大以来的五年，是党和国家发展进程中极不平凡的五年。五年来的成就是全方位的、开创性的，五年来的变革是深层次的、根本性的。五年来，我们党以巨大的政治勇气和强烈的责任担当，提出一系列新理念新思想新战略，出台一系列重大方针政策，推出一系列重大举措，推进一系列重大工作，解决了许多长期想解决而没有解决的难题，办成了许多过去想办而没有办成的大事，推动党和国家事业发生历史性变革。这些历史性变革，对党和国家事业发展具有重大而深远的影响。深刻认识和准确把握党的十八大以来的我国社会发展呈现的新的阶段性特征，是新的历史条件下坚持和发展中国特色社会主义的认识基础和实践基础。

第三章　我国社会发展进入新时代的阶段性特征分析

习近平总书记在党的十九大报告中明确指出，“中国特色社会主义进入了新时代”，这是对我国发展所处新的历史方位的一个重大科学判断。全面理解这一重大判断，对于我们深刻认识新时代我国基本国情，对于学习贯彻习近平新时代中国特色社会主义思想，对于实现新时代两个百年的奋斗目标和实现中华民族伟大复兴的中国梦，有着重要的理论和实践意义。

中国特色社会主义进入了新时代，这是我国社会发展新的历史方位，是一个发展起来且努力走向强国新的历史发展阶段。党的十九大报告的逻辑起点和出发点，就是中国特色社会主义已经进入新时代。在新的历史方位上，我们要清晰认识新时代的本质内涵，新时代的主要特征，新时代的历史使命、奋斗目标和主要任务，特别是要完整准确地学习掌握习近平新时代中国特色社会主义思想丰富内涵，这不仅是新时代的新要求，也是新时代推进中国特色社会主义伟大事业的理论基础和思想武器。

一、新时代的本质内涵和重要特征

党的十九大报告从历史脉络、实践主题等方面展开论述，依次回答了新时代的中国要举什么样的旗、走什么样的路的问题；新时代要完成什么样的历史任务、进行什么样的战略安排的问题；新时代要坚持什么样的发展思想、达到什么样的发展目的的问题；新时代要以什么样的精神状态、实现什么样的宏伟目标的问题以及新时代的中国处于什么样的国际地位、要对人类社会作出什么样的贡献的问题。

党的十九大报告指出，这个新时代，是承前启后、继往开来、在新的历史条件下继续夺取中国特色社会主义伟大胜利的时代，是决胜全面建成小康社会、进而全面建设社会主义现代化强国的时代，是全国各族人民团结奋斗、不断创造美好生活、逐步实现全体人民共同富裕的时代，是全体中华儿女勠力同心、奋力实现中华民族伟大复兴中国梦的时代，是我国日益走近世界舞台中央、不断为人类作出更大贡献的时代。①

新时代的本质内涵和重要特征包括五个方面：

（一）新时代是承前启后、继往开来，在新的历史条件下继续夺取中国特色社会主义伟大胜利的时代

新中国成立后，我国社会发展经历了三个阶段：一是国民经济

① 习近平：《决胜全面建成小康社会　夺取新时代中国特色社会主义伟大胜利——在中国共产党第十九次全国代表大会上的报告》，人民出版社2017年版，第10页。

恢复与社会主义经济基础建设阶段。1949 年新中国成立后，经过相当长时间的努力，完成了社会主义改造，建立了社会主义制度，建立了较为独立、完整的工业体系和国民经济体系，为之后的经济起飞和社会主义现代化奠定了物质资本、人力资本、科技资本、制度基础。二是改革开放阶段。1978 年党的十一届三中全会之后，采取改革开放的政策和非均衡发展战略，中国经济和社会发展加速追赶西方发达国家，创造了世界经济长期高速增长的最高纪录，中国经济总体实力显著提升，跻身世界前列。三是中国特色社会主义新时代。2012 年党的十八大之后，中国经济进入新常态，协调推进“四个全面”和统筹推进“五大建设”，中国经济社会发展进入了协调发展新阶段，从高速增长转向高质量发展，从以经济建设为中心转向以人民为中心的发展，改革开放进入了更高层次更宽广领域的时代。

（二）新时代是决胜全面建成小康社会、进而全面建设社会主义现代化强国的时代

在党的十八大报告提出的人才强国、人力资源强国、社会主义文化强国、海洋强国等 4 个强国目标的基础上，党的十九大报告又新增了数个强国目标：制造强国、科技强国、质量强国、航天强国、网络强国、交通强国、贸易强国、体育强国、教育强国等，并提出人民健康水平提高也是强国的重要指标。党的十九大报告提出，到 2050 年，全面建成富强民主文明和谐美丽的社会主义现代化强国，富强、民主、文明、和谐、美丽的现代化强国内涵丰富，

包括实现共同富裕的民富国强、民主法制更加健全的现代化强国、更加文明和谐的现代化强国、生态环境质量提升和环境更加优美的现代化强国等多重内涵。

（三）新时代是全国各族人民团结奋斗、不断创造美好生活、逐步实现全体人民共同富裕的时代

在改革开放初期，为迅速摆脱落后困难的局面，邓小平提出了“白猫黑猫论”和“让一部分人和一部分地区先富起来”等加快发展、“做大蛋糕”的非均衡发展战略，中国经济在短短的三十多年高速发展中，取得了举世公认的成就，经济总量位居世界第二。但同时，我们应该看到，由于长期采取非均衡发展战略，导致中国的不同区域、城乡和居民收入“三大”差距过大。党的十八大以来，习近平多次强调，要遵循社会规律的实现包容性发展，是“坚定不移走共同富裕的道路”的发展，是“以人民为中心”的发展，是以“人民对美好生活的向往”为奋斗目标的发展，是“让人民群众有更多获得感”的发展。不仅把发展视为经济问题，更将之视为政治问题、社会问题，让更多人共享发展的成果。要实现从“做大蛋糕向做好、做优、做精和分好蛋糕”转变和历史性飞跃，只有坚持不懈地贯彻落实习近平遵循社会规律的发展理念，实现经济发展与社会发展协调，促进公平正义，让全体人民共同参与发展进程、共同享有发展成果，实现包容性发展，才能获得人民的普遍拥护，才能充分调动和激发人民的劳动热情，才能实现发展中国特色社会主义的根本目的。

（四）新时代是全体中华儿女勠力同心、奋力实现中华民族伟大复兴中国梦的时代

“今天，我们比历史上任何时期都更接近、更有信心和能力实现中华民族伟大复兴的目标”①。习近平同志关于实现中华民族伟大复兴中国梦的重要论述，为决胜全面建成小康社会、夺取新时代中国特色社会主义伟大胜利提供了科学理论指导，是鼓舞全党和全国人民奋力推进新时代中国特色社会主义伟大事业、实现中华民族伟大复兴中国梦的时代号角。实现中华民族伟大复兴的中国梦是中国共产党历代领导集体团结带领全党和全国人民不懈奋斗的共同目标和美好愿景。中国共产党从成立之日起，就义无反顾地肩负起了实现中华民族伟大复兴的历史使命，团结带领人民进行艰苦卓绝的斗争、谱写气吞山河的壮丽史诗，开启了从“站起来”到“富起来”，再到“强起来”的实现中华民族伟大复兴中国梦的伟大进程。

（五）新时代我国日益走近世界舞台中央、不断为人类作出更大贡献的时代

改革开放之初，基于中国自身实力不足的现实，邓小平同志当时提出，中国要不当头、不出头，要韬光养晦。改革开放几十年后中国

---

① 习近平：《决胜全面建成小康社会　夺取新时代中国特色社会主义伟大胜利——在中国共产党第十九次全国代表大会上的报告》，人民出版社 2017 年版，第 15 页。

的国际地位和自身实力大大提升，中国不可能独善其身，也不可能继续韬光养晦。世界的发展离不开中国，中国的继续发展也需要世界。一个更加民主、更加公平和有序、更加合理、更具有包容性和代表性的全球治理结构和治理制度体系，不仅是全世界人民的迫切要求，也是中国继续发展、实现“中国梦”所必需的良好外部环境。改革完善国际治理结构和治理制度体系，中国责无旁贷，不能缺席。党的十八大以来，以习近平同志为核心的党中央高瞻远瞩，统筹国际国内两个大局，从思想、理念、战略布局和世界公共品的提供等多方面，不断为改革完善全球治理贡献“中国智慧”、提出“中国方案”，全方位参与全球治理，逐渐走向“全球治理”的中心舞台。中国“十三五”规划提出的创新、协调、绿色、开放、共享“五大发展”理念，成为了G20杭州峰会共识的核心内容，中国提出的“一带一路”倡议体现在《全球基础设施互联互通联盟倡议》中，这说明中国道路、中国经验、中国发展战略、中国价值观同样具有世界意义，意味着中国特色社会主义拓展了发展中国家走向现代化的途径，为解决人类问题贡献了中国智慧、提供了中国方案。未来，中国在建设富强民主文明和谐美丽的社会主义现代化强国进程中，将逐渐成为世界综合国力和国际影响力领先的国家，中国人民必将为人类发展作出更大贡献。

二、深刻理解进入新时代三个重要意义

党的十九大报告指出，中国特色社会主义进入新时代，意味着

近代以来久经磨难的中华民族迎来了从站起来、富起来到强起来的伟大飞跃，迎来了实现中华民族伟大复兴的光明前景；意味着科学社会主义在二十一世纪的中国焕发出强大生机活力，在世界上高高举起了中国特色社会主义伟大旗帜；意味着中国特色社会主义道路、理论、制度、文化不断发展，拓展了发展中国家走向现代化的途径，给世界上那些既希望加快发展又希望保持自身独立性的国家和民族提供了全新选择，为解决人类问题贡献了中国智慧和中国方案。

（一）深刻理解“意味着近代以来久经磨难的中华民族迎来了从站起来、富起来到强起来的伟大飞跃，迎来了实现中华民族伟大复兴的光明前景”

以毛泽东同志为核心的第一代中央领导集体领导全国人民经过二十八年的浴血奋战，推翻了压在中国人民头上的三座大山，建立了新中国，中国人民从此站起来了。党的十一届三中全会以来，以邓小平同志为核心的第二代中央领导集体，开辟了改革开放新的发展阶段，带领人民开创了一条中国特色社会主义道路，极大地发展了生产力，增强了综合国力，提高了人民生活水平，使中国富起来了。邓小平之后的历届中央领导集体，继续高举中国特色社会主义伟大旗帜，带领全国人民向着“共同富裕”的全面小康社会目标奋勇前进。

党的十八大以来，以习近平同志为核心的党中央，接过历史的接力棒，带领全党全国各族人民奋发有为地推进中国特色社会主义伟大事业，明确提出“两个一百年”奋斗目标和中华民族伟大复兴的中国梦。坚定不移贯彻新发展理念，有力推动我国发展不断朝着更高质量、更有效率、更加公平、更可持续的方向前进。坚定不移全面深化改革，推动改革呈现全面发力、多点突破、纵深推进的崭新局面。坚定不移全面推进依法治国，显著增强了我们党运用法律手段领导和治理国家的能力。坚定不移推进生态文明建设，推动美丽中国建设迈出重要步伐。坚定不移推进国防和军队现代化，推动国防和军队改革取得历史性突破。坚定不移推进中国特色大国外交，营造了我国发展的和平国际环境和良好周边环境。坚定不移推进全面从严治党，大大增强了党的凝聚力、战斗力和领导力、号召力，为党和国家各项事业发展提供了坚强政治保证。我们相信，在以习近平同志为核心的党中央领导下，中华民族这个“东方巨龙”一定会日益“强起来”，中华民族伟大复兴的中国梦一定会实现！

（二）深刻理解“意味着科学社会主义在二十一世纪的中国焕发出强大生机活力，在世界上高高举起了中国特色社会主义伟大旗帜”

科学社会主义起源于资本主义的生产方式，是 19 世纪无产阶级反对资产阶级革命斗争的理论表述。马克思和恩格斯为这种斗争赋予了消灭资本主义制度、解放和发展社会生产力、实现人的自由而全面发展的历史使命。中国共产党以科学社会主义革命理论指导中国革命实践，带领人民开辟了新民主主义革命道路，解决了这个矛盾，建立了新中国；又在此基础上完成了社会主义改造，走上了社会主义道路。历经千辛万苦，付出高昂代价，终于以党的十一届三中全会的召开为契机，把科学社会主义的基本原则同时代条件有机结合起来，开创了中国特色社会主义。十一届三中全会以来，中国共产党带领中国人民开始了改革开放和现代化建设的新历程。运用实事求是的思想路线，围绕经济建设这个中心以及解放和发展社会生产力这个根本任务构筑起的中国特色社会主义现实形态，既体现了科学社会主义的基本要求和特征，又反映了中国实际和最广大人民的根本利益，从而实现了与科学社会主义的一脉相承。中国特色社会主义建立在新民主主义革命和社会主义改造成果的基础之上。正是这些成果使当代中国社会成为“社会主义”社会，并蕴含在中国特色社会主义之中，使其与科学社会主义一脉相承。我们党在 97 年革命、建设和改革进程中，始终遵循科学社会主义基本原则，经过艰辛理论探索和实践，形成了马克思主义中国化的一系列理论成果，使科学社会主义在 21 世纪焕发出新的蓬勃生机。特别是党的十八大以来，以习近平同志为核心的党中央站在新的历史高度，坚持科学社会主义基本原则，深刻把握社会主义建设规律，直面我国改革发展的新特点、新问题，科学统筹国内国际两个大局，毫不动摇地坚持和发展中国特色社会主义，开辟了科学社会主义发展新境界。从不同层面为世界社会主义政党的理论建设、制度建设和治国理政的理论与实践发展，尤其是坚定马克思主义信仰和对科学社会主义的信心提供了示范，为世界科学社会主义发展注入了新的生机与活力、作出了新的历史贡献。

（三）深刻理解“意味着中国特色社会主义道路、理论、制度、文化不断发展，拓展了发展中国家走向现代化的途径，给世界上那些既希望加快发展又希望保持自身独立性的国家和民族提供了全新选择，为解决人类问题贡献了中国智慧和中国方案”①

从根本上说，中国特色社会主义是改革开放以来党的全部理论和实践的主题，是党和人民历尽千辛万苦、付出巨大代价取得的根本成就。中国特色社会主义道路是实现社会主义现代化、创造人民美好生活的必由之路。从“什么是社会主义”的提问到“什么是社会主义现代化”的反思，反映了我们党对经济文化落后国家如何建设和巩固社会主义问题进行探索所取得的进程和深度。

中国是发展中国家的佼佼者，中国梦对广大发展中国家产生强大吸引力。中国要实现的中国梦，也是帮助其他发展中国家脱贫致富、提升国际地位的共同梦想。为此，中国秉承真、实、亲、诚理念，倡导正确的义利观，着力打造命运共同体，化中国梦为发展梦。所谓命运共同体，通俗地说，就是同甘共苦，最终追求共同的归宿和身份。共同利益，只是同甘；共同安全，才是共苦。

中国是新兴国家的领头羊，对其他新兴国家产生极大的示范、

---

① 习近平：《决胜全面建成小康社会　夺取新时代中国特色社会主义伟大胜利——在中国共产党第十九次全国代表大会上的报告》，人民出版社 2017 年版，第 10 页。

鼓励作用。中国梦也是新兴国家的发达梦。发展中国家和新兴国家在中国外交中的地位越来越重要，因为随着中国在全球产业链中从低端迈向高端，中国与发达国家竞争性上升，而与发展中国家、新兴国家互补性增强——发展中国家承接中国产业转移的后方市场，新兴国家则承接中端市场，与发展中国家中的新兴大国合作具有推动国际关系向着民主化、法制化方向发展的战略意义。

中国梦是东方文明复兴梦。对周边国家，中国秉承亲、诚、惠、容理念，着力打造责任共同体；对发达国家，秉承互利共赢、相互尊重理念，着力打造利益共同体。中国不会重复国强必霸的历史循环，不会将自己的意志强加于人，而是展现出传统文化的忠恕之道，努力开创新兴国家关系，提出亚洲新安全观，倡导和谐地区、和谐世界。

三、新时代新常态和高质量发展阶段的内涵和特征分析

2014 年 5 月，习近平总书记在河南考察时指出，“我国发展仍处于重要战略机遇期，我们要增强信心，从当前我国经济发展的阶段性特征出发，适应新常态，保持战略上的平常心态”。这是最高决策层首次使用“新常态”一词来描述中国经济。2014 年 12 月 16 日召开的中央经济工作会议指出，“认识新常态，适应新常态，引领新常态，是当前和今后一个时期我国经济发展的大逻辑”。只有

深刻认识和把握新常态演变发展的大逻辑和大趋势，才能更好地认识和把握新时代中国经济新常态和经济高质量发展新阶段的特征、目标、任务和根本要求，才能适应新常态、引领新常态、实现高质量发展。

（一）什么是中国经济新常态

回答这个问题，首先要考察中国经济旧常态的特征。中国经济的旧常态可理解为2008年美国金融危机以前的状态，主要有5个特征：一是经济高速增长，年增长率10%以上是常态；二是通胀率比较低；三是经济比较优势主要依靠廉价劳动力和资源要素投入，以及对环境资源掠夺式开发和粗放式利用；四是经济发展失衡，增长主要靠外延式大规模投资建设扩张、房地产业过度投资和中国加入世贸组织后外贸出口爆发式增长的拉动；五是高投资率、高储蓄、高杠杆率和低消费率是常态。①

2014年12月，中央经济工作会议首次比较全面系统地提出“经济新常态”九大趋势。从消费需求看，模仿型、排浪式消费阶段基本结束，个性化、多样化消费渐成主流；从投资需求看，基础设施互联互通和一些新技术、新产品、新业态、新商业模式的投资机会大量涌现；从出口和国际收支看，我国低成本比较优势发生了转化，高水平引进来、大规模走出去正在同步发生；从生产能力和产

① 石建勋：《中国经济新常态的演变逻辑分析及展望》，《光明日报》2015年1月29日。

业组织方式看，新兴产业、服务业、小微企业作用更凸显，生产小型化、智能化、专业化将成产业组织新特征；从生产要素相对优势看，人口老龄化日趋发展，农业富余人口减少，要素规模驱动力减弱，经济增长将更多依靠人力资本质量和技术进步；从市场竞争特点看，市场竞争逐步转向质量型、差异化为主的竞争；从资源环境约束看，环境承载能力已达到或接近上限，必须推动形成绿色低碳循环发展新方式；从经济风险积累和化解看，经济风险总体可控，但化解以高杠杆和泡沫化为主要特征的各类风险将持续一段时间；从资源配置模式和宏观调控方式看，既要全面化解产能过剩，也要通过发挥市场机制作用探索未来产业发展方向。

在分析“新常态”九大趋势性特点基础上，结合旧常态的5个特征，我们可以把中国经济新常态的主要特征概括总结为：我国经济正在向形态更高级、分工更复杂、结构更合理的阶段演化；经济发展正从高速增长转向中高速增长和高质量发展阶段；经济发展方式正从规模速度型粗放增长转向质量效率型集约增长；经济结构正从增量扩能为主转向调整存量、做优增量并存的深度调整；经济发展动力正从传统增长点转向新的增长点。显而易见，新常态特征还是趋势性特征。

（二）中国经济新常态与旧常态的逻辑演进关系

中国经济新常态是30多年快速发展旧常态逻辑演进的必然结果。改革开放之初，经济基础薄弱，物资极度匮乏，百姓温饱不足。在当时的历史条件下，要摆脱贫穷，实现跨越式发展，就必须运用各种手段促进经济快速增长，加快发展是当时一切工作的重中之重。然而，经过30多年高速增长，中国经济的体量已今非昔比。如今，一年的经济增量，就相当于20年前的全年经济总量。由于体量和基数变大，每增长一个百分点，在保就业、惠民生方面的效应明显增大，同时，每增长一个百分点，对资源环境的消耗也成倍增加。除此之外，传统产业投资相对饱和、产能严重过剩；全球总需求不振，外贸低成本比较优势削弱；生产要素的规模驱动力趋减；人口结构发生变化，劳动力成本快速上升；资源环境承载能力已达到或接近上限；各类隐性风险随经济增速下调显性化；全面刺激政策边际效果明显递减等。中国经济既“做不到”也“受不了”像过去那样高速增长。再加上世界经济进入新常态形成的倒逼力量，内外部因素叠加导致我国经济发展进入了新常态。①

（三）主动适应并引领中国经济新常态

新常态不仅是一个经济新词，也是一个新的哲学范畴，一种新的思维方式。唯物辩证法告诉我们：事物是不断发展变化的，经历了重大、剧烈的变动之后，往往出现不同以往的新特征，并且进入相对稳定的状态。经济发展是如此，社会发展的很多领域也是如

① 石建勋：《中国经济新常态的演变逻辑分析及展望》，《光明日报》2015年1月29日。

此。新常态来自于旧常态，但不是简单否定过去，而是变革和继承相统一的扬弃。没有过去 30 多年来快速发展奠定的物质基础，就没有现在步入新常态较高层次的发展阶段，就没有现在主动适应新常态的自信、从容和定力。

说到底，新常态是中国经济发展到一定阶段的必然结果，是经济发展规律的充分体现。从这个意义上讲，新常态不仅需要“新认识”，更需要主动适应新常态的“新心态”、“新观念”和“新举措”。现在中国经济、社会发展到了一个新的阶段，发展的基础、条件和任务都有了变化，我们应该顺势应变，正确发挥主观能动性，主动适应新发展阶段的经济新常态。当前，我国经济正处于增长速度换挡期、结构调整阵痛期、前期刺激政策消化期“三期叠加”的特殊阶段，如何有效缓解和化解这一特殊阶段的矛盾和风险，保持中国经济在新常态条件下的稳定运行，不仅是经济界、理论界的一个新课题，更是中国经济的每一个参与者必须主动适应的一个新情况、新问题。

无论从理论和现实考察，还是从国内外环境和条件变化的分析判断，经济新常态是“进行时”而非“完成时”，经济新常态 5 大特征只是一种趋势性的理想状态，还不是已实现或已达到的现实状态。这是因为，一方面，新旧常态转换是一个缓慢而复杂的过程，那些旧常态的受益者、旧常态的习惯者都不可能自愿接受新常态。从国际上看，世界走向新常态的过程是国家间不断争斗和博弈的过程，旧常态的引领者和受益者都不会自动退出历史舞台，美国和美元不会自动退出霸权地位，维护或恢复美国和美元霸权的旧常态，获取霸权收益是美国一贯的国策，不可能轻易改变。从国内看，对增长率的崇拜和热衷于大拆大建的旧习惯短期内也难以根本改变，旧常态的受益者也不会自愿放弃既得利益。在旧常态和新常态的博弈中有许多不确定性，有反复、有矛盾、有冲突在所难免。另一方面，理想中的新常态也不可能在某一天自然而然到来，必须要争取、要引领。从国际上看，平等、民主的国际关系和国际经济新秩序、多元化的国际货币新体系、开放公平互利的国际贸易新机制等新常态都需要健康的力量去争取、去引领。从国内看，中国经济目前正处在结构调整、转型升级的关键阶段，传统的动力和新的动力正处在一种胶着状态，传统动力的体量还是比较大，新的动力虽然代表新经济的发展方向，增长速度比较快，但体量还比较小。旧增长点的退出是波动性的，新增长点的发力也不是平稳的，这将导致未来三五年的经济增长速度出现波动。在这种情况下，我们既要保持定力，继续加大改革和结构调整，同时也要进行适度的预调、微调，引领中国经济尽快进入增长稳定、结构优化、环境改善、民生福利提高的新常态，力争把经济稳定在一个合理、合适的区间，为改革和结构调整创造稳定的环境。①

（四）高质量发展阶段的新特征分析

2017 年 12 月，中央经济工作会议指出，中国特色社会主义进

① 石建勋：《中国经济新常态的演变逻辑分析及展望》，《光明日报》2015 年 1 月 29 日。

入了新时代，我国经济发展也进入了新时代，基本特征就是我国经济已由高速增长阶段转向高质量发展阶段。只有深刻理解推动高质量发展的重大战略意义，才能牢牢把握高质量发展的根本要求，加快转变发展思路和工作方式，坚定不移地推动高质量发展。高质量发展的阶段新特征主要有以下几方面：

1. 高质量发展阶段是适应中国社会主要矛盾变化，不断满足人民日益增长的美好生活需要，创造人民美好生活的新阶段

进入新时代，人民群众期盼有更好的教育、更稳定的工作、更满意的收入、更可靠的社会保障、更高水平的医疗卫生服务、更舒适的居住条件、更优美的环境，期盼着孩子们能成长得更好、工作得更好、生活得更好。人民对美好生活的向往，就是中国共产党的奋斗目标。高质量发展就是要将人民对美好生活的期盼变成现实，多谋民生之利，多解民生之忧，不断增进人民群众的获得感、幸福感和成就感。2017 年 12 月召开的中央经济会议不仅提出了要把以人民为中心的发展思想，贯穿到统筹推进“五位一体”总体布局和协调推进“四个全面”战略布局之中，还针对人民群众关心的中小学生课外负担重、“择校热”、“大班额”、婴幼儿照护和儿童早期教育服务、“看病难、看病贵”、结构性就业矛盾等具体问题，部署了精准施策着力点。相信随着这些民生问题的解决，人民美好生活将在幼有所育、学有所教、劳有所得、病有所医、老有所养、住有所居、弱有所扶上取得新进展。人民对美好生活的向往，就是党的奋斗目标。

2. 高质量发展阶段是破解不平衡不充分发展难题，深化供给侧结构性改革，建设现代化经济体系的新阶段

从现实看，中国社会主要矛盾的主要方面是不平衡不充分的发展，主要表现是供给相对不足和供给结构性失衡。解决主要矛盾，必须以习近平新时代中国特色社会主义经济思想为指导，加强党对经济工作的领导，加快形成推动高质量发展的指标体系、政策体系、标准体系、统计体系、绩效评价、政绩考核，创建和完善制度环境，推动我国经济在实现高质量发展上不断取得新进展。就要从主要矛盾的主要方面入手，以供给侧结构性改革为主线，主攻方向是改善供给结构和提高供给质量，减少无效供给、扩大有效供给，提高供给结构对需求结构的适应性，用改革的办法消除资源优化配置和要素合理流动的体制机制障碍，完善市场在资源配置中起决定性作用的体制机制，提高全要素生产率，努力实现更高质量的发展。要统筹推进稳增长、促改革、调结构、惠民生、防风险各项工作，大力推进改革开放，创新和完善宏观调控，推动质量变革、效率变革、动力变革，提高全要素生产率；依靠创新发展，加快构建科技含量高、资源消耗低、环境污染少、实体经济、科技创新、现代金融、人力资源协同发展的现代产业体系；加强产业链与创新链有机融合，培育新的增长动力和竞争优势，加快形成以创新为主要引领和支撑的现代化经济体系和发展模式；用改革的办法消除资源优化配置和要素合理流动的体制机制障碍，完善市场在资源配置中起决定性作用的体制机制，提高全

要素生产率，才能实现高质量的发展。[①]

3. 高质量发展阶段是全面贯彻落实创新、协调、绿色、开放、共享的发展理念，创新成为第一动力、协调成为内生特点、绿色成为普遍形态、开放成为必由之路、共享成为根本目的的发展新阶段

高质量的发展意味着供给侧将提供满足人民需要的更多高端产品和优质服务；不断提高的质量标准也能让消费安全更有保障，衣食住行用都更放心；高质量发展意味着单位 GDP 的能耗降低，污染减少，天更蓝、水更清、大气质量不断改善，城乡居民的生活质量和健康水平不断提高；高质量发展意味着更加均衡更加协调的发展，不同地区、不同领域、不同群体和城乡的发展差距不断减少或消除，人民群众共享改革发展成果、不断实现全体人民共同富裕和社会公平。只有实现高质量的发展，才能形成经济富裕、政治民主、文化繁荣、社会公平、生态良好的发展格局，才能在本世纪中叶建成富强民主文明和谐美丽的社会主义现代化强国。

① 石建勋：《推动经济高质量发展从哪里发力》，《解放日报》2018 年 1 月 2 日。

第四章　我国社会发展的主要矛盾转化的历史逻辑

对我国社会发展主要矛盾的分析判断，一直是中国共产党制定符合中国实际的路线、方针和政策的理论前提。旧的矛盾解决了，新的矛盾接着出现，中国共产党的历史就是不断地深刻认识和判断社会主要矛盾，不断修正错误，不断解决中国社会主要矛盾、从胜利走向胜利的历史。九十多年党的历史表明，什么时候党对社会主要矛盾分析判断准确，什么时候就能够制定出符合实际的路线、方针、政策和战略，团结带领全国各族人民取得革命和建设的胜利，什么时候对社会主要矛盾分析判断错误，什么时候就会犯右倾保守主义或“左倾”冒进主义的错误，革命和建设就会遭受挫折和损失。深入研究分析我国社会发展的主要矛盾演变发展的历史逻辑，对于深刻理解我国社会发展的矛盾运动规律，深刻理解新时代我国社会主要矛盾发生转化的历史条件、历史背景和历史脉络有着重要理论和实践意义。这有助于我们对基本国情做出科学准确的判断和清晰认识，有助于我们深刻理解和把握习近平新时代中国特色社会主义思想的深刻内涵和科学要义，有助于我们紧扣时代主题，全面贯彻执行党的十九大精神，不断解决我国社会主要矛盾。

一、对新中国成立后我国社会主要矛盾的分析判断

1949年10月，中华人民共和国成立，标志着我国新民主主义革命阶段的基本结束和社会主义革命阶段的开始，我们进入了由新民主主义到社会主义的过渡时期。过渡时期就是社会主义改造时期，这一时期中国共产党关于社会主要矛盾的判断侧重于从国内阶级矛盾的角度来认识。新中国成立以后并且土地改革基本完成之前，仍然处在新民主主义革命时期的中国社会的主要矛盾是人民大众同帝国主义、封建主义和国民党残余势力之间的矛盾。这里的“国民党残余势力”是中国国民党所代表的官僚资本主义（或中国的大资产阶级，又称官僚资产阶级）的残余势力。此时的新中国面临着两大任务：一是继续完成新民主主义革命的遗留任务，彻底解决中国人民同三大敌人的矛盾，二是动员人民努力医治战争创伤，恢复破败的国民经济。因此，新中国成立初期，人民政府没收国民政府的财产和官僚资本，接收帝国主义在华企业，建立社会主义的国营经济，肃清帝国主义在华的经济侵略势力；同时，开展土地改革运动，变地主阶级的土地所有制为农民的土地所有制，彻底废除延续数千年的封建剥削制度，以完成民主革命的任务。而对私人资本主义经济则采取合理调整和利用，一并留待土改基本完成后进行社会主义改造。

新中国成立前夕，以毛泽东同志为核心的党中央就开始分析革命胜利后的社会主要矛盾。继毛泽东《中国革命和中国共产党》、《新民主主义论》和《在晋绥干部会议上的讲话》之后，有关于新中国成立后新民主主义社会的“主要矛盾”的直接的、明确的字面表述，是1948年9月初，刘少奇同志在《论新民主主义的经济与合作社》中提出的，他把新民主主义经济划分为三种具体形态，即国家经济、合作社经济和私人资本主义经济。他指出：“这些资本主义成分，即使在新民主主义社会制度下，也必然要与国家经济及合作经济发生竞争。这种竞争，愈到后来就愈加激烈，并将继续很长的时期。这就是在推翻帝国主义、封建主义及官僚资本主义的统治以后，逐渐发展起来的新社会中的基本的和主要的矛盾。”① 进一步地，刘少奇又在1948年9月中旬召开的中共中央政治局扩大会议上着重谈了新民主主义的建设问题，指出新中国成立后的社会性质是新民主主义社会，这是一个过渡性质的社会，其前途是社会主义社会。刘少奇在会议上还提出，新民主主义经济“包含着自然经济、小生产经济、资本主义经济、半社会主义经济、国家资本主义经济以及国营的社会主义经济”。而“上述各种成分，并以国营的社会主义经济为其领导成分”。他指出：“在新民主主义经济中，基本矛盾就是资本主义（资本家和富农）与社会主义的矛盾。在反帝反封建的革命胜利以后，这就是新社会的主要矛盾。”他特别强调：“要清醒地看见这种矛盾。无产阶级与资产阶级的这

① 《刘少奇年谱 1898—1969》，中央文献出版社1996年版，第160页。

种斗争，是社会主义与资本主义的两条道路的斗争。在这个斗争中，决定的东西是小生产者的向背，所以对小生产者必须采取最慎重的政策。”“否则，领导权仍不能巩固。”①

毛泽东在1948年9月的中共中央政治局扩大会议报告中指出：“中国革命在全国胜利，并且解决了土地问题以后，中国还存在着两种基本矛盾。第一种是国内的，即工人阶级和资产阶级的矛盾。第二种是国外的，即中国和帝国主义国家的矛盾。”② 这里提到的“基本的矛盾”就是社会主要矛盾。由于这些基本矛盾的存在，会议强调要巩固和加强无产阶级领导的以工农联盟为基础的人民民主专政，要强化无产阶级领导的人民共和国的国家制度。一方面，党要认真团结全体工人阶级、全体农民阶级和广大革命知识分子，这是无产阶级专政的领导力量和基础力量；另一方面，党要团结尽可能多的能够和我们合作的小资产阶级和自由资产阶级的代表人物、它们的知识分子和政治派别，以便孤立反革命分子。同时，党必须坚持同党外民主人士长期合作的政策，必须把党外大多数民主人士看成自己的干部，使他们在工作岗位上有职有权地工作。1949年3月，毛泽东在党的七届二中全会的报告中指出：“中国革命在全国胜利，并且解决了土地问题以后，中国还存在着两种基本的矛盾。第一种是国内的，即工人阶级和资产阶级的矛盾。第二种是国外的，即中国和帝国主义国家的矛盾。”③ 这里提到的“基本的

---

① 《刘少奇年谱1898—1969》，中央文献出版社1996年版，第161页。

② 《毛泽东年谱1893—1949（下卷）》，中央文献出版社2005年版，第344页。

③ 《毛泽东选集》第4卷，人民出版社1991年版，第1433页。

矛盾”就是社会主要矛盾。1953 年 12 月，在中共中央批准并转发的过渡时期总路线学习和宣传提纲中沿用了七届二中全会关于国内主要矛盾的提法。后来毛泽东在《关于正确处理人民内部矛盾的问题》的重要讲话中，还分析了过渡时期国内主要矛盾两方面的关系性质、民族资产阶级的两面性以及用和平方法解决这个国内矛盾的可能性。

二、对社会主义改造完成后我国社会主要矛盾的分析判断

（一）党的八大对社会主义社会主要矛盾的正确分析判断

到了 1956 年，随着社会主义三大改造的胜利完成，中国社会实现了从新民主主义社会到社会主义社会的转变，开始进入了社会主义社会。为此，在正确分析中国社会发展的根本性变化的基础上，1956 年 9 月党的八大第一次会议作出了社会主义制度已经基本建立起来的判断。党的八大正确地分析了社会主义改造基本完成以后，中国阶级关系和国内主要矛盾的变化，确定把党的工作重点转向社会主义建设。毛泽东在党的八大上强调指出，生产资料私有制的社会主义改造基本完成以后，在社会主义制度条件下，国内的主要矛盾不再是工人阶级和资产阶级之间的矛盾，“我国社会主要矛盾，已经是人民对于建立先进的工业国的要求同落后的农业国的

现实之间的矛盾、人民对于经济文化迅速发展的需要同当前经济文化不能满足人民需要的状况之间的矛盾。这一矛盾的实质，在中国社会主义制度已经建立的情况下，也就是先进的社会主义制度同落后的社会生产之间的矛盾。”① 解决这个矛盾的办法是发展社会生产力，实行大规模的经济建设。为此，大会作出了党和国家的工作重点必须转移到社会主义建设上来的重大战略决策；毛泽东提出，“党和全国人民的当前主要任务，就是要集中力量来解决这个矛盾，把我国尽快地从落后的农业国变为先进的工业国”。

当时，在社会主义建设没有现成答案的情况下，党的八大作出中国社会进入到社会主义社会之后的主要矛盾的科学论断是非常难能可贵的。上述提法的创新点，在于把中国生产力发展还很落后这一基本国情突出出来，强调在社会主义改造已经基本完成的情况下，国家的主要任务已经由解放生产力变为在新的生产关系下保护和发展生产力，全党要集中力量去发展生产力，逐步满足人民日益增长的物质和文化需要。这个理论和认识上的创新，历史证明是正确的。基于主要矛盾研判和新形势新任务分析，党的八大制定的党的路线是正确的，提出的许多新的方针和设想是富于创造精神的。当然，由于实践的时间还很短，理论上和思想上还不可能很成熟，包括主要矛盾研判在内的许多新的观念和方针还不可能牢固地确立并取得深刻的共识。许多新的设想还没有付诸实施，或者没有充分付诸实施，很快又发生反复。但是，党的八大对中国自己的建设社

① 《建国以来重要文献选编》第 9 册，中央文献出版社 1994 年版，第 340 页。

会主义道路的探索，毕竟取得了初步成果，历史证明这些成果对于党的事业的发展有长远的重要意义。

（二）《关于正确处理人民内部矛盾的问题》为我们全面分析和认识社会主义社会的各种矛盾提供了思想武器

社会主义社会是否还存在着矛盾？矛盾的性质是什么？社会主义制度下生产力和生产关系之间、经济基础和上层建筑之间还有没有矛盾？这个问题在国际共产主义运动史上并没有解决。而这个问题又是必须解决的重大理论问题和现实问题，为此，毛泽东运用马克思主义的基本原理，在广泛调研的基础上，第一次把社会主义社会的矛盾特别是基本矛盾作为一个完整的理论提了出来，形成了社会主义社会矛盾的理论。毛泽东在 1957 年 2 月发表的《关于正确处理人民内部矛盾的问题》中指出："矛盾是普遍存在的，社会主义社会同样充满着矛盾，社会主义社会的基本矛盾仍然是生产力和生产关系、经济基础和上层建筑之间的矛盾。"① 毛泽东还进一步分析了社会主义社会基本矛盾的性质是非对抗性的，正是这些基本矛盾推动着社会主义社会不断地向前发展。这也为以后的社会主义社会的改革提供了理论基础。毛泽东在这篇文章中还明确指出，社会主义社会中还存在着两类不同的社会矛盾，即敌我之间的矛盾和人民内部之间的矛盾，这是性质完全不同的两类矛盾。前者的性质是

① 《建国以来重要文献选编》第 10 册，中央文献出版社 1994 年版，第 71 页。

对抗性的，所以要用强制的、专政的方法来解决，后者的性质是非对抗性的，所以只能用民主的、教育的方法来解决。毛泽东还提出要把正确处理人民内部矛盾作为国家政治生活的主题。无疑，毛泽东同志的《关于正确处理人民内部矛盾的问题》为社会主义时代的“社会主要矛盾”思想奠定了理论基础。

（三）党的八届三中全会对社会主要矛盾的错误判断

党的八大召开的前后两年，对国家和社会的主要矛盾的认识是正确的，也取得了可喜的成绩。然而，受国内外形势发生复杂变化的影响，党的主要领导人对八大关于主要矛盾的判断发生了动摇。1957 年反右派斗争的严重扩大化直接助长了中国共产党内的“左”倾错误思想的发展。另外，1956 年 2 月赫鲁晓夫在苏共二十大上的“秘密报告”引起东欧各社会主义国家的动荡，转而将我国国内社会主义改造以来积累的一些矛盾激化开来，引发了个别的不稳定事件。这些因素交织在一起，致使包括毛泽东在内的中央和地方部分领导对国内外形势作出了错误估计，进而改变了党的八大对我国国内社会主要矛盾的正确认识。

1957 年 9 月 20 日至 10 月 9 日，为了总结整风反右的经验，解决经济方面一系列的问题，特别是农业生产的问题，党的扩大的八届三中全会在北京中南海召开。除了整风和反右派斗争问题、农业问题、国家行政管理体制问题、劳动工资和劳保福利问题，会议对国内主要矛盾问题重新进行了讨论。在讨论中，有两种不同意见：一种意见认为，根据反右派斗争的情况看，八大关于国内主要矛盾的结论不适合了，今后 15 年到 20 年内，无产阶级与资产阶级的矛盾、社会主义与资本主义的矛盾，仍将是国内的主要矛盾。另一种意见认为，虽然目前的重要任务是反右派，但不应把国内政治生活中一个时期的主要矛盾作为整个过渡时期的主要矛盾，八大决议的分析仍然是正确的，不能因这次反右派斗争而改变这种估计。①10 月 7 日，毛泽东在讲话中表达意见说：八大决议上说无产阶级和资产阶级的矛盾基本解决，不等于完全解决，这次右派分子疯狂进攻，就应该说资产阶级与无产阶级的矛盾是主要的。10 月 9 日，毛泽东进一步说：八大决议上讲“主要矛盾是先进的社会主义制度同落后的生产力之间的矛盾。这种提法是不对的”。他肯定地说：“无产阶级和资产阶级的矛盾，社会主义道路和资本主义道路的矛盾，毫无疑问，这是当前我国社会的主要矛盾。”② 毛泽东用了“毫无疑问”这四个字，说明毛泽东对这个社会主要矛盾认识上的坚决和明确。他还说：阶级斗争一缓和，“资产阶级、资产阶级知识分子、地主、富农以及一部分富裕中农，就向我们进攻”。这是“树欲静而风不止”。全会接受了毛泽东的意见，虽然没有作出改变八大决议的正式结论，但在中央内部改变了八大关于在社会主义改造基本完成以后，无产阶级和资产阶级、社会主义道路和资本主义

① 薄一波：《若干重大决策与事件的回顾》，中共党史出版社 2008 年版，第 440 页。

② 《建国以来重要文献选编》第 10 册，中央文献出版社 1994 年版，第 606—607 页。

道路的矛盾已经基本解决的正确估计。

中共八届三中全会对阶级斗争的判断，在国内主要矛盾等重大理论和实践问题上所作的具有结论性的意见，反映了党内的“左”倾思想有了进一步的发展。由于全会接受了在生产资料所有制社会主义改造之后，还有政治上、思想上的社会主义革命的观点，为后来以政治思想为标准划分阶级的错误观点提供了理论依据，从而导致了第二年 5 月党的八大二次会议作出改变八大决议的正式结论，使我国社会主义革命和建设偏离了正确的轨道。1962 年 9 月，八届十中全会则将阶级矛盾和阶级斗争理论进一步系统化，并提出解决两个阶级、两条道路的主要矛盾，只能以阶级斗争为纲。对社会主要矛盾的错误认识和判断成为发动“文化大革命”和进行“无产阶级专政下继续革命”的重要理论依据，这也是“文革”错误的思想理论根源。

毛泽东在八届十中全会会议一开始，就发表了《关于阶级、形势、矛盾和党内团结问题》的讲话，对国内外形势作了不符合实际的估计，对党内的矛盾和意见分歧作了不符合实际的判断，把阶级斗争问题当成了会议主题。在讲话中，毛泽东断言在整个社会主义历史阶段资产阶级都将存在和企图复辟，并成为党内产生修正主义的根源。毛泽东说，在无产阶级革命和无产阶级专政的整个历史时期（这个时期需要几十年，甚至更多的时间）存在着无产阶级和资产阶级之间的阶级斗争，存在着社会主义和资本主义这两条道路的斗争。被推翻的反动统治阶级不甘心于灭亡，他们总是企图复辟。同时，社会上还存在着资产阶级的影响和旧社会的习惯势力，存在着一部分小生产者自发的资本主义倾向。因此，在人民中，还有一些没有受到社会主义改造的人，他们人数不多，只占人口的百分之几，但一有机会，就企图离开社会主义道路，走资本主义道路，在这种情况下，阶级斗争是不可避免的。毛泽东要求全党，要提高警惕。要进行社会主义教育，要正确理解和处理阶级矛盾和阶级斗争问题，正确区分和处理敌我矛盾和人民内部矛盾。不然的话，我们这样的社会主义国家就会走向反面，就会变质，就会出现复辟。又说，这种阶级斗争不可避免地要反映到党内来。①

（四）十年“文革”动乱是对社会主要矛盾错误判断的实践后果

自从中共八届十中全会重提并强调阶级斗争之后，党的工作中心也开始逐渐转移到了阶级斗争领域；有关国内社会主要矛盾的错误认识和论述最终成为“文化大革命”时期“无产阶级专政下继续革命”理论的重要依据。在 1963 年 2 月的中央工作会议上，毛泽东在总结湖南、河北等地的社会主义教育运动经验时，提出“阶级斗争，一抓就灵”。1966 年中共中央发出“五 · 一六”通知，文化大革命正式开始，表明党在社会主义社会主要矛盾理论的探索上形成了重大错误，走上了将阶级斗争扩大化的错误道路。

社会主要矛盾认识和判断错误导致的十年动乱，中国经济和社

① 《建国以来重要文献选编》第 15 册，中央文献出版社 1997 年版，第 653 页。

会发展几乎停滞。“文革”后期，邓小平复出，以毛泽东的“三项指示为纲”来领导1975年的全面整顿，在实现“两步设想”、建设“四化”强国的目标指引下，在“三项指示为纲”指导下，中国经济和社会发展有了一个短暂的起色，但由于整顿是对“文革”“左倾”错误的否定，邓小平最终遭到毛泽东的严厉批评。“四人帮”乘机掀起“批邓、反击右倾翻案风”运动，整顿被迫中断，中国经济和社会发展重新陷入停滞和徘徊局面。

三、改革开放以来我国社会主要矛盾的演变发展及分析判断

（一）党的十一届三中全会的拨乱反正

粉碎“四人帮”以后的1978年12月，党的十一届三中全会果断地停止“以阶段斗争为纲”的口号，重新恢复实事求是思想路线，为正确认识社会主要矛盾解放了思想。十一届三中全会果断地作出把全党工作着重点和全国人民的注意力转移到社会主义现代化建设上来的战略决策；同时，停止使用“以阶级斗争为纲”这个口号，否定了党的十一大沿袭的“文革”中的“无产阶级专政下继续革命”，以及“文化大革命”今后还要进行多次的观点。重新恢复实事求是思想路线，为正确认识社会主要矛盾解放了思想。这是八大正确路线的恢复和发展，是在新的历史条件下对建设有中国特色社会主义

道路的探索。

在社会主要矛盾方面，全会公报对我国社会当时的主要矛盾作出了新的概括，“正如毛泽东同志所说，大规模的急风暴雨式的群众阶级斗争已经基本结束，对于社会主义社会的阶级斗争，应该按照严格区别和正确处理两类不同性质的矛盾的方针去解决，按照宪法和法律规定的程序去解决，决不允许混淆两类不同性质矛盾的界限，决不允许损害社会主义现代化建设所需要的安定团结的政治局面”①。

在 1979 年 3 月中央理论工作务虚会上，邓小平作了《坚持四项基本原则》这一著名讲话，讲话中专门谈到了当时的社会矛盾问题，特别是社会基本矛盾和社会主要矛盾问题。邓小平明确地说：“至于什么是目前时期的主要矛盾，也就是目前时期全党和全国人民所必须解决的主要问题或中心任务，由于三中全会决定把工作重点转移到社会主义现代化建设方面来，实际上已经解决了。我们的生产力发展水平很低，远远不能满足人民和国家的需要，这就是我们目前时期的主要矛盾，解决这个主要矛盾就是我们的中心任务。”② 这标志着党对社会主要矛盾的认识重新走上了正确的轨道，社会主要矛盾理论焕发出新的生机。

1979 年 6 月由党中央政治局常委主持起草的五届二次人大政府工作报告对主要矛盾的表述又作了充实：“在本世纪内实现四个现代化，把我国目前很低的生产力水平迅速提高到现代化水平，

---

① 《三中全会以来重要文献选编》（上），人民出版社 1982 年版，第 57 页。

② 《邓小平文选》第 2 卷，人民出版社 1994 年版，第 182 页。

为此而改革我国目前生产关系和上层建筑中那些妨碍实现四个现代化的部分，扫除一切不利于实现四个现代化的旧习惯势力，这就是我国现阶段所要解决的主要矛盾，也就是全国人民在现阶段的中心工作。”①

（二）十一届六中全会对我国社会主要矛盾作出了完整的规范表述

1981年6月27—29日党的十一届六中全会在北京举行。六中全会通过的《关于建国以来党的若干历史问题的决议》，肯定了毛泽东的历史地位和毛泽东思想，实事求是地评价了新中国成立32年来的功过是非，彻底否定了“文化大革命”和“无产阶级专政下继续革命”的理论，标志着中国共产党胜利完成了在指导思想上拨乱反正的历史任务；会议首次提出，我国的社会主义制度还处于初级阶段。同时，党的十一届六中全会对我国社会的主要矛盾作了完整的规范表述：“在社会主义改造基本完成以后，我国所要解决的主要矛盾，是人民日益增长的物质文化需要同落后的社会生产之间的矛盾。”② 六中全会这一论断，把社会主要矛盾科学地规范于人民需要与社会生产的关系范畴，继承了新中国成立以来的尤其是社会主义制度建立后探索成果，又体现了我国社会主义初级阶段特殊国

① 《三中全会以来重要文献选编》（上），人民出版社1982年版，第159页。

② 《三中全会以来重要文献选编》（下），人民出版社1982年版，第785—786页。

情的具体历史性，既规避了先进生产关系和落后生产力这样的不科学表述，又避免了八大政治决议中将社会主要矛盾表述为几个的混乱。这个论断是党的八大关于社会主要矛盾论断的延伸和完善，完成了新中国成立以来我们党关于社会主要矛盾理论的第一次跨越。

十一届六中全会这一论述，在我国社会主义初级阶段的主要矛盾的探索过程中具有里程碑的意义，是党在今后改革开放的历史进程中制定各项路线、方针、政策的重要依据，并贯穿于社会主义初级阶段的整个过程和社会生活的方方面面。

（三）党的十二大将十一届六中全会关于我国社会主要矛盾的论断被写进党章总纲

1982 年 9 月召开的党的十二大，将十一届六中全会关于我国社会主要矛盾的论断写进十二大修改的党章总纲，这个表述成为改革开放新时期历届党的全国代表大会关于社会主要矛盾的规范表述。党的十二大报告围绕着建设有中国特色的社会主义这个中心，从政治、经济、文化、外交和党的建设等方面，勾画出了实现这一宏伟目标的蓝图，从理论和实践的结合上，解决了社会主义革命和建设中的许多重大问题，激起了各方面的强烈反响。特别是在社会主要矛盾领域，报告明确指出，在建设高度物质文明的同时，一定要努力建设高度的社会主义精神文明，物质文明的建设是社会主义精神文明建设不可缺少的基础。报告对物质文明和精神文明及其关系作了详细说明，指出人们对世界的改造，最终会体现在物质生产的进步和物质生活的改善及社会的精神生产和精神生活的发展上，从而进一步说明了社会主要矛盾两方面的具体内容。

党的十二大报告提出了党在新的历史时期的总任务是：团结全国各族人民，自力更生，艰苦奋斗，逐步实现工业、农业、国防和科学技术的现代化，把我国建设成为具有高度文明、高度民主的社会主义国家。报告从我国实际出发，围绕总任务，制定了我国经济建设的战略目标、战略重点、战略步骤和一系列方针政策，指出：在全面开创新局面的各项任务中，首要的任务是把社会主义现代化的经济建设继续推向前进，促进社会主义经济的全面高涨，从1981年到20世纪末的20年，我国经济建设总的奋斗目标是，在不断提高经济效益的前提下，力争使全国工农业的年总产值翻两番。党的十二大报告把实现小康水平当作中国共产党的奋斗目标，当作动员全社会的口号提出来，这在党的历史上还是第一次。

（四）党的十三大报告系统地阐明了社会主义初级阶段的理论

1987年10月25日至11月1日党的十三大在北京举行。党的十三大报告第一次系统地阐明了社会主义初级阶段的理论，明确了十一届六中全会论断是社会主义初级阶段的社会主要矛盾，确定了今后经济建设、经济体制改革和政治体制改革的基本方针，确定了在改革开放中加强党的建设的基本方针，并在总结丰富实践经验的基础上进行了创造性的理论概括。党的十三大报告指出：我国正处在社会主义的初级阶段，这是一个什么样的历史阶段呢？它不是泛指任何国家进入社会主义都会经历的起始阶段，而是特指我国在生产力落后、商品经济不发达条件下建设社会主义必然要经历的特定阶段。十三大报告明确了十一届六中全会论断是社会主义初级阶段的社会主要矛盾，指出："我国从五十年代生产资料私有制的社会主义改造基本完成，到社会主义现代化的基本实现，至少需要上百年时间，都属于社会主义初级阶段。这个阶段，既不同于社会主义经济基础尚未奠定的过渡时期，又不同于已经实现社会主义现代化的阶段。我们在现阶段所面临的主要矛盾，是人民日益增长的物质文化需要同落后的社会生产之间的矛盾。阶级斗争在一定范围内还会长期存在，但已经不是主要矛盾。"为此，十三大报告从生产力、生产关系及上层建筑三方面描述了落后的社会生产的具体内容如下：(1）在生产力方面，城市化水平、工业现代化水平、经济发展程度、科学技术及教育水平等较为落后；(2）在生产关系方面，生产社会化程度、商品经济和国内市场的发展状态、社会主义经济制度等落后；(3）在上层建筑方面，"建设高度社会主义民主政治所必需的一系列经济文化条件很不充分，封建主义、资本主义腐朽思想和小生产习惯势力在社会上还有广泛影响，并且经常侵袭党的干部和国家公务员队伍"。

党的十三大报告还分析指出了解决现阶段社会主要矛盾的办法，"为了解决现阶段的主要矛盾，就必须大力发展商品经济，提高劳动生产率，逐步实现工业、农业、国防和科学技术的现代化，并且为此而改革生产关系和上层建筑中不适应生产力发展的部分。我国社会主义初级阶段，是逐步摆脱贫穷、摆脱落后的阶段；是由农业人口占多数的手工劳动为基础的农业国，逐步变为非农产业人口占多数的现代化的工业国的阶段；是由自然经济半自然经济占很大比重，变为商品经济高度发达的阶段；是通过改革和探索，建立和发展充满活力的社会主义经济、政治、文化体制的阶段；是全民奋起，艰苦创业，实现中华民族伟大复兴的阶段。从社会主义初级阶段的实际出发，我们必须集中力量进行现代化建设；必须坚持全面改革；必须坚持对外开放；必须以公有制为主体，大力发展有计划的商品经济；必须以安定团结为前提，努力建设民主政治；必须以马克思主义为指导，努力建设精神文明"①。

据此，十三大报告指出："在社会主义初级阶段，我们党的建设有中国特色的社会主义的基本路线是：领导和团结全国各族人民，以经济建设为中心，坚持四项基本原则，坚持改革开放，自力更生，艰苦创业，为把我国建设成为富强、民主、文明的社会主义现代化国家而奋斗。坚持社会主义道路、坚持人民民主专政、坚持中国共产党的领导、坚持马克思列宁主义毛泽东思想这四项基本原则，是我们的立国之本。坚持改革开放的总方针，是十一届三中全会以来党的路线的新发展，它赋予四项基本原则以新的时代内容……以经济建设为中心，坚持两个基本点，这就是我们的主要经验，这就是党在社会主义初级阶段的基本路线的主要内容。"报告第一次概括了以经济建设为中心，坚持两个基本点为主要内容的社会主义初级阶段基本路线。这一路线是社会主义初级阶段主要矛盾

---

① 《十三大以来重要文献选编》（上），人民出版社1991年版，第12页。

之解决办法的高度凝练，不仅已经得到科学、系统阐述，而且被提升到了总路线的高度。

（五）党的十四大将社会主要矛盾作为建设有中国特色社会主义理论的重要内容

党的十三大以后的5年里，我们党经受了前所未有的政治考验。在这5年里，我党遇到了国民经济在加速发展中出现的一些问题，遇到了历史上罕见的洪涝灾害，还遇到了国内外政治风云的急剧变化，苏联东欧解体使得世界社会主义陷入了低潮。西方政治家们弹冠相庆，高调提出“历史终结论”。在国内外各种尖锐、复杂的矛盾面前，我们党坚定沉着，作出一系列重大而正确的决策，领导全国人民实现了社会稳定、政治稳定和经济发展。1992年初，邓小平同志视察了我国南方，发表了著名的南方谈话，为党的十四大召开奠定了思想理论基础。

1992年10月，十四大总结了十一届三中全会以来14年的实践经验，确定今后一个时期的战略部署，加快改革开放步伐，把经济建设搞上去。十四大报告科学定义了建设有中国特色社会主义理论，指出，它是马克思列宁主义基本原理与当代中国实际和时代特征相结合的产物，是毛泽东思想的继承和发展，是全党全国人民集体智慧的结晶，是中国共产党和中国人民最可珍贵的精神财富。邓小平同志是我国社会主义改革开放和现代化建设的总设计师，对建设有中国特色社会主义理论的创立，做出了历史性的重大贡献。这个理论，第一次比较系统地初步回答了中国这样的经济文化比较落后的国家如何建设社会主义、如何巩固和发展社会主义的一系列基本问题，用新的思想、观点，继承和发展了马克思主义。同时，党的十四大报告把建设有中国特色社会主义理论的主要内容归纳为九个方面：(1) 在社会主义的发展道路问题上，强调走自己的路。(2) 在社会主义的发展阶段问题上，作出我国还处在社会主义初级阶段的科学结论。(3) 在社会主义的根本任务问题上，指出社会主义的本质是解放生产力，发展生产力，消灭剥削，消除两极分化，最终达到共同富裕。(4) 在社会主义的发展动力问题上，强调改革也是一场革命，也是解放生产力。(5) 在社会主义建设的外部条件问题上，指出和平与发展是当代世界两大主题，必须坚持独立自主的和平外交政策，为我国现代化建设争取有利的国际环境。(6) 在社会主义建设的政治保证问题上，强调坚持社会主义道路、坚持人民民主专政、坚持中国共产党的领导、坚持马克思列宁主义毛泽东思想。(7) 在社会主义建设的战略步骤问题上，提出基本实现现代化分三步走。在现代化建设的长过程中要抓住时机，争取出现若干个发展速度比较快、效益又比较好的阶段，每隔几年上一个台阶。必须允许和鼓励一部分地区一部分人先富起来，以带动越来越多的地区和人们逐步达到共同富裕。(8) 在社会主义的领导力量和依靠力量问题上，强调作为工人阶级先锋队的共产党是社会主义事业的领导核心，党必须依靠广大工人、农民、知识分子，必须依靠各民族人民的团结，必须依靠全体社会主义劳动者、拥护社会主义的爱国者和拥护祖国统一的爱国者的最广泛的统一战线。党领导的人民军队是社会主义祖国的保卫者和建设社会主义的重要力量。(9) 在祖国统一问题上，提出“一国两制”的创造性构想。

党的十四大报告正式把现阶段社会主要矛盾论断作为建设有中国特色社会主义的理论的一部分与党的“一个中心、两个基本点”的基本路线一起载入党章，成为党的指导理论。报告明确将社会主要矛盾、解决这一矛盾的根本方法、建设有中国特色社会主义的理论（尤其是社会主义的发展阶段、根本任务或社会主义的本质、发展动力和战略步骤）和党的基本路线以及“三个有利于”标准都联系在了一起，强调“现阶段我国社会的主要矛盾是人民日益增长的物质文化需要同落后的社会生产之间的矛盾，必须把发展生产力摆在首要位置，以经济建设为中心，推动社会全面进步”。①

（六）党的十五大进一步丰富了社会主要矛盾的内涵

1997 年 9 月召开的党的十五大报告分析指出，虽然“我国经济、政治、文化和社会生活各方面存在着种种矛盾，阶级矛盾由于国际国内因素还将在一定范围内长期存在，但社会主要矛盾是人民日益增长的物质文化需要同落后的社会生产之间的矛盾，这个主要矛盾贯穿我国社会主义初级阶段的整个过程和社会生活的各个方面。这

① 《十四大以来重要文献选编》(上)，人民出版社 1996 年版，第 11 页。

就决定了我们必须把经济建设作为全党全国工作的中心，各项工作都要服从和服务于这个中心”。报告接着指出：“只有牢牢抓住这个主要矛盾和工作中心，才能清醒地观察和把握社会矛盾的全局，有效地促进各种社会矛盾的解决。发展是硬道理，中国解决所有问题的关键在于发展。”① 也就是说，解决现阶段社会主要矛盾的关键是发展。

十五大报告在坚持主要矛盾经典论断的基础上，深化了两点认识：一是明确了这一主要矛盾贯穿在社会主义初级阶段的“整个过程”；二是明确了这一主要矛盾贯穿在社会主义初级阶段“社会生活的各个方面”。这次大会第一次提出了党在社会主义初级阶段的基本纲领，即建设有中国特色社会主义的经济、政治和文化。这就发展和完善了此前的物质文明建设和精神文明建设的提法，扩展和细化了社会生产的内容。此外，十五大报告对社会主义初级阶段基本特征的概括，在十三大的基础上增加了不发达状态、科技教育文化落后、地区发展不平衡及精神文明建设等内容，将“商品经济”程度的提法改为“经济市场化程度”，使得“落后的社会生产”的内涵进一步得到了丰富。

2000 年 2 月 25 日，江泽民同志在广东省考察工作时，首次对“三个代表”重要思想进行了比较全面的阐述。江泽民提出：“总结我们党七十多年的历史；可以得出一个重要的结论，这就是：我们党所以赢得人民的拥护，是因为我们党在革命、建设、改革的各

① 《十五大以来重要文献选编》(上)，人民出版社 2000 年版，第 17 页。

个历史时期，总是代表着中国先进生产力的发展要求，代表着中国先进文化的前进方向，代表着中国最广大人民的根本利益，并通过制定正确的路线方针政策，为实现国家和人民的根本利益而不懈奋斗。”

（七）党的十六大将“三个代表”重要思想写入党章，坚持了主要矛盾没有变，提出了全面建设小康社会的奋斗目标

2002年召开的党的十六大将“三个代表”重要思想作为党的指导思想之一写入党章。“三个代表”重要思想在理论上对当时的社会主要矛盾新变化进行了系统回应，它既对主要矛盾双方作了进一步阐述，而且对社会主要矛盾解决方法进行了进一步探索。正如胡锦涛在“三个代表”重要思想理论研讨会上指出的，“三个代表”重要思想为正确认识和妥善处理人民日益增长的物质文化需要同落后的社会生产这个社会主要矛盾“提供了科学方法，指明了方向”①。同时，党的十六大报告坚持了社会主义初级阶段社会主要矛盾论述，指出，“人民日益增长的物质文化需要同落后的社会生产之间的矛盾仍然是我国社会的主要矛盾”。并从七个方面具体说明低水平、不全面、发展不平衡的特征，如科技教育比较落后、城乡和地区发展差距及贫困问题、人口问题、环境资源与经济社会发展的矛盾、发达国家在经济科技等方面占优势的压力、体制不完善、

① 《十六大以来重要文献选编》（上），中央文献出版社2004年版，第367页。

民主法制建设和思想道德建设等方面的问题等。党的十六大提出了全面建设小康社会的奋斗目标。

（八）党的十七大把科学发展观写入党章，仍然强调主要矛盾没有变

胡锦涛在2003年7月28日的讲话中提出了科学发展观，即“坚持以人为本，树立全面、协调、可持续的发展观，促进经济社会和人的全面发展”，按照“统筹城乡发展、统筹区域发展、统筹经济社会发展、统筹人与自然和谐发展、统筹国内发展和对外开放”的要求推进各项事业的改革和发展的方法论。2007年召开的十七大把科学发展观写入党章。十七大报告中提出，科学发展观第一要义是发展，核心是以人为本，基本要求是全面协调可持续性，根本方法是统筹兼顾，指明了我们进一步推动中国经济改革与发展的思路和战略，明确了科学发展观是指导经济社会发展的根本指导思想，标志着中国共产党对于社会主义建设规律、人类社会发展规律、共产党执政规律的认识达到了新的高度，标志着马克思主义和新的中国国情相结合达到了新的高度和阶段。

另外，党的十七大报告在继承前人的基础上第一次提出了“两个没有变”，即初级阶段的国情没有变和现阶段社会主要矛盾没有变。报告分析了当时我国发展的八个方面阶段性特征，是社会主义初级阶段基本国情在新世纪新阶段的具体表现，也是新世纪新阶段我国社会生产仍然落后的具体表现。

（九）党的十八大开启了中国特色社会主义建设新时代，在经济社会发展从量变到质变的飞跃进程中，对我国社会发展的主要矛盾转化的认识也逐渐清晰起来

唯物史观认为，社会主要矛盾不是僵化的、一成不变的，而是随着社会历史条件和矛盾两方面的变化而不断发展变化的。但对主要矛盾从量变到质变的演变发展，有一个逐渐认识的过程。

在 2011 年建党 90 周年，胡锦涛同志在“七一”讲话中告诫全党，尽管“我们已经取得了举世瞩目的伟大成就，但我国仍处于并将长期处于社会主义初级阶段的基本国情没有变，人民日益增长的物质文化需要同落后的社会生产之间的矛盾这一社会主要矛盾没有变，我国是世界上最大的发展中国家的国际地位没有变。”① 这“三个没有变”的论断后来写入十八大报告。在 2016 年建党 95 周年，习近平总书记在“七一”讲话中重申“三个没有变”。时隔 1 年多，2017 年 10 月，习近平总书记在十九大报告中明确指出，“中国特色社会主义进入新时代，我国社会主要矛盾已经转化为人民日益增长的美好生活需要和不平衡不充分的发展之间的矛盾。”②

总结回顾改革开放 40 年的历史，从中共十一届三中全会决定把工作重点转移到社会主义现代化建设方面、十一届六中全会作出

① 《十七大以来重要文献选编》（上），中央文献出版社 2009 年版，第 11 页。

② 习近平：《决胜全面建成小康社会　夺取新时代中国特色社会主义伟大胜利——在中国共产党第十九次全国代表大会上的报告》，人民出版社 2017 年版，第 11 页。

的现阶段社会主要矛盾的科学论断，经过十二大及十四大的“有中国特色”和十三大的“初级阶段”，到十五大对时间和范围的准确把握，即“贯穿我国社会主义初级阶段的整个过程和社会生活的各个方面”；以及，从十六大报告中的“仍然是”，再到十七大提出“两个没有变”，及至建党90周年提出“三个没有变”，建党95周年重申“三个没有变”。这一切都说明：从1978年进入改革开放时期的40年来，中国共产党围绕现阶段社会主要矛盾的理论探索及其核心内容的判断都是持以一以贯之的立场和态度。“没有变”是对改革开放以来坚持一切从实际出发，准确把握现阶段我国“落后的社会生产”这一基本国情以及社会主要矛盾的历史总结。同时，回溯党的八大一次会议以后的历史，中国共产党对社会主义初级阶段社会主要矛盾的认识，经历了一个否定之否定的历史过程，有过惨痛的历史教训。这说明，对我国社会发展的主要矛盾是否清晰认识和准确判断，不仅是重大理论问题也是重大事件问题，事关党和国家事业安危、事关中国特色社会主义事业的成败。

新时代，我国社会主要矛盾发生了转化，不是偶然的，有着深刻的历史原因、历史背景、历史积累和历史逻辑。这一历史逻辑就是：我国社会发展的主要矛盾发生变化是我国社会主要矛盾运动的必然结果；是改革开放以来我国社会经济发展进步，从量变到质变的必然结果；是党的十八大以来，以习近平同志为核心的党中央团结带领全国各族人民推进党和国家事业发生历史性变革必然结果；是以习近平同志为核心的党中央与时俱进、广纳善言、虚怀若谷、博采众长、承前启后、继往开来、勇于创新的理论成果。再一次升华了中国共产党对我国社会主要矛盾运动规律的认识水平和把握能力，开辟了马克思主义、毛泽东思想关于社会矛盾运动理论的新境界。

还有一个历史逻辑，我们必须清晰认识和准确把握，那就是所谓的“变”与“不变”的辩证关系。所谓“不变”的基本含义是，尽管我国社会主要矛盾发生了变化，但我国仍处于并将长期处于社会主义初级阶段的基本国情没有变，我国是世界最大的发展中国家的国际地位没有变。具体来看，虽然我国经济社会发展水平明显提高，但与发达国家相比，我国生产力发展在总体上依然处于中等水平，人均国民收入还没有突破1万美元，我国发展不平衡不充分的状态并没有根本改变。这种不平衡不充分不仅表现在落后地区、农村发展不充分，落后地区与发达地区、农村与城市发展不平衡、贫富差距过大；而且还表现在一些发达地区和一些大城市高质量的医疗、教育和养老资源和服务等供给不足，有的城市还存在不少“城中村”；生态环境建设、精神文化建设、民主法治建设、社会建设和发展滞后于经济发展等。发展不平衡不充分问题已经成为满足人民日益增长的美好生活需要的主要制约因素，而解决发展不平衡不充分问题，将是一个长期的历史过程。这个长期的历史过程，就是中国特色社会主义初级阶段。

所谓“变”，是因为社会主义初级阶段具有不断变化的特点。或者说，社会主义初级阶段也是分阶段的。社会主义制度建立之初“一穷二白”的时候是初级阶段，在社会主义建设中建立了独立的工业体系和国民经济体系后是初级阶段，解决了温饱问题后“奔小康”是初级阶段，全面建成小康社会后还是初级阶段。准确理解新时代我国社会的主要矛盾的历史逻辑，既要深刻认识我国社会发展的主要矛盾发生变化的历史必然性、连续性和渐进性，又要深刻认识“两个没有变”，准确把握其中的“变”与“不变”的辩证关系，才能牢牢把握“基本国情”和“最大实际”，才能深刻认识我国社会主要矛盾发生变化的历史大逻辑。

第五章　我国社会发展的主要矛盾转化的现实逻辑

“人民日益增长的物质文化需要同落后的社会生产之间的矛盾”这一科学论断从党的十一届六中全会开始被党的历次全国代表大会、中央全会及修改的党章所肯定和坚持，并不断地被赋予和发展出新的更为丰富的内涵，形成“原有性质的基础上量的变化”。经过改革开放40年的快速发展，原有判断和表述中主要矛盾的两个方面，无论是内涵和外延都发生了深刻变化，原有表述已经很难符合现实状况，但对主要矛盾发生转化的理论研究明显是滞后的，主要是对原有表述的外延性解释和一般性的政策解读。习近平总书记在十九大报告中明确指出，中国特色社会主义进入新时代，我国社会主要矛盾已经转化为人民日益增长的美好生活需要和不平衡不充分的发展之间的矛盾。如何理解我国社会主要矛盾的新表述，既需要考察分析其历史背景、历史条件和历史逻辑，也需要考察其现实条件、现实背景和现实逻辑。

一、修改原有表述的现实逻辑分析

实事求是、与时俱进的重新认识、准确判断和重新定义我国社会主要矛盾，是十九大理论创新的重要基础，也是我们深刻理解我国社会主要矛盾发生转化的现实条件、现实背景和现实逻辑。其现实逻辑主要体现在以下几方面：

（一）原表述中的物质文化需要的内涵已难以概括新时代人民日益增长需要的全部内容

经过改革开放40年的快速发展，我国生产力水平大幅度提高、物质财富积累极大丰富、人民物质文化生活水平普遍提高。从需求的内涵看，人民日益增长的已不仅仅是物质文化方面的需求，信仰和精神追求、生活环境改善、养老、医疗等社会保障服务需求突出。近年来，在人们生活水平普遍大幅度提高的前提下，之所以出现幸福感下降、不满意增加，重要原因就在于社会需求的内涵更加丰富多元。所以，仅仅用“物质文化”来概括人们的需要显然已不够全面和准确，现代社会人们的很多需要既非“物质”也非“文化”又超越物质和文化，如生态环境改善和社会保障需求；追求社会公平正义，向往自由、平等，参与社会治理，获得被尊重感、安全感、归属感、成就感和获得感等精神追求和政治诉求等已经涉及上层建筑意识形态领域，这是社会进步的必然结果。

（二）新时代人民日益增长的需要不仅是数量的简单增加，而是质量和层次的不断提升，新旧更替频繁，个性化突出

近年来，我国社会需求呈现出发展速度迅猛、新旧更替频繁、横向日趋多元、纵向逐渐高端、发展不平衡等特点。从需求的层次看，过去“我国消费需求具有明显的模仿型排浪式特征，现在模仿型排浪式消费阶段基本结束”，个性化、多样化、多层次的消费渐成主流，需求已不是简单的数量增长而是质量和层次的不断提升，高中低层次的需求叠加突出；从需求的演变发展特性看，需求发生变化的速度非常快，发展不平衡性突出。可见，随着社会生产的快速发展和人们思想观念的日渐更新，我国社会需求的结构、层次、内容、形式和内涵等都发生了重大变化，这种变化还将在更快的速度和更深的层次上继续演进。

（三）原来“落后的社会生产”这一表述，既不准确，也不符合新时代我国经济社会发展的实际情况

经过改革开放40年的快速发展，我国生产力水平已经大大提高，综合国力显著增强，社会财富更加丰富，满足人民群众各种需要的物质基础大大增强。从生产关系的变化来看，改革开放以来中国所有制结构、收入分配制度、经济体制等都发生了深刻变化。生产关系的变化必然对生产力产生巨大的促进作用，同时又会促进分配和消费的发展，极大地改变着人们的需求层次和结构。可见，我国目前的社会生产无论是生产力还是生产关系都发生了重大而深刻的变化，特别是由于社会生产力水平的显著提高，社会生产能力在很多方面进入世界前列，更加突出的问题是发展不平衡不充分，一些传统产业供给能力大大超出需求，社会生产供给相对过剩和结构性失衡将成为长期困扰我们的大问题。如果仍然沿用“落后”一词来概括发展不平衡不充分问题导致的社会生产相对过剩与供给结构失衡的现状有失精准和全面。

另外，继续沿用“落后的社会生产”还容易继续引起误解，长期以来，我国社会事业发展远远落后于经济发展，一个重要原因就是对“社会生产”的片面理解，长期习惯于把单纯地追求 GDP 增长率，作为解决“落后社会生产”的主要目标，导致经济结构失衡、经济与社会发展失衡。由此可见，“社会生产”这一经典的传统表述，已经不能反映现代社会供给的全部内涵和我国社会发展现状，而且从发展趋势看，一个国家的社会生产也不可能永远“落后”下去。因此，对主要矛盾的主要方面“落后的社会生产”的表述做出相应修改是非常必要的。

二、主要矛盾一方面：需求端现实状况的深入分析

经过改革开放 40 年的快速发展，我国生产力水平已经大大

提高，综合国力显著增强，社会财富更加丰富，满足人民群众各种需要的物质基础大大增强。我国稳定解决了十几亿人的温饱问题，总体上实现小康，不久将全面建成小康社会，人民美好生活需要日益广泛，不仅对物质文化生活提出了更高要求，而且在民主、法治、公平、正义、安全、环境等方面的要求日益增长。

（一）需求能力（有支付能力的需求）显著提升

数据显示，我国人均国内生产总值（简称 GDP）1978 年只有 220 多美元，2017 年达到 8836 美元；1978 年城镇居民家庭可支配收入和农村居民家庭纯收入分别只有 343 元和 133 元，2017 年城镇居民和农村居民人均可支配收入分别达 36396 元和 13432 元；1978 年人均储蓄存款只有 22 元，2017 年达 7651 元；1978 年住户消费性贷款为 0，2017 年增加到 6.5 万亿。2017 年，全国居民人均可支配收入 25974 元，比上年名义增长 9.0%，扣除价格因素，实际增长 7.3%。2017 年全国居民人均工资性收入 14620 元，增长 8.7%，占可支配收入的比重为 56.3%；人均经营净收入 4502 元，增长 6.7%，占可支配收入的比重为 17.3%；人均财产净收入 2107 元，增长 11.6%，占可支配收入的比重为 8.1%；人均转移净收入 4744 元，增长 11.4%，占可支配收入的比重为 18.3%。

（二）需求结构不断升级，这是需求能力提升的必然要求

从居民消费升级的演进规律来看，我国居民消费将更多地从生存型升级到发展型和享乐型，如 2013—2016 年，居民用于文化娱乐的人均消费年均增长 11.5%；人均医疗保健支出 2012—2016 年年均增长 12.6%；国内、出境旅游人次 2012—2016 年年均增长分别为 10.7%和 10.1%。2017 年，全国居民人均消费支出 18322 元，比上年名义增长 7.1%，扣除价格因素，实际增长 5.4%。其中，城镇居民人均消费支出 24445 元，增长 5.9%，扣除价格因素，实际增长 4.1%；农村居民人均消费支出 10955 元，增长 8.1%，扣除价格因素，实际增长 6.8%。消费升级步伐加快。2017 年全国居民恩格尔系数为 29.39%，进入了联合国划分的 20%至 30%的富足区间。在这种情况下，人们的食品消费开始从吃饱吃好更多转向吃出健康、吃出品位和文化。服务消费占比不断扩大，教育文化娱乐、医疗保健支出占居民消费支出的比重分别为 11.4%和 7.9%，比上年分别提高 0.2 和 0.3 个百分点。消费升级类商品的销售增长较快，通讯器材、体育娱乐用品和化妆品类商品分别增长 11.7%、15.6%和 13.5%。

（三）需求内涵更加丰富

人民美好生活需要日益广泛，不仅对物质文化生活提出了更高要求，而且在民主、法治、公平、正义、安全、环境等方面的要求

日益增长。人们希望有更多的尊严和幸福感，向往社会更加公平、自由和正义，希望有条件以前所未有的从容和淡定面对这个纷繁复杂的世界并活出自己精彩的人生。所有这些，引致人民对更美好生活的丰富多彩需要，使供求关系中的需求侧发生了深刻变化。这些丰富的内涵主要包括：(1）物质需要的内涵丰富扩大，具有追求个性化，物质需求的高层次化、情感化、智能化、健康化和绿色化等新特点；(2）经济需要的内涵主要包括个人收入稳定增加，个人财富积累、保值增值的金融消费，投资创业需要具有普及化、大众化和全球化新特点；(3）文化需要的内涵丰富多彩，具有个性化、情感化、高层次化与娱乐化并存、追求心理健康与享受化并存，复合和关联化等新特点；(4）政治需要的内涵主要包括人民群众对民主、法治、公平、正义、安全、参与慈善救助的需要，向往自由、平等、参与社会治理、获得被尊重感、安全感、归属感、成就感和获得感等精神追求和政治诉求等内涵；(5）社会保障需要的内涵主要包括人民群众对医疗和居住条件改善、基本社会保障需要，失业救助、养老、弱势群体和老少边穷地区的扶助、救助等；(6）生态环境改善需要的内涵主要包括人民群众对大气、水系、土地、山川、河流、海洋、绿地和森林覆盖等生存环境和生态环境改善等；(7）良好教育需要的内涵主要包括人民群众对良好教育、教育公平、受教育成本降低、教育质量和终身教育等；(8）个人全面发展需要主要包括人的能力的全面发展、人的社会关系的全面发展和人的个性的全面发展等。

（四）从需求的层次看，新时代人民日益增长的需要不仅是数量的简单增加，而且是质量和层次的不断提升，新旧更替频繁，个性化突出

主要体现在以下几方面：(1) 个性化、多样化的美好生活需要。多样化的“美好生活需要”，主要反映了个体的个性化需要。现实生活中，由于每个人的成长环境、教育背景和人生际遇不尽相同，人们对美好生活的诠释会纷繁各异。(2) 多层次的美好生活需要。从需求的层次看，过去我国消费需求具有明显的模仿型排浪式特征，现在模仿型排浪式消费阶段基本结束，多层次的需求渐成主流，高中低层次的需求叠加突出，既有基础层次的美好生活需要，如幼有所育、学有所教、劳有所得、病有所医、老有所养、住有所居、弱有所扶等，也有高层次的美好生活需要，如人民群众期待有更好的教育、更稳定的工作、更满意的收入、更可靠的社会保障、更高水平的医疗卫生服务、更舒适的居住条件、更优美的环境、更丰富的精神文化生活等多层次美好生活需要。(3) 高质量的美好生活需要。当经济社会发展到全面建设小康社会的今天，人民追求美好生活的需要不仅仅是数量增加，更是质量提升，包括健康长寿、幸福快乐、舒适享受、科学智慧、低碳环保、环境优美、社会公平正义安全、国家长治久安和谐稳定等。(4) 多变性的美好生活需要。随着我国经济和社会各项事业的迅速发展、对外开放程度不断扩大、全球化势头不可阻挡，科技进步迅速等，这些都会导致人的思想观念和消费观念不断发生变化。现代互联网技术的迅速传播能

力使得热点转换速度非常之快，“各领风骚”几十天将是常态，人民群众对美好生活需要的多变性特点将非常突出。

三、主要矛盾另一方面：供给端现实状况的深入分析

（一）满足人民需求的供给能力显著增强、供给保障体系基本形成

新时代我国社会主要矛盾发生转化的既是中国改革开放 40 年经济社会快速发展的必然结果，也是人类社会文明发展、科技进步和经济全球化发展的必然结果。我国社会主要矛盾转化，其实质反映了我国社会生产力的巨大解放和空前发展，社会创造力和发展活力的大幅增强，是生产力水平迅速提高的历史必然。如今，世界上最大发展中国家已从人口多、底子薄的落后状态，跃升为全球第二大经济体，真正实现了从站起来、富起来到强起来的伟大飞跃。我们国家越来越接近世界舞台的中央，为世界发展和人类进步作出了更多更大贡献。因此，从根本上说，我国社会生产力的巨大发展，正是推动中国特色社会主义进入新时代，推动社会主要矛盾发生转化的物质基础和客观依据。①

经过 40 年的快速发展，我国社会生产力水平总体上显著提高，

① 朱永刚：《准确理解我国社会主要矛盾的转化》，《中国纪检监察报》2017 年 11 月 1 日。

社会生产能力在很多方面进入世界前列，使我们国家积累了能更好满足人民美好生活需要的能力体系和构建了使这种能力得以有效发挥的制度体系。一是积累了较强大的财力和物力，有条件去解决人民需求中的一些深层次问题，如建立更完善更高质量的教育、医疗和社会保障体系等。二是国际竞争力和全球资源配置能力显著增强。数据显示，2012 年在世界 500 种主要工业产品中，中国有 220 多种产量居全球第一；据德勤公司和美国竞争力委员会对全球竞争力指数的研究结果，2016 年位居世界制造业最具竞争力前三位的分别是中国、美国和德国。三是科技创新能力显著提升，为可持续满足人民需求的能力不断注入新动能。资料显示，2015 年中国创新指数比 2005 年翻了近三番，2017 中国国家创新指数排名提升至第 17 位，比上年提升 1 位。四是建立了比较完善的制度保障体系。不仅形成了完善的扶贫制度，也在满足人民更高更广需求如教育、医疗、就业等方面基本建立起了覆盖城乡居民的社会保障体系，相关投入大幅增加。所有这些为满足人民日益增长的美好生活需要奠定了良好的基础并创造了进一步提升这种能力的条件。①

（二）满足人民需求的供给相对不足、供给结构性失衡是不平衡不充分发展的根本问题所致

社会主要矛盾本质上是需求和供给之间的矛盾，满足人民需

① 刘少波：《社会主要矛盾转化的内在逻辑现实依据与发展方略》，《南方日报》2017 年 11 月 20 日。

求的供给相对不足、供给结构性失衡主要是不平衡不充分的发展问题导致的。长期以来非均衡发展、粗放式高速发展造成了两方面问题，一方面是发展不平衡，一方面是发展不充分，两方面问题相互叠加相互融合在一起，形成了目前社会供给结构性失衡。这种结构失衡不再表现为绝对短缺，而是供给相对不足和供给结构性失衡并存。一方面是低端产能的严重过剩，另一方面是高质量的产品和服务、优良的生态环境、社会保障等有效供给相对不足；一方面是就业难，另一方面是用工荒等。从短期看，供给过剩和供给不足并存，而供给不足只是相对不足，而非绝对不足，在总量上某些领域某些产品供给过剩，某些领域某些产品供给相对不足，“供求结构性失衡”的特点非常显著。从长期来看，随着经济和社会的不断发展，我国需求结构将不断发生变化，新的更高层次的需求将不断涌现，而供给并未有效适应发展变化了的需求，导致供给与需求不匹配，这是发展中的结构性供求失衡。新的更高层次的需求不断涌现与发展不平衡不充分导致的“供求结构性失衡”将是一个长期的历史过程，旧的结构性失衡解决了，新的结构性问题将会出现。

（三）发展不平衡的主要现实表现

（1）供需不平衡。我国当前主要问题是供给与需求不匹配、不协调、不平衡，主要原因是供给不能适应需求的重大变化而及时做出调整，一方面是产能过剩，另一方面是有效供给不足，如钢铁、水泥等传统产业产能过剩，而老百姓对高品质产品、服务的需求，国内又无法实现有效供给。供需不平衡是我国当前实体企业效益下滑、工业品价格下降、金融风险加大等突出经济问题背后的根源。(2) 区域发展不平衡。主要是我国东中西部发展不平衡，西部除成都、重庆等少数中心城市外，整体发展落后，中部地区省市崛起程度差异大，部分中部地方存在“中部塌陷”，而东部地区发展也不均衡，某些地区发展后劲不足等。(3) 产业发展不平衡。虽然我国服务业对经济增长的贡献超过了制造业，但依然低于发达国家平均水平。现代服务业领域内部也发展不均衡，教育、医疗、健康、养老服务等发展滞后，高端服务业发育不良。制造业领域内部也发展不平衡，先进制造业发展也相对滞后等。(4) 城乡发展不平衡。城乡发展不平衡表现城乡经济发展差距较大、城乡基本公共服务水平不均衡、农村社会事业发展滞后等，说明我国农村地区，特别是偏远的农村地区、边疆地区和少数民族地区，依然存在着经济发展、基础设施、文化娱乐等比较落后的现实情况。(5) 群体间收入和个人发展不平衡。改革开放以来，“允许一部分人先富起来”的政策极大地刺激了人们的积极性，但也带来了收入差距的不断扩大。群体间收入不平衡主要表现在区域差距、城乡差距和行业差距等多方面。而群体间发展不平衡主要表现在不同地区、城乡、不同家庭出身和背景、不同行业等个人发展的机会不均等、发展环境和条件不平衡导致的人的全面发展的不平衡。(6) 社会、经济、文化、政治和生态文明发展的不平衡。长期以来坚持的“以经济建设为中心”，异化为了以 GDP 为中心，导致了社会、文化、政治和生态环境建设严重滞后于经济发展，造成了五大领域之间的不平衡。除此之外，经济、社会、文化、政治和生态环境建设各领域内部发展也不平衡。

（四）发展不充分的主要现实表现

（1）我国社会生产力发展不充分。虽然近年来我国生产力水平有了极大提高，但与某些发达国家相比，某些领域的生产力水平、劳动生产率水平依然较低，我国仍然处于社会主义初级阶段，仍然属于发展中国家。虽然我国社会主义市场经济体制已经初步建立，但市场体系还不健全，市场发育还不充分，这是我国当前社会生产力发展不充分现实国情。（2）资源和能源没有得到充分利用。目前，我国单位 GNP 的能源消费量是西方发达国家的 4—14 倍，主要耗能产品的单位能耗远远高于工业发达国家。由于资源能源利用率低和人均资源能源拥有量低，20 世纪 90 年代初我国从一个世界能源矿产出口大国变成了进口大国。此外，资源能源利用不充分，也使得我国环境污染比较严重。（3）社会事业和民生工程发展不充分。长期困扰老百姓的医疗、养老、教育、住房难和贵等民生问题得不到解决，是社会事业和民生工程发展不充分的主要表现。社会保障水平低、发展不充分，进一步改善民生仍然是我国发展过程中需要高度关注的问题。（4）原创性的重大科技创新能力不强、创新发展不充分。虽然近年来我国在某些领域的科技水平已经在世界居于领先地位，但我国科学技术发展的总体水平还相对落后，原始创新和系统集成创新能力还不够强，核心关键技术的自主知识产权占有率偏低，拥有自主知识产权核心技术的企业不多，大量的核心关键技术和关键元器件依然要靠进口，我国制造业的总体技术水平依然与发达国家有较大差距，创新发展不充分的问题仍然是短板和瓶颈。(5）依法治国的现代化治理能力和治理体系建设发展不充分。虽然近年来我国法制建设发展迅速，依法治国的理念深入人心，但依法治国的法律制度建设、现代化治理能力建设相对滞后，发展还不充分，离现代化国家治理体系和治理能力的要求、离老百姓要求、离社会主义事业发展和统筹推进五大建设的目标任务要求还有不小差距，有待于进一步提高和发展。(6）精神文明和政治建设发展不充分。新时代，随着老百姓物质文化需要的不断满足，老百姓需求将不断从生存需求转向享受需求、发展需求，不断从物质需求转向政治、文化、社会需求，人们对民主、法治、公平、正义、安全、环境等方面的需求日益增长，老百姓当家作主的参与意识和政治获得感增强，这就对我国精神文明和政治建设提出了新要求。(7）文化建设发展不充分。中国特色社会主义文化发展道路已经初步形成，但还不完善，发展还不充分。在全球化、市场化、网络化充分发展并相互影响的历史背景下，中国特色社会主义文化的进一步发展还面临着一系列问题与挑战，如何在全球化背景下进一步增强文化认同和文化自信，从而巩固中国特色社会主义文化发展的精神基础，不断促进各项文化事业健康和充分发展是新时代需要不断努力的方向。

四、新时代我国社会发展的主要矛盾新特点分析

（一）国际化新特点

从全球化视野来看，改革开放以来，中国越来越深地融入世界。新时代，我国社会主要矛盾运动也具有国际化新特点：一方面，全球化发展导致我国人民美好生活的需要越来越具有国际化特点，世界上好的物质、文化、精神产品和服务，以及低碳、健康的生活方式、环保理念等现代文明生活理念和生活方式也日益影响和改变着中国人民的需要；另一方面，满足人民美好生活需要的手段也可以通过进口和出国消费来实现。这是全球化发展的必然结果，也是新时代我国社会主要矛盾发生变化的现实条件和现实逻辑之一。

（二）现代化新特点

从现代化视野来看，新时代世界科学技术迅猛发展、人类社会文明发展步伐加快，其结果是：一方面，人民群众思想观念日渐更新，社会价值多元化，人民美好生活的需要呈现多样化、个性化和多层次特点突出；另一方面，在互联网时代、机器人、人工智能和互联互通的发达交通时代，满足人民美好生活需要的手段也日渐丰富。从供需两端的现代化特点来看，我国社会主要矛盾发生变化都

具有新的时代特点，这是时代发展的必然结果，也是新时代我国社会主要矛盾发生变化的现实条件和现实逻辑之一。

（三）继承性、连续性和渐进性特点

唯物史观认为，社会主义矛盾发生变化不是突然发生的变化，而是矛盾运动长期积累的结果，是一个循序渐进、不断演化的历史过程，在这个演变进程中，旧的矛盾和旧的矛盾主要方面不可能瞬间消失，新的矛盾和新的矛盾主要方面也不一定在瞬间就具有支配和决定性作用。社会主要矛盾运动过程中的惯性，要求我们要清晰地认识和把握主要矛盾变化的继承性、连续性和渐进性等特点。从而能够在新旧矛盾转化过程中，正确处理和掌控好解决矛盾方略，调整好新旧政策衔接，以实现平稳顺利的过渡。

（四）全局性和普遍性特点

十九大报告准确判断我国社会主要矛盾的变化是关系全局的历史性变化，这意味着人民日益增长的美好生活需要和不平衡不充分的发展之间的矛盾具有全局性和普遍性特点，将贯穿未来发展的方方面面，意味着所有的工作将围绕解决这一主要矛盾而展开。习近平总书记深刻指出："人民对美好生活的向往，就是我们的奋斗目标"，实现两个百年奋斗目标、实现中华民族伟大复兴梦，必须坚持以人民为中心，必须把不断化解我国社会主要矛盾作为全局性工

作的重中之重。主要矛盾就是“牛鼻子”，抓住了主要矛盾这个“牛鼻子”就抓住了全局工作的关键所在，因此，新时代我国社会主要矛盾发展变化具有全局性和普遍性的新特点。

（五）根本性、长期性、复杂性特点

从实现两个百年的长期目标和我国长期处于初级阶段的基本国情来看，由于不平衡不充分发展导致的问题是长期非均衡发展积累的问题，长期积累的问题不可能在短时间内得到解决，将一直贯穿于现代化强国建设的征程中，解决不平衡不充分的发展问题，将是未来工作的主要问题和中心任务，因此，新时代我国社会主要矛盾发生变化的发展趋势具有长期性特点，主要矛盾运动将贯穿中华民族伟大复兴中国梦始终、贯穿实现两个百年奋斗目标的始终。同时，由于人民美好生活需要的不断变化和不断升级的新特点，旧的需要解决了，新的需要又会很快产生，人民美好生活需要的不断变化、不断升级的惯性与发展的滞后性、长期不平衡不充分发展积累问题的解决难度之大，这些问题和矛盾相互交织、相互叠加，使得新时代我国社会主要矛盾变化的发展趋势在具有长期性的同时，也具有复杂性特点。

这些现实状况就是我国社会发展的主要矛盾发生转化的现实依据、现实条件和现实逻辑。只有深刻认识和把握我国社会发展的主要矛盾的种种现实表现，才能发现问题，找准工作的出发点和落脚点。

第六章　我国社会发展的主要矛盾转化的理论逻辑和理论意义

新时代社会主要矛盾转化是马克思主义关于生产力和生产关系、经济基础和上层建筑两对社会基本矛盾运动在新时代必然体现，也是马克思主义唯物辩证法和历史唯物主义主要矛盾运动规律的逻辑使然。在社会主义发展的整个历史长河中，社会主义会因为生产力的发展状况不同而必然经历不同的发展阶段，在不同的发展阶段或时代，社会主要矛盾就有所不同。人民需要与社会生产之间的矛盾就会表现出不同的形式和内容，这就决定了社会主要矛盾必然会随着发展阶段的转变而发生新的转化，从而形成了生产力发展水平决定进入不同时代。

一、抓主要矛盾的理论逻辑

唯物辩证法认为，在事物或过程的多种矛盾中，各种矛盾的地位和作用是不平衡的。在事物发展的任何阶段上，必有而且只有一种矛盾居于支配的地位，起着规定或影响其他矛盾的作用。这种矛盾就是主要矛盾，其他矛盾则是非主要矛盾。

主要矛盾在不同的事物中和事物发展的不同阶段上呈现出复杂的情况。在有些事物中，主要矛盾与基本矛盾是同一的，贯穿事物发展全过程的始终。在有些事物中，主要矛盾与基本矛盾不完全同一，它可能是基本矛盾中的一个矛盾，也可能是基本矛盾中某几个矛盾的综合，也可能是非基本矛盾。在这种情况下，主要矛盾在事物发展的全过程中将随着矛盾运动的发展而变化，尽管事物的基本矛盾尚未解决，事物的根本性质没有改变，但是由于事物的矛盾体系中各种矛盾的力量消长变化，有些矛盾激化了，有些矛盾缓和了，有些矛盾解决了，又有些新的矛盾发生了，原来的主要矛盾下降为非主要矛盾，非主要矛盾上升为主要矛盾，从而使事物的发展过程呈现出阶段性。在事物矛盾体系中，非主要矛盾虽然受主要矛盾的支配和规定，但它并不是消极被动的因素，可以影响和制约着主要矛盾。

辩证唯物主义和历史唯物主义认为，人类社会发展的历史进程，是社会各种复杂矛盾运动的结果，每种矛盾所处的地位、对社会发展所起的作用是不同的，总有主次、重要非重要之分，其中必有一种矛盾与其他诸种矛盾相比较而言，处于支配地位，对社会发展起决定作用，这种矛盾就叫作社会主要矛盾。社会发展中的主要矛盾和非主要矛盾相互关系的原理具有重大的方法论意义。它告诉人们在观察和处理任何事物或过程的诸种矛盾时，必须善于以主要精力从多种矛盾中找出和抓住主要矛盾，提出主要的任务，从而掌握工作的中心环节；当矛盾的主次地位发生了变化，事物的发展进入新的阶段时，要善于找出新的主要矛盾，及时转移工作的重点；还要把事物或过程的主要矛盾和非主要矛盾作为一个有机的体系予以统筹兼顾，发挥它们之间相互促进、相互制约的作用，以推动事物的发展。正是由于矛盾有主次之分，我们在想问题办事情的方法论上也应当相应地有重点与非重点之分，要善于抓重点、集中力量解决主要矛盾。这是进行一切实践活动的重要方法，特别是革命政党决定战略战术方针的重要依据。

由于主要矛盾“管”着其他矛盾，因而对主要矛盾的认识和把握就至关重要，只有找准主要矛盾，才能有针对性地为解决矛盾制定正确的路线、方针和政策。党的十九大对我国社会主要矛盾发生转化的新论断，是对我国社会主要矛盾中对立统一的两个部分的深刻研判，进一步丰富和发展了马克思主义矛盾学说。新时代我国社会发展的主要矛盾发生转化，告诉我们在推进新时代中国特色社会主义伟大事业中，必须善于从多种矛盾中找出和抓住“人民日益增长的美好生活需要与不平衡不充分的发展之间的”主要矛盾，紧扣如何解决新时代我国社会主要矛盾这个时代主题，提出主要的任务，从而掌握工作的中心环节，及时转移工作的重点，这样才能集中力量解决主要矛盾。这是马克思主义矛盾学说的认识论、方法论在新时代的具体应用，也是新时代中国共产党制定路线、方针、政策和战略战术方针的理论依据。

二、社会主要矛盾运动规律的理论逻辑

唯物史观同时认为，社会主要矛盾不是僵化的、一成不变的，而是随着社会历史条件和矛盾两方面的变化而不断发展变化的。从我国社会发展的历史长河考察，革命战争年代，主要矛盾集中反映的是阶级矛盾和民族矛盾，在和平发展时期社会主要矛盾集中反映的是社会需求和社会供给之间的矛盾，这是由于不同社会历史条件和历史环境所决定的。

马克思运用辩证唯物主义和历史唯物主义的科学方法，揭示出了社会经济形态的发展是一个自然历史过程，中国特色社会主义同样也是一个从产生、发展到成熟的发展过程。在中国特色社会主义发展的整个历史长河中，社会发展会因为生产力的发展状况不同而必然经历不同的发展阶段，正如资本主义经历了自由资本主义、垄断资本主义和帝国主义等不同阶段一样。我们党在改革开放初期根据我国社会主义经济制度建立后生产力发展的基本状况，提出了我国处于社会主义初级阶段的基本判断，这就意味着社会主义可能要经历初级阶段、初中级阶段、中级阶段和高级阶段或成熟阶段等多阶段的发展进程。这几个不同发展阶段的区别，既有生产力发展状况的不同，也有由生产力决定的生产关系的不同，比如社会主义初级阶段的基本经济制度和分配制度就与马克思设想的成熟阶段的社会主义基本经济制度和分配制度不同，因而反映出来的社会需求和社会供给之间的矛盾就有所不同。所以，分析和判断社会主义不同

发展阶段的主要矛盾，不仅要看生产力的发展水平，而且还要看与生产力相适应的生产关系的状况，不仅要看供给端（生产力和生产关系）内涵和外延的变化，还要看需求端（社会需求）内涵和外延的变化。由于生产力和社会需求是最活跃的因素，而生产关系则是相对稳定的，生产关系并不随着生产力的每一变化而变化，只有当生产力的发展受到旧的生产关系的严重阻碍时，新的生产关系才会产生。

中国特色社会主义进入新时代，虽然社会主义初级阶段的生产关系是相对稳定的，社会主义初级阶段的生产关系还能够大力发展生产力、解放生产力和保护生产力，但新时代生产力的发展水平已经达到了一个新的高度，人民群众的社会需要也发生了翻天覆地的新变化。经过近 70 年的建设，特别是改革开放以来的经济高速增长，我国生产力发展水平以及由此决定的人民生活水平和国家综合实力进入了新的发展阶段。在不同的发展阶段或时代，由于人民群众的社会需要无论在内涵上还是外延上都会有所不同，社会生产的发展和供给状况也会有所不同，社会需求和社会供给之间的矛盾就会表现出不同的形式和内容，这就决定了社会主要矛盾必然会随着不同发展阶段而发生新的转化，从而形成了由生产力发展水平和社会需要决定的不同发展阶段、不同时代的社会主要矛盾运动规律，即由人民群众的社会需要和社会生产力发展决定的社会需求和社会供给之间的矛盾是不断发展变化的，供给与需求之间的矛盾，是社会生产力发展的永恒动力，旧的需求满足了，新的需求、新的矛盾就会产生，进而促进生产力的发展。

党的十九大对我国社会主要矛盾发生转化的新论断，是基于我国社会生产力和生产关系矛盾运动，是对我国社会需求和社会供给之间的矛盾运动规律的深刻认识、把握和研判，进一步丰富和发展了马克思主义的生产力和生产关系矛盾运动、社会需求和社会供给矛盾运动规律的学说，为新时代更好地遵循生产力和生产关系矛盾运动规律、更好地遵循社会需求和社会供给之间的矛盾运动规律，紧扣我国社会发展的主要矛盾变化产生的新情况、新问题和新趋势，提出新任务和新奋斗目标，提供了强大的思想理论武器。必须从生产力和生产关系矛盾运动、从社会发展的矛盾运动规律上深刻认识和理解我国社会发展的主要矛盾发生转化的重大理论逻辑、理论依据和理论意义。

三、新矛盾新判断新表述的科学理论内涵

十九大对我国社会主要矛盾转化做出重大判断的基本思想表明，新时代人民群众的需要已经从“物质文化需求”转化到“美好生活需要”，从“落后的社会生产”转化到“不平衡不充分的发展”，这一判断说明，中国共产党领导全国各族人民在社会主义征程的伟大实践中，已经解决了人民群众日益增长的物质文化需要同落后的社会生产之间的矛盾。新的矛盾判断和表述有以下两方面的意义：

第一，“美好生活需要”的判断内涵更加广泛，不仅包括既有的“日益增长的物质文化需要”这些实际生活需求，还包括在此基础上衍生出来的满足感、获得感、幸福感、安全感以及尊严、权利、当家作主等更具主观色彩的精神和意识形态方面的高级需求。原来的实际生活需要并没有消失，而是呈现出升级态势，人们期盼有更好的教育、更稳定的工作、更满意的收入、更可靠的社会保障、更高水平的医疗卫生服务、更舒适的居住条件、更优美的环境、更丰富的精神文化生活。新生的精神和意识形态方面的高级需求则呈现多样化多层次多方面的特点，从精神文化到政治生活，从现实社会地位到心理预期、价值认同等方面，对民主、法治、公平、正义、安全、共同富裕甚至对人的全面发展与社会全面进步都提出相应要求。“美好生活需要”这一宽泛的表述有助于我们更加全面分析和把握多方面、多样化、个性化、多变性、多层次的人民需要，这对于我们更好地坚持以人民为中心指导思想，不断满足人民群众追求美好生活的各项需求，与时俱进地研究分析人民群众需要的时代特点和演变发展规律，制定党的路线、方针、政策和战略有重要的理论和实践意义。

第二，“不平衡不充分的发展”的判断，实事求是地反映了新时代中国特色社会主义主要矛盾主要方面的主要问题，即发展的不平衡不充分的问题。“不平衡不充分”主要表现为结构性失衡问题，这种结构失衡不再是绝对短缺背景下的“社会生产落后”，而是相对短缺背景下的发展不平衡与发展不充分。

四、新矛盾新判断的重大理论意义

对新时代我国社会主要矛盾的新判断新概括，是把辩证唯物主义、历史唯物主义基本原理与当代中国不断变化的发展实践相结合形成的重大理论判断，是对处于历史交汇期的中国共产党人的一次新的理论武装，其重大理论意义体现在以下几方面：

第一，对我国社会主要矛盾发生转化做出的历史性重大判断，关系全局的历史性政治判断、重大理论判断和理论创新。矛盾是反映事物对立统一关系的哲学范畴。运用这种矛盾分析法，有助于我们理解我国社会主要矛盾发生转化的理论内涵，深刻认识人民日益增长的美好生活需要和不平衡不充分的发展是构成我国社会主要矛盾中对立统一的两个部分。抓住主要矛盾，才能抓住事物普遍联系的根本内容和永恒发展的内在动力。[①] 深刻认识上述对立统一的两个部分，既可以看到历史的方向和时代的要求，也能够抓住当前坚持和发展中国特色社会主义所面临的困难和问题。党的十九大报告指出，世界每时每刻都在发生变化，中国也每时每刻都在发生变化，我们必须在理论上跟上时代，不断认识规律、判断社会主要矛盾发生转化的新特点，不断推进理论创新、实践创新、制度创新、文化创新以及其他各方面创新。新时代社会主要矛盾具有全局性、根本性和阶段性特点，认清我国社会主要矛

① 朱永刚：《准确理解我国社会主要矛盾的转化》，《中国纪检监察报》2017年11月1日。

盾及其时代特点，事关对基本国情的正确认识和把握，事关科学制定党和国家大政方针、长远战略，事关中国特色社会主义的长远发展。

第二，社会主要矛盾的新判断构成习近平新时代中国特色社会主义思想的重要内容。它构成了习近平新时代中国特色社会主义思想的理论基础，并对坚持和发展新时代中国特色社会主义建设具有重要意义。“中国共产党之所以能够完成近代以来各种政治力量不可能完成的艰巨任务，就在于始终把马克思主义这一科学理论作为自己的行动指南，并坚持在实践中不断丰富和发展马克思主义。”① 习近平新时代中国特色社会主义思想的形成是马克思主义理论与中国实践相结合的重大理论创新，科学回答了新时代坚持和发展什么样的中国特色社会主义、怎样坚持和发展中国特色社会主义这些重大时代课题。要想回答好这些时代课题，首先要回答这个时代的社会主要矛盾是什么。这个问题能否回答好，事关下一步中国特色社会主义事业的前途命运，事关广大人民群众的根本利益。因此，关于社会主要矛盾的新判断是新时代中国特色社会主义发展的重要依据，这一新判断在实践基础上推进理论创新，在理论创新中为新时代精准定位，在精准定位中为下一步的事业发展找准发力点，体现了我们党勇于创新、永不僵化、永不停滞的可贵品格。习近平新时代中国特色社会主义思想在理论和实践的结合中系统回答新时代坚持和发展什么样的中国特色社会主义、怎样坚持和发展中国特色社

① 习近平：《在庆祝中国共产党成立95周年大会上的讲话》，人民出版社2016年版，第8页。

会主义。只有立足于对我国社会主要矛盾转化的新概括，才能为在理论上全面系统回答这一核心命题、进而科学认识习近平新时代中国特色社会主义思想在整个中国特色社会主义理论发展史上的战略地位提供理论依据。①

第三，社会主要矛盾的新判断突出以人民为中心的执政思想，体现了我们党始终不忘初心、牢记使命的担当。主要矛盾新判断新概括短短的几十个字，闪耀着“以人民为中心”思想的光辉，彰显了以人民利益为核心的思想要义。习近平总书记指出：“把人民对美好生活的向往作为奋斗目标，依靠人民创造历史伟业。”② 对社会主要矛盾的新论断，完全符合新时代中国特色社会主义的时代要求和人民期待，体现了社会主义制度的优越性，体现了中国共产党全心全意为人民服务的根本宗旨。从这个论断可以看出，社会主要矛盾的判断首先从人民的需要出发，人民的需要就是我们党一切事业的出发点；人民对美好生活的向往，就是我们的奋斗目标。人民对美好生活需要的日益增长，是持续的、动态的、变化的、开放的，制约人们美好生活需要满足的主要因素是不平衡不充分的发展。因此，解决不平衡不充分发展的问题就是新时代我们党工作的着力点、出发点和落脚点。

第四，对我国社会主要矛盾发生转化做出的历史性重大判断，

---

① 任晓伟：《准确把握社会主要矛盾的转化意义》，《中国社会科学报》2017年11月2日。

② 习近平：《决胜全面建成小康社会　夺取新时代中国特色社会主义伟大胜利——在中国共产党第十九次全国代表大会上的报告》，《人民日报》2017年10月18日。

是新时代中国共产党制定方针、路线、政策和战略的基本依据。“时代是出卷人，我们是答卷人，人民是阅卷人”。准确判断与把握社会主要矛盾及其发展变化，是党和国家制定正确方针政策的理论依据，是化解矛盾、实现经济社会全面协调可持续发展的理论前提，是关乎国家前途和命运的大事。中国共产党团结带领全国各族人民进行革命与建设的历史和现实的种种情况深刻表明，要进行社会主义发展战略和经济政策的大幅调整，就必须对我国所处的社会主义社会主要矛盾做出一个准确的理论判断。长期以来，我们党就是通过从纷繁复杂的社会现象揭示社会主要矛盾、分析和把握社会发展的阶段性特征，从而科学制定党在各个时期的纲领和路线的。十九大对我国社会主要矛盾发生转化做出的判断，为新时代中国特色社会主义思想提供了强大的理论基础，为制定党的路线、方针、政策和战略提供了理论依据。

第五，不断满足人民美好生活需要，努力解决主要矛盾，是各级党和政府工作的着力点、出发点和落脚点。人民对美好生活的向往，就是我们的奋斗目标。发展的问题最终要靠发展来解决。解放和发展社会生产力，是社会主义的本质要求。我国社会主要矛盾新的变化决定了，新时代根本任务还是大力解放和发展社会生产力，从而实现更高质量、更有效率、更加公平、更可持续的发展。各级党和政府要牢牢把握新时代我国发展的阶段性特征，抓主要矛盾的主要方面，牢牢把握人民群众对美好生活的向往，把团结带领人民不断解决我国社会主要矛盾作为工作着力点、出发点和落脚点，以新发展理念引领发展，更好地解决各地方、各单位各领域出现的不平衡不充分发展问题，一步步实现好以人民为中心的高质量发展，确保如期建成得到人民认可、经得起历史检验的全面小康社会，不断朝着全体人民共同富裕、社会全面进步的目标前进。

第七章　以人民为中心的发展思想是解决我国社会主要矛盾的根本遵循

党的十九大报告将“坚持以人民为中心”确立为新时代坚持和发展中国特色社会主义的基本方略之一，这意味着不仅在经济社会发展方面要坚持以人民为中心的发展思想，而且在中国特色社会主义事业各领域、各方面与全过程都必须坚持以人民为中心。党的十九大报告对新时代我国社会主要矛盾做出的新判断，突出了以人民为中心的执政思想，体现了我们党始终不忘初心、牢记使命的担当。坚持以人民为中心是马克思主义唯物史观的必然要求，更是不断解决我国社会主要矛盾的指导思想和方法论。在新时代坚持和发展中国特色社会主义，不断解决社会主要矛盾，必须全面践行以人民为中心的发展思想，首要的是全面深刻把握其内涵，并由知向行，在实践中全面贯彻以人民为中心的发展思想。

一、全面认识和理解以人民为中心的发展思想的深刻内涵

以人民为中心的发展思想，是习近平新时代中国特色社会主义

思想的重要内容。党的十八大闭幕后，习近平同志在与中外记者见面时就明确指出："人民对美好生活的向往，就是我们的奋斗目标。"这一庄严承诺，既是我们党全心全意为人民服务根本宗旨一脉相承、一以贯之的体现，也突出反映了民生问题在习近平同志心中的位置。他说："我的执政理念，概括起来说就是：为人民服务，担当起该担当的责任。"习近平同志情真意切的话语和勇于担当的精神，温暖和打动了亿万人民的心，成为党的十八大以来党中央执政为民的一面鲜亮旗帜。党的十八大以来，习近平总书记多次指出："我们要坚持以人民为中心的发展思想，抓住人民最关心最直接最现实的利益问题，不断实现好、维护好、发展好最广大人民根本利益"[①]，"要坚持正确工作取向，以人民为中心"，"我们要始终把人民立场作为根本政治立场，把人民利益摆在至高无上的地位，不断把为人民造福事业推向前进"，"老百姓是天，老百姓是地。忘记了人民，脱离了人民，我们就会成为无源之水、无本之木，就会一事无成"[②]。在党的十九大报告中，习近平强调指出，人民是历史的创造者，是决定党和国家前途命运的根本力量。必须坚持人民主体地位，坚持立党为公、执政为民，践行全心全意为人民服务的根本宗旨，把党的群众路线贯彻到治国理政全部活动之中，把人民对美好生活的向往作为奋斗目标，依靠人民创造历史伟业。[③] 这些重

① 习近平：《始终坚持和充分发挥党的独特优势》，《求是》2012 年第 15 期。

② 习近平：《在纪念红军长征胜利八十周年大会上的讲话》，《人民日报》2016 年 10 月 22 日。

③ 习近平：《决胜全面建成小康社会　夺取新时代中国特色社会主义伟大胜利——在中国共产党第十九次全国代表大会上的报告》，人民出版社 2017 年版，第 21 页。

要论述立场鲜明、含义极其深刻，充分彰显了我们党始终坚持以人民为中心的价值追求和执政为民的责任担当，为新时代不断解决我国社会主要矛盾、把中国特色社会主义推向前进提供了价值遵循。

（一）坚持以人民为中心指导思想是解决社会主要矛盾的根本政治立场和价值取向

习近平同志指出，中国共产党人的初心和使命，就是为中国人民谋幸福，为中华民族谋复兴。这决定了人民立场是中国共产党的根本政治立场。我们党自成立之日起，就把坚持人民利益高于一切鲜明地写在自己的旗帜上，把全心全意为人民服务作为根本宗旨，把实现好、维护好、发展好最广大人民根本利益作为一切工作的出发点和落脚点。我们党之所以能够从小到大、从弱到强，关键就在于始终坚持以人民为中心，做到权为民所用、情为民所系、利为民所谋。以人民为中心深刻诠释了党的根本政治立场和价值取向，坚持以人民为中心的指导思想来解决新时代我国社会发展的主要矛盾，就是坚持中国共产党根本政治立场和价值取向的基本表现。

（二）坚持以人民为中心指导思想是马克思主义唯物史观的内在要求

唯物史观认为，人民群众是历史的主体，是推动社会发展进步的决定力量。进而，新时代我国社会发展的主要矛盾的解决，必须尊重人民群众的主体地位，重视这一推动社会发展进步的决定力量，这也是马克思主义唯物史观的内在要求。在社会主义制度下，人民是国家和社会的主人，坚持党的领导和坚持以人民为中心具有内在一致性。党的十八大以来的5年，是党和国家发展进程中极不平凡的5年。这5年之所以能够解难题办大事，关键是顺应实践要求和人民愿望，提出一系列新理念新思想新战略，出台一系列重大方针政策，推出一系列重大举措，推进一系列重大工作。可见，强调党的根基在人民、力量在人民，坚持以人民为中心推进中国特色社会主义伟大事业，是马克思主义唯物史观的内在要求，是中国特色社会主义的根本特征和动力所在。①

（三）坚持以人民为中心指导思想体现了党的性质和根本宗旨

中国共产党是中国工人阶级的先锋队，同时是中国人民和中华民族的先锋队，这决定了党的性质和根本宗旨。正是党的性质和根本宗旨决定了我们党必须始终坚持以人民为中心，任何时候都必须把人民利益放在第一位，把人民对美好生活的向往作为奋斗目标，把全心全意为人民服务作为党一切行动的根本出发点和最终目标。习近平同志指出："始终坚持全心全意为人民服务的根本宗旨，是我们党得到人民拥护和爱戴的根本原因"。这深刻阐明了始终坚持以人民为中心，一切为了人民、一切依靠人民，坚持人民利益高于

① 张国祚：《始终坚持以人民为中心的发展观》，《光明日报》2018年4月27日。

一切，是永葆党的创造力、凝聚力、战斗力的关键所在，也是解决新时代我国社会发展主要矛盾的重要前提。①

（四）坚持以人民为中心指导思想是坚持党的群众路线的生动展现

密切联系群众是我们党最大的政治优势，只有坚持党的群众路线才能始终保持党同人民群众的血肉联系。习近平同志告诫全党，“我们党来自人民、植根人民、服务人民，一旦脱离群众，就会失去生命力。”这表明坚持群众观点和践行群众路线，就必须始终坚持以人民为中心，始终保持党同人民群众的血肉联系，自觉从人民群众的伟大实践中汲取智慧和力量，自觉接受人民群众的评判和监督，真正为群众办实事、解难事、做好事，把党和人民的事业不断推向前进。因而，解决新时代我国社会发展的主要矛盾，就必须坚持以人民为中心的指导思想，并在此基础上进一步坚持群众观点和群众路线。

二、坚持以人民为中心发展思想，不断解决社会主要矛盾的历史分析

为人民谋幸福，为中华民族谋复兴，这是中国共产党的初心

① 孙大海：《始终坚持以人民为中心的价值追求》，《人民日报》2017 年 10 月 23 日。

和历史使命。中国共产党诞生于国家积贫积弱、民族艰难危急之际，肩负着重要的历史使命，面对着强大而凶残的敌人。如何探索一条正确的道路，取得民族的独立与人民的解放？中国共产党没有任何秘密武器，只能始终坚持人民立场，密切地与人民在一起。一切为了人民、一切依靠人民，永远保持与人民的血肉联系，这一立场和原则比任何秘密武器都要有效。中国共产党从成立时的数十名党员、十多个代表的小党，迅速成长起来，成为民主革命的领导力量，成为全民族抗战的中流砥柱，并打败西方支持的国民党政权，建立人民共和国，领导全国人民进行经济建设与社会发展的实践探索，取得了伟大的成就和辉煌的业绩。中国共产党是在极其复杂的国际环境、十分困难的国内条件下，取得这些举世瞩目成就的。在取得成就的过程中，也经历过严重挫折，有过深刻的教训甚至错误，但是中国共产党始终能够在曲折中不断前进，没有被客观困难打败，也没有被主观错误击倒。其根本的原因就在于，始终坚持人民立场，始终以人民利益为最高价值标准。有了这一立场和标准，就能够聚集强大的力量，战胜客观困难；有了这一立场和标准，就会有勇气面对自身的错误，就会有智慧纠正自己的错误，回到正确的道路上。中国共产党之所以能够创造辉煌历程和取得与伟大成就，其根本经验就是始终坚持人民立场。① 习近平总书记在“七一”重要讲话中对这一经验有着深刻的总结和精准的概括：“党与人民风雨同舟、生死与共，始终保持血肉联系，是党战胜一切困难和风

---

① 谢迪斌：《坚持人民立场是不忘初心继续前进的政治保证》，《南方日报》2016 年 8 月 15 日。

险的根本保证，正所谓‘得众则得国，失众则失国’”①。

近百年来，中国共产党与中国人民携手同行，共同完成或阶段性地完成了革命、建设和改革等艰巨任务，这对于新时代我国社会发展主要矛盾的解决问题有着重大的借鉴意义。只有继续依靠人民、发动人民，坚持以人民为中心，才可以推动新时代我国社会发展主要矛盾的进一步解决。

历史在不断发展，中国共产党必然也要随着历史的步伐而不断前进。我们党要再创辉煌，完成更为光荣的使命，必然面临着更为复杂的形势和严峻的挑战。要在这种复杂形势和严峻挑战面前取得胜利，必须而且只能坚持人民立场，依靠人民、团结人民，共同前进。在新的历史条件下，要坚持人民立场，依靠和团结人民，必须创新理念、解放思想，不能简单地用过去的经验来指导今天的人民群众工作，必须以现代理念来思考和实施依靠、团结人民的方案与行动。习近平总书记提出的共享理念就是新时期坚持人民立场，依靠和团结人民共同奋斗的指导原则。在共享理念之下，人民的物质利益和精神尊严才会得到保障，党与人民的鱼水关系才会不断发展和巩固；在新的历史条件下，坚持人民立场，必须加强制度建设，通过制度的约束与规范，保证人民的物质利益和精神尊严得到实现。在新历史条件下，坚持人民立场，必须努力改善党群关系，加强党的自身建设，始终保持对人民的忠诚与谦卑。习近平总书记这样要求和告诫全党：“我们党已经走过了95年的历程，但我们要永远保持

① 习近平：《在庆祝中国共产党成立95周年大会上的讲话》，人民出版社2016年版，第18页。

建党时中国共产党人的奋斗精神，永远保持对人民的赤子之心。”①

从中国共产党自身的发展历程来看，其取得当今举世瞩目的成就，离不开广大人民群众的支持和拥护。作为当今世界上最大的执政党，中国共产党要想继续实现自身和国家的进一步发展，必须继续依靠人民、发动人民，并着眼于完成“解决新时代我国社会发展主要矛盾”的新历史任务。

三、“满足人民日益增长的美好生活需要”是以人民为中心发展思想的价值取向

“满足人民日益增长的美好生活需要”科学地回答了为什么发展的问题，体现了中国共产党人的初心和使命，体现了新时代以人民为中心的价值追求，是坚持以人民为中心发展思想最重要的任务、方向和目标。

（一）不断“满足人民日益增长的美好生活需要”是坚持以人民为中心发展思想的必然选择

早在 2012 年 11 月 15 日，十八届中共中央政治局常委同中外记者见面时，习近平总书记就明确指出：“人民对美好生活的向往，

① 习近平：《在庆祝中国共产党成立 95 周年大会上的讲话》，人民出版社 2016 年版，第 7 页。

就是我们的奋斗目标。”十九大报告更加鲜明地提出：“中国共产党人的初心和使命，就是为中国人民谋幸福，为中华民族谋复兴。这个初心和使命是激励中国共产党人不断前进的根本动力。”以人民为本，以人民的利益为重，贯穿于中国共产党的思想和理论始终，并由此与其他任何剥削阶级的政党区别开来。马克思、恩格斯在《共产党宣言》中预想了未来美好社会，指出“代替那存在着阶级和阶级对立的资产阶级旧社会的，将是这样一个联合体，在那里，每个人的自由发展是一切人的自由发展的条件”①。马克思、恩格斯关于人的全面发展的思想，不仅强调人的需要的发展、人的能力的发展、人的自由个性的发展，更强调人的社会关系的发展以及每个人的发展与全体人的发展的统一性。以习近平同志为核心的党中央坚持发展是党执政兴国的第一要务，坚持在生产发展和社会财富增长的基础上不断满足人民日益增长的美好生活需要，促进人的自由全面发展，这是从马克思主义基本原理出发，对中国特色社会主义现代化建设实践经验的理论总结，是马克思主义与中国具体实践相结合的思想成果。

（二）不断“满足人民日益增长的美好生活需要”是坚持以人民为中心发展思想的价值取向

党的十八大以来，习近平总书记多次论述坚持以人民为中心的

---

① 马克思、恩格斯：《共产党宣言》，人民出版社 1997 年版，第 50 页。

发展思想。2015 年 11 月 23 日，习近平总书记在主持中央政治局第二十八次集体学习时明确指出：“坚持以人民为中心的发展思想，这是马克思主义政治经济学的根本立场。”2016 年 1 月 18 日，习近平总书记在省部级主要领导干部学习贯彻十八届五中全会精神专题研讨班开班式上再次强调：“要着力践行以人民为中心的发展思想。”党的十九大报告指出：“明确新时代我国社会主要矛盾是人民日益增长的美好生活需要和不平衡不充分的发展之间的矛盾，必须坚持以人民为中心的发展思想，不断促进人的全面发展、全体人民共同富裕。”“使人民获得感、幸福感、安全感更加充实、更有保障、更可持续。”① 以人民为中心，这既是习近平新时代中国特色社会主义思想的重要内容，也是新时代坚持和发展中国特色社会主义的基本方略。

恩格斯说：“历史从哪里开始，思想进程也应当从哪里开始。而思想进程的进一步发展不过是历史进程在通向理论上前后一贯的形式上的反映。”这就是说，理论的逻辑进程与客观现实的历史发展进程基本相一致。党的十八大以来，我国经济社会发展的形势和任务发生了很大变化，以习近平同志为核心的党中央确立了创新、协调、绿色、开放、共享的发展理念，不仅反映了坚持人民主体地位的内在要求，更体现了人民共建共享的价值追求，彰显了人民至上的价值取向。

① 习近平：《决胜全面建成小康社会　夺取新时代中国特色社会主义伟大胜利——在中国共产党第十九次全国代表大会上的报告》，人民出版社 2017 年版，第 45 页。

（三）不断“满足人民日益增长的美好生活需要”是以人民为中心发展思想的出发点和落脚点

十九大报告结合我国社会主要矛盾的历史性变化，将以人民为中心的发展思想落脚在不断满足人民日益增长的美好生活需要，把人民对美好生活的向往作为中国共产党人的奋斗目标，并紧紧依靠人民去实现。

从主体性上看，人民作为发展的主体不是一个抽象的概念。正如习近平总书记所指出的，“人民不是抽象的符号，而是一个一个具体的人的集合”。因此，发展的目标也不能是抽象的，而是要有具体的描述，这个描述就是人民对美好生活的需要。组成人民的社会个体的需求越来越多样化，他们对美好生活的需要已不局限于对物质文化生活的追求，更在于对民主、法治、公平、正义、安全、环境等需求的日益增长。这是对马克思、恩格斯在《共产党宣言》中所描绘的旨在实现人的自由而全面发展的“自由人联合体”的美好憧憬。

从目的性上看，坚持以人民为中心的发展思想，就是为把我国建设成为富强民主文明和谐美丽的社会主义现代化强国而奋斗。党的十九大报告将社会主义现代化强国的目标表述为：物质文明、政治文明、精神文明、社会文明、生态文明将全面提升，实现国家治理体系和治理能力现代化，成为综合国力和国际影响力领先的国家，全体人民共同富裕基本实现，我国人民将享有更加幸福安康的生活，中华民族将以更加昂扬的姿态屹立于世界民族之林。这既是我们发展的根本目的，又标示了达到这一根本目的的根本路径和根本办法；既是全党开展各项工作的出发点，又是各项工作的落脚点。为此，习近平总书记号召："全党同志一定要永远与人民同呼吸、共命运、心连心，永远把人民对美好生活的向往作为奋斗目标，以永不懈怠的精神状态和一往无前的奋斗姿态，继续朝着实现中华民族伟大复兴的宏伟目标奋勇前进。"①

四、坚持以人民为中心的发展思想，既是重大理论问题，也是重大实践问题

"满足人民日益增长的美好生活需要"不仅体现了新时代以人民为中心的价值追求和理论自觉，也是坚持以人民为中心发展思想最具体、最接地气、最符合人民期待的实践任务、方向和目标。"把人民对美好生活的向往作为奋斗目标"，十九大报告提出了全局性、战略性、前瞻性的行动纲领，报告中十四条基本方略处处以人民福祉为出发点和落脚点，不仅点明了"坚持以人民为中心"、"坚持人民当家作主"，还指出"坚持在发展中保障和改善民生"，并细化在"幼有所育、学有所教、劳有所得、病有所医、老有所养、住有所居、弱有所扶"多个方面，集中体现了以人民为中心的发展思想，

① 习近平：《决胜全面建成小康社会　夺取新时代中国特色社会主义伟大胜利——在中国共产党第十九次全国代表大会上的报告》，人民出版社2017年版，第1页。

彰显了中国共产党一以贯之的为民情怀。

“要坚持把增进人民福祉、促进人的全面发展、朝着共同富裕方向稳步前进作为经济发展的出发点和落脚点，部署经济工作、制定经济政策、推动经济发展都要牢牢坚持这个根本立场。”① 无论是创新驱动、激发活力的改革举措，还是统筹城乡、区域、经济社会、两个文明的发展；无论是治理环境污染，顺应人民对良好生态的期待，还是注重内外联动发展、做大蛋糕同时更公平地分好蛋糕，五大发展理念贯穿着鲜明的群众导向、民生导向，彰显着人民至上的价值取向。其思想内核和实践方向，就是“坚持发展为了人民、发展依靠人民、发展成果由人民共享”。

改革开放以来，我们开辟了中国特色社会主义道路，不断在实践中发展完善中国特色社会主义政治经济学，逐步贯彻落实以人民为中心的发展思想。第一，坚持以公有制为主体的社会主义初级阶段基本经济制度，不断巩固人民当家作主的经济基础。第二，建立健全社会主义市场经济体制，克服高度集中的计划经济体制的弊端，充分调动了亿万人民群众在解放和发展生产力中的主体作用。第三，坚持以按劳分配为主体、多种分配方式并存的分配制度，稳步提高了全体人民的物质文化生活水平。

改革开放是社会主义制度的不断自我完善。这样做遵循了马克思主义政治经济学的本义，充分尊重人民在历史发展中的主体作用，保障和发展差别化的个人利益。在经济社会实践中，它的

① 《十八大以来重要文献选编》（中），中央文献出版社 2016 年版，第 587 页。

目的是调整社会主义生产关系中不适应生产力发展的体制机制，调动劳动人民的积极性，激发社会各阶层的创新潜能，从而促进社会生产力的快速发展和人民生活水平的提高。例如，农村集体经济统分结合的双层经营体制中，作为基础的农村家庭联产承包责任制的实行。又如，在公有制基础性作用的推动下，民营经济的快速发展。①

党的十八大以来，面向全面建成小康社会，坚持人民主体地位成为经济工作的基本遵循；不以GDP论英雄，经济增长更具共享性和包容性，民生领域取得一系列新成绩；惠民举措陆续出台、民生改革不断深化，凝聚了人心、提振了信心……经济工作彰显人民至上的价值取向，我国取得的一系列经济社会发展成就，都得益于坚持以人民为中心的发展思想。

以人民为中心，方能精准把握矛盾和发展的关键。我们党始终坚持以人民为中心的发展思想，坚持党对经济工作的集中统一领导，不断强化发展过程中的人民中心地位，改善民生的各项措施就更有保障得到落地和实施，有助于满足人民日益增长的美好生活需要，对发展的平衡性和充分性有着积极的推动作用。深刻认识新时代牢记以人民为中心的发展思想，必须坚持在发展中保障和改善民生。党的一切工作，必须以最广大人民根本利益为最高标准。检验我们一切工作的成效，最终都要看人民是否真正得到了实惠，人民生活是否真正得到了改善，人民权益是否真正得到了保障。从“努

① 李鹏：《坚持以人民为中心经济学研究导向》，《中国社会科学报》2016年6月22日。

力让每个孩子都能享有公平而有质量的教育”到“人人都有通过辛勤劳动实现自身发展的机会”，从“加强社会保障体系建设”到“坚决打赢脱贫攻坚战”，凸显了新时代中国共产党人真挚的为民情怀。进入新时代，我国社会主要矛盾已经转化为人民日益增长的美好生活需要和不平衡不充分的发展之间的矛盾。人民对美好生活有新期待。坚持以人民为中心的发展思想，就要找准人民群众对民生需求的新变化，解决好民生新问题，比如持续推进教育公平，努力优化教育资源的合理分配，着力解决区域范围内师资力量、配套设施、规划建设等方面的不均衡现象；统筹发展城乡居民大病医疗保障体系建设，进一步减轻医疗费用负担。坚持以人民为中心的发展思想，就要从人民群众关心的事情做起，从让人民群众满意的事情做起，既尽力而为，又量力而行，一件事情接着一件事情办，一年接着一年干，不断增强人民的获得感、幸福感、安全感，不断推进全体人民共同富裕，让人民生活一年更比一年好。①

五、把以人民为中心的发展思想，贯穿到统筹推进“五位一体”总体布局和协调推进“四个全面”战略布局中

党的十八大以来，我们党从实现“两个一百年”奋斗目标和中

① 崔桂忠：《深刻认识新时代以人民为中心的发展思想》，《大连日报》2017年12月6日。

华民族伟大复兴中国梦的高度，基于治国理政新实践提出统筹推进“五位一体”总体布局和协调推进“四个全面”战略布局。这两大布局坚持以人民为中心，对改革发展稳定、内政外交国防、治党治国治军各方面进行整体谋划和系统构建，着眼于全面推进中国特色社会主义事业，把实现好、维护好、发展好最广大人民根本利益作为出发点和落脚点，既聚焦解决人民群众最关注的热点难点焦点问题，又着力维护和实现人民群众在经济、政治、文化、社会、生态等各方面的权益，在整体推进、重点突破中推动中国特色社会主义事业不断向前发展。

从根本上来讲，以人民为中心既是认识和把握社会主要矛盾变化的思想基础，也是解决社会主要矛盾的根本方法。我们党之所以能够科学定位社会主要矛盾，归根结底是因为我们党对人民立场的坚守，坚持了以人民为中心的发展思想。没有这样一种对人民的真挚感情、没有这样一种立场，没有这样一种思想基础，当然就不会注意到人民这个维度、不会作出这样的正确判断。与此同时，新时代解决社会主要矛盾就是要积极践行以人民为中心的发展思想。既然人民提出了多方面的需要，既然我们各方面的发展还存在不平衡不充分的问题，那么解决这个矛盾的唯一办法就是要全面践行以人民为中心的发展思想，着重解决发展不平衡不充分的问题，逐步满足人民各方面的美好生活需要。①

把以人民为中心的发展思想，贯穿到统筹推进“五位一体”总

① 郭广银：《全面把握以人民为中心的发展思想》，《光明日报》2018 年 4 月 2 日。

体布局和协调推进“四个全面”战略布局之中，紧扣我国社会主要矛盾变化，推动高质量发展，这是新时代完成新任务解决新矛盾的总体战略布局。社会主要矛盾的新判断突出以人民为中心的执政思想，体现了我们党始终不忘初心、牢记使命的担当。协调推进“四个全面”战略布局集中体现了时代和实践发展对党和国家工作的新要求，也是不断解决社会主要矛盾的根本保障和实现条件。在实际工作中，要始终抓住全心全意为人民服务这个根本：坚持执政为了人民、执政依靠人民，将协调推进“四个全面”战略布局与解决我国社会主要矛盾紧密结合起来。抓住这个根本执政规律，体现党全心全意为人民服务宗旨，深化对党执政为了人民、依靠人民的规律性认识。坚持党对一切工作的领导、坚持党要管党、坚持从严治党，这是不断解决我国社会主要矛盾的根本保证。坚持依法治国，全面深化改革的总目标，是完善和发展中国特色社会主义制度，推进国家治理体系和治理能力现代化，为中国长远发展奠定更好的制度基础，为不断解决我国社会主要矛盾提供强大的制度支撑和法律保障。

统筹推进“五位一体”总体布局，是“实现什么样的发展、怎样发展”重大战略布局。要满足人民日益增长的美好生活需要，就必须在继续坚持发展是第一要务的基础上，着力解决好发展不平衡不充分问题。经济建设方面，要坚持新发展理念，以供给侧结构性改革为主线，推动经济发展质量变革、效率变革、动力变革，不断解放和发展社会生产力。政治建设方面，要坚持人民当家作主，把我国社会主义民主政治的优势和特点充分发挥出来，把保证人民当家作主落实到国家政治生活和社会生活之中。文化建设方面，要坚持社会主义核心价值体系，发展中国特色社会主义文化，坚持创造性转化、创新性发展。社会建设方面，要坚持在发展中保障和改善民生，在发展中补齐民生短板、促进社会公平正义，在幼有所育、学有所教、劳有所得、病有所医、老有所养、住有所居、弱有所扶上不断取得新进展。生态文明建设方面，要坚持人与自然和谐共生，形成节约资源和保护环境的空间格局、产业结构、生产方式、生活方式，还自然以宁静、和谐、美丽。只有坚持“五位一体”建设全面推进、协调发展，才能形成经济富裕、政治民主、文化繁荣、社会公平、生态良好的发展格局，才能不断解决好不平衡不充分发展的主要问题，才能更好地满足人民日益增长的美好生活需要。

六、把以人民为中心发展思想贯彻到治国理政的伟大实践之中

习近平同志指出：“以人民为中心的发展思想，不是一个抽象的、玄奥的概念，不能只停留在口头上、止步于思想环节，而要体现在经济社会发展各个环节。”[①] 民心是最大的政治。当前，中国特色社会主义进入了新时代，我们要牢牢把握人民群众对美好生活

① 习近平：《在省部级主要领导干部学习贯彻党的十八届五中全会精神专题研讨班上的讲话》，人民出版社2016年版，第24页。

的向往，把以人民为中心贯彻到治国理政全部活动之中，做到发展为了人民、发展依靠人民、发展成果由人民共享，更好增进人民福祉，更好发展中国特色社会主义事业，更好推动人的全面发展、社会全面进步。

在治国理政理念上彰显以人民为中心。习近平同志强调：全党必须牢记，为什么人的问题，是检验一个政党、一个政权性质的试金石。带领人民创造美好生活，是我们党始终不渝的奋斗目标。必须始终把人民利益摆在至高无上的地位，让改革发展成果更多更公平惠及全体人民，朝着实现全体人民共同富裕不断迈进。这就要求我们在治国理政理念上坚持以人民为中心，更加突出人民群众的主体地位，把人民群众作为改革、发展、创新的主体；始终牢记全心全意为人民服务的根本宗旨，把人民利益放在第一位，把人民群众对美好生活的向往作为我们的奋斗目标；牢固树立立党为公、执政为民的执政理念，切实解决好“我是谁、为了谁、依靠谁”的问题。

在治国理政举措上坚持以人民为中心。习近平同志指出，中国特色社会主义进入新时代，我国社会主要矛盾已经转化为人民日益增长的美好生活需要和不平衡不充分的发展之间的矛盾。我国稳定解决了十几亿人的温饱问题，总体上实现小康，不久将全面建成小康社会，人民美好生活需要日益广泛，不仅对物质文化生活提出了更高要求，而且在民主、法治、公平、正义、安全、环境等方面的要求日益增长。民之所望，施政所向。坚持以人民为中心不仅要体现在治国理政理念上，而且要转化为施政的具体举措。这就要求我们在着力解决好发展不平衡不充分问题的基础上推出更多民生工程、实施更多惠民举措，更好满足人民在经济、政治、文化、社会、生态等方面日益增长的需要。

在治国理政评价上突出以人民为中心，坚持需求导向、问题导向、效果导向。习近平同志指出，我们党的执政水平和执政成效都不是由自己说了算，必须而且只能由人民来评判。人民是我们党的工作的最高裁决者和最终评判者。知屋漏者在宇下，知政失者在草野。坚持以人民为中心，就要坚持需求导向，就是时刻把人民群众的冷暖安危和对美好生活的需求作为各级党和政府工作的出发点和落脚点，从人民群众对美好生活的需求中找寻发展重点、方向和目标；坚持以人民为中心，就要坚持问题导向，就是从不平衡不充分发展的现实、工作的现状对标人民群众期盼，瞄准影响经济社会发展的全局性问题、制约创造品质生活的突出矛盾和群众反映强烈的民生诉求，特别是本地区、本单位、本领域在工作中存在的障碍和瓶颈，把问题找准、找透，进而把解决问题和突破瓶颈，把补短板和补漏洞，作为不断满足人民美好生活的着眼点和着力点；人民群众的获得感、幸福感，是检验创造品质生活质量和效果的试金石。坚持以人民为中心，就要坚持效果导向，各级党委、政府和干部要把老百姓的安危冷暖时刻放在心上，以造福人民为最大政绩，想群众之所想，急群众之所急，从人民群众身边的小事难事实事做起，把实干出成效，让人民生活更加幸福美满作为干部考核目标，在“落地”上务求实效，在增强群众获得感上谋实效，不断提高人民群众的满意度和获得感。坚持以人民为中心，就要倾听群众声音、反映群众诉求、接受群众监督，让人民评价党和政府的工作，让人民群众获得更多实实在在的利益，不断提升人民群众获得感和幸福感，进一步赢得人民群众的认可和支持，从而汇聚起进行伟大斗争、建设伟大工程、推进伟大事业、实现伟大梦想的磅礴伟力。

第八章　贯彻落实新发展理念，着力解决好不平衡不充分的发展问题

唯物辩证法告诉我们，在一切矛盾的运动过程中，任何矛盾的各个方面的发展也是不平衡的，也不能平均看待。矛盾的两个方面，必有一方居于支配地位，起着主导的作用，成为主要的矛盾方面；而另一方面则居于被支配的地位，成为非主要的矛盾方面。研究分析和准确把握主要的矛盾方面十分重要，把握了主要的矛盾方面，就能抓住事物的本质、主流和解决矛盾的关键所在，就能有效地化解主要矛盾。新时代我国社会的主要矛盾：“人民日益增长的美好生活需要和不平衡不充分的发展之间的矛盾”，矛盾主要方面是不平衡不充分的发展，解决新时代主要矛盾，就要从不平衡不充分的发展这一矛盾主要方面入手，努力实现更平衡更充分的发展。

2017 年 12 月中央经济工作会议指出，中国经济发展进入了新时代，基本特征就是我国经济已由高速增长阶段转向高质量发展阶段。推动高质量发展是当前和今后一个时期确定发展思路、制定经济政策、实施宏观调控的根本要求。高质量发展阶段是全面贯彻落实创新、协调、绿色、开放、共享的发展理念，创新成为第一动

力、协调成为内生特点、绿色成为普遍形态、开放成为必由之路、共享成为根本目的的发展新时代。全面贯彻“创新、协调、绿色、开放、共享”五大新发展理念是实现更平衡更充分发展的必由之路。要深刻理解和牢牢把握高质量发展的这一根本要求，全面贯彻落实五大新发展理念，坚定不移地推动高质量发展，加快转变发展思路和工作方式。

一、推动高质量发展是适应我国社会主要矛盾变化的必然要求

党的十九大报告明确提出，中国特色社会主义进入新时代，我国社会主要矛盾已经转化为人民日益增长的美好生活需要和不平衡不充分的发展之间的矛盾。这一事关党和国家事业发展全局的重大政治论断，明确了今后一个时期内全党工作的战略重点和主攻方向。从发展进程看，过去长期以来，由于我们的生产力发展水平很低，远不能满足人民和社会发展的需要，人民日益增长的物质文化需要同落后的社会生产之间的矛盾，是我国社会的主要矛盾。进入21 世纪以来，我们牢牢抓住重要战略机遇期，我国经济持续稳定健康发展。特别是党的十八大以来，以习近平同志为核心的党中央以巨大的政治勇气和强烈的责任担当，解决了许多长期想解决而没有解决的难题，办成了许多过去想办而没有办成的大事。经过长期不懈的努力，推动我国社会生产力水平总体上显著提高，社会生产

能力在很多方面进入世界前列，我国社会主要矛盾逐渐发生转化。发展不平衡不充分，已成为满足人民日益增长的美好生活需要的主要制约因素。

从现实问题看，党的十九大报告明确指出，我们的工作还存在许多不足，也面临不少困难和挑战。主要是：发展不平衡不充分的一些突出问题尚未解决，发展质量和效益还不高，创新能力不够强，实体经济水平有待提高，生态环境保护任重道远；民生领域还有不少短板，脱贫攻坚任务艰巨，城乡区域发展和收入分配差距依然较大，群众在就业、教育、医疗、居住、养老等方面面临不少难题；社会文明水平尚需提高；社会矛盾和问题交织叠加，全面依法治国任务依然繁重，国家治理体系和治理能力有待加强；等等。因此，牢牢抓住社会主要矛盾变化，全力主攻发展不平衡不充分的突出问题，对我们更好满足人民日益增长的美好生活需要，意义十分重大。①

人民对美好生活的向往，就是中国共产党的奋斗目标。高质量的发展首先是满足人民需要的发展，就要着力满足人民在经济、政治、文化、社会、生态环境等方面日益增长的需要，在幼有所育、学有所教、劳有所得、病有所医、老有所养、住有所居、弱有所扶上不断取得新进展，更好推动人的全面发展和社会全面进步。推动高质量发展，就是要把以人民为中心的发展观落到实处，坚持问题导向，从解决好人民群众最关心最直接最现实的利益问题做起，多

---

① 石建勋：《抓住主要矛盾　攻克发展难题》，《经济日报》2017 年 12 月 8 日。

谋民生之利，多解民生之忧，不断增进人民群众的获得感、幸福感。

我国社会主要矛盾的主要方面是不平衡不充分的发展，主要表现是供给相对不足和供给结构性失衡。解决主要矛盾，就要从主要矛盾的主要方面入手，以供给侧结构性改革为主线，主攻方向是改善供给结构和提高供给质量，减少无效供给、扩大有效供给，提高供给结构对需求结构的适应性，用改革的办法消除资源优化配置和要素合理流动的体制机制障碍，完善市场在资源配置中起决定性作用的体制机制，提高全要素生产率，才能实现高质量的发展。①

二、新发展理念是破解我国社会主要矛盾的根本遵循

发展理念是发展行动的先导。发展理念对头不对头，从根本上决定着发展的成效乃至成败。在党的十八届五中全会上，习近平同志系统论述了创新、协调、绿色、开放、共享“五大发展理念”，强调实现创新发展、协调发展、绿色发展、开放发展、共享发展。牢固树立并切实贯彻这“五大发展理念”，是关系我国发展全局的一场深刻变革，攸关“十三五”乃至更长时期我国发展思路、发展方式和发展着力点，是我们党认识把握发展规律的再深化和新飞跃，是破解社会主要矛盾的根本遵循。

① 石建勋：《坚定不移地推动高质量发展》，《文汇报》2017 年 12 月 22 日。

（一）“五大发展理念”充分体现社会主义本质要求和发展方向，是满足人民群众美好生活需要的根本遵循

理念犹如旗帜，植根于大地，飘扬于蓝天，昭示着方向。“五大发展理念”植根于中华大地，体现社会主义本质要求，昭示着中国特色社会主义发展方向。“五大发展理念”首先坚持的是人民主体地位，始终围绕的是“人民对美好生活的向往”。创新，为谁创新？协调，为谁协调？绿色，为谁与自然和谐相处？开放，为谁开放？都是为了人民。共享，谁来共享？人民共享，每个中国人共享。“五大发展理念”汇成一句话：人民至上。也就是把增进人民福祉、促进人的全面发展作为发展的出发点和落脚点，通过“人人参与、人人尽力、人人享有”，使全体人民在共建共享中有更多获得感，实现人民生活水平和质量普遍提高，实现全体人民共同迈入全面小康社会。新发展理念是发展为了人民、发展依靠人民、发展成果由人民共享的理念。“五大发展理念”体现了逐步实现共同富裕的目标要求。按照马克思主义的构想，实现阶级之间、城乡之间、脑力劳动与体力劳动之间对立和差别的彻底消除，从而实现各尽所能、按需分配，真正实现社会共享和人民共享，最终实现共产主义，这是马克思主义理论的价值追求。新发展理念体现的就是马克思主义的价值理念，它是人民共享理念的生动诠释。① 到2020年，实现现有标准下7000多万贫困人口全部脱贫，把贫困帽子扔到太

① 陈昕：《新发展理念的五大特征》，《人民日报·海外版》2017年11月29日。

平洋去；牢牢锁定共同富裕目标，推动中国特色社会主义朝着共同富裕方向稳步前进。

“理者，物之固然，事之所以然也。”理念是“固然”与“应然”的结合。“五大发展理念”揭示的“固然”是中国特色社会主义正在怎么走，呈现的“应然”是中国特色社会主义朝着什么发展方向走。“五大发展理念”是治国理政的新理念，特别是关于发展的新理念。发展是硬道理，是我们党执政兴国的第一要务。习近平同志关于发展的新理念是关于“硬道理”、“第一要务”的新理解，是“深化对共产党执政规律、社会主义建设规律、人类社会发展规律的认识”的新成果，是坚持目标导向和问题导向相统一、坚持立足国内和全球视野相统筹、坚持全面规划和突出重点相协调、坚持战略性和操作性相结合的高度概括，书写了中国特色社会主义理论体系的新篇章，具有划时代意义，“为在新的历史条件下深化改革开放、加快推进社会主义现代化提供了科学理论指导和行动指南”，推动中国特色社会主义向更高境界更深层次发展。

（二）“五大发展理念”着力破解发展难题、增强发展动力、厚植发展优势，是破解不平衡不充分发展问题的根本遵循

新发展理念来源于实践。“创新、协调、绿色、开放、共享的发展理念不是凭空得来的，而是在深刻总结国内外发展经验教训、分析国内外发展大势的基础上形成的，也是针对我国发展中的突出矛盾和问题提出来的，集中反映了我们党对我国发展规律的新

认识。”新发展理念是我们党在什么是社会主义、怎样建设社会主义，建设什么样的党、怎样建设党，实现什么样的发展、怎样发展等问题的基础上，对于发展问题的新认识和新成果，是改革开放近40年发展实践经验的总结，它的内容和要求均源于对实践的不断总结。

理念不能空对空，发展理念更是为了发现问题、提出问题、分析问题和解决问题。“五大发展理念”针对的是我国发展中的突出矛盾和问题，致力于破解发展难题、增强发展动力、厚植发展优势。创新发展注重的是解决发展动力问题。把创新摆在国家发展全局的核心位置，让创新贯穿党和国家一切工作，使创新成为引领发展的第一动力、人才成为支撑发展的第一资源，就能实现发展动力转换，提高发展质量和效益。协调发展注重的是解决发展不平衡问题。牢牢把握中国特色社会主义事业总体布局，正确处理发展中的重大关系，就能在协调发展中拓展发展空间，在加强薄弱领域中增强发展后劲，形成平衡发展新结构。绿色发展注重的是解决人与自然和谐问题。加快形成人与自然和谐发展现代化建设新格局，推进美丽中国建设，就能既要绿水青山、也要金山银山，从根本上解决资源环境问题，为全球生态安全作出新贡献。开放发展注重的是解决发展内外联动问题。发展更高层次的开放型经济，积极参与全球经济治理和公共产品供给，就能构建广泛的利益共同体，形成深度融合的互利合作格局，实现中国发展与世界发展的更好互动。共享发展注重的是解决社会公平正义问题。坚持发展为了人民、发展依靠人民、发展成果由人民共享，就能使全体人民在共建共享中有更多获得感，同时使国家发展获得深厚伟力。“五大发展理念”聚焦突出问题，在补齐实现全面小康的短板上投入更多力量，做足文章，让“全面”不留缺憾、更不因短板而功败垂成，让“全面”完善以至完美。

（三）“五大发展理念”拓展全面小康社会的新格局新面貌，是实现社会公平正义和共同富裕的根本遵循

理念是发展的、变化的，不会一劳永逸、一成不变。发展理念更是发展的。发展是一个不断变化的过程，发展基础、发展环境、发展条件、发展要求等发生变化，发展理念必然也随之变化。作为对发展实践的科学总结，发展理念本身必然会随着实践的发展而发展，实践提出的新课题、新要求、新变化，必然要求“理念”给予解答，进而对“理念”进行检验、修正与完善。坚持解放思想、实事求是、与时俱进，在实践基础上进行理念创新与制度创新，不仅科学地说明了理念对于实践的依赖性，更说明了实践对于理念的推动性。

我国第一个五年计划始于 1953 年，到今年将完成第十二个五年规划。远的不说，从 2000 年到今天，我国经济建设和社会发展取得了举世瞩目的成就。我国现在处于跨越“中等收入陷阱”并向更高发展水平跃升的阶段，向实现第一个百年奋斗目标冲刺的阶段，为实现第二个百年奋斗目标布阵筑基的阶段，发展的环境、条件、任务、要求等都发生了新的变化，要求提出新的发展理念以适

应这种变化。“五大发展理念”应运而生，依据的是中国现今的实际和实践，解决的是中国到2020年以及未来一个时期的发展问题，既不是中国20世纪的发展理念，更不是西方的发展理念；展示的是一个实现创新发展、协调发展、绿色发展、开放发展、共享发展的全面小康社会新格局，一个13亿多人可感知、可享受、可念可及的全面小康社会新面貌。

（四）“五大发展理念”是一个有机整体，是管全局、管根本、管方向、管长远的根本遵循

无论从内容还是从过程来看，“五大发展理念”理念都是一个整体。从内容上看，“五大发展理念”包括创新、协调、绿色、开放、共享五个方面相互联系的整体，其中任何一个部分都不可能脱离其他部分而独立存在。从过程来看，新发展理念的形成过程和发展过程是一个整体。五大发展理念的理论逻辑源于历史的逻辑，五大理念是在面临全面建成小康社会决胜阶段复杂的国内外形势，面对当前经济社会发展新趋势新机遇和新挑战的背景下同时产生的，是整体形成的。

如同古人所讲的金木水火土“五行”，“五大发展理念”是一个整体，一个不能少，一个不能游离，都是为了坚持和发展中国特色社会主义，体现“四个全面”战略布局和“五位一体”总体布局。其中，创新是引领发展的第一动力，协调是持续健康发展的内在要求，绿色是永续发展的必要条件，开放是国家繁荣发展的必由之

路，共享是中国特色社会主义的本质要求。从理念内容看，创新、协调、绿色、开放、共享五者相互依存、相辅相成、相得益彰。从理念逻辑看，第一动力、内在要求、必要条件、必由之路、本质要求五者紧密联系、层层递进、顺理成章、交相辉映。从发展理论看，“五大发展理念”正在“精神变物质”，增强发展的整体性、协调性、平衡性、包容性、可持续性，既对传统发展进行革新升级，又对现代发展内涵进行全面提升、对现代发展外延予以全方位拓展。从执行操作看，必须将“五大发展理念”统一贯彻、统一落实，一体推进、一起发力，不能顾此失彼，也不能相互代替，从而赢得全面建成小康社会的全面胜利。

“五大发展理念”管全局、管根本、管方向、管长远。科学理念是科学理论的凝练和升华，不因一定时空变化而改变。“五大发展理念”是经过科学判断走向趋向、深入研究思考提出来的，是认识把握发展规律的科学理念，具有管全局、管根本、管方向、管长远的效能。从最近报刊网络反映的情况看，国内外对“五大发展理念”评价极高，认为它抓住了当今世界现代化的主脉，揭示了新时期我国社会主义现代化建设的新特点新规律，不仅是我国当前和今后经济社会发展的科学指针，而且具有世界意义。创新发展、协调发展、绿色发展、开放发展、共享发展代表世界发展趋势和科学发展方向，是对人类社会发展规律的深刻把握、发展方向的科学揭示、发展道路的开拓创新。我们把实现第一个百年奋斗目标与实现第二个百年奋斗目标作为现代化建设总目标的不同阶段，作为一个价值链，把实现第一个百年奋斗目标作为实现第二个百年奋斗目标的基石和关键一程，在第一个百年奋斗目标阶段实现创新发展、协调发展、绿色发展、开放发展、共享发展，在第二个百年奋斗目标阶段必将实现更高水平更高质量的创新发展、协调发展、绿色发展、开放发展、共享发展。①

贯彻落实“五大发展理念”就是为实现两个百年奋斗目标夯实深厚根基、开辟宽阔道路。理念是软实力，科学理念能够焕发勃勃生机、化为巨大能量、形成强大硬实力。“五大发展理念”以发展理念转变引领发展方式转变，以发展方式转变推动发展质量和效益提升，是不断解决我国社会发展的主要矛盾，实现我国“十三五”既定发展目标，破解发展难题，厚植发展优势的理论指南。

第一，新发展理念是对过去长期不均衡不协调不可持续发展经验教训的总结。它是改革开放近40年，对于发展问题的经验总结与理论提升，集中反映了我们党对中国经济社会发展规律的认识和把握，是关于发展观念的又一次理论创新。只有转变观念，以新发展理念统领和指导新发展，才能克服和避免走过去的老路，造成新的不平衡不充分问题。

第二，新发展理念作为发展理念的新形式，具有实践性、人民性、发展性、整体性的特征，这些特征体现了新发展理念的社会主义性质。新时代社会主要矛盾的转化要求必须坚持科学发展，必须坚定不移贯彻创新、协调、绿色、开放、共享的发展理念，才能解

---

① 任理轩：《关系我国发展全局的一场深刻变革》，《人民日报》2015年11月4日。

决发展不平衡不充分的困难和矛盾。

第三，新时代社会主要矛盾的转化要求我们必须坚持在发展中保障和改善民生，把增进民生福祉作为发展的根本目的。必须多谋民生之利、多解民生之忧，在发展中补齐民生短板，促进社会公平正义，深入开展脱贫攻坚，保证全体人民在共建共享发展中有更多获得感，不断促进人的全面发展、全体人民共同富裕。因此，中国特色社会主义进入新时代，根据社会主要矛盾转化这一时代特征，必须坚定不移贯彻新发展理念，才能破解不平衡不充分的发展问题。

三、贯彻新发展理念，破解发展不平衡不充分问题

（一）牢固树立和贯彻落实创新发展理念，牢牢抓住创新这个牵动经济社会发展全局的“牛鼻子”，注重解决好发展动力问题，努力实现更加平衡更加充分的发展

创新是经济与社会发展的根本动力所在。“当今世界，经济社会发展越来越依赖于理论、制度、科技、文化等领域的创新，国际竞争新优势也越来越体现在创新能力上。谁在创新上先行一步，谁就能拥有引领发展的主动权。”[①]“创新是一个民族进步的灵

① 习近平：《在省部级主要领导干部学习贯彻党的十八届五中全会精神专题研讨班上的讲话》，人民出版社 2016 年版，第 10—11 页。

魂，是一个国家兴旺发达的不竭动力，也是中华民族最鲜明的民族禀赋。”十八大以来，习近平总书记从决定国家前途命运的高度反复强调创新的极端重要性。2015年初，习近平在省部级主要领导干部专题研讨班上深刻指出：抓住了创新，就抓住了牵动经济社会发展全局的“牛鼻子”。“抓创新就是抓发展，谋创新就是谋未来。”我们必须把发展基点放在创新上，通过创新培育发展新动力、塑造更多发挥先发优势的引领型发展，做到人有我有、人有我强、人强我优。

坚持创新发展，是我们分析近代以来世界发展历程特别是总结我国改革开放成功实践得出的结论。当今世界，人类社会普遍面临的问题是发展动力不足、发展约束条件尤其是资源环境约束条件日益严峻。解决我国发展不平衡不充分问题，关键在于创新。从全球范围看，新一轮科技革命和产业变革正在孕育兴起，一些重大颠覆性技术创新正在创造新产业新业态，这将对世界经济转型调整产生重大或根本的影响，世界科技革命迅猛发展所推动的产业创新、制度创新、社会治理方式创新已经开始深刻影响各国综合国力与竞争力的重新排序。从国内看，尽管近年来中国科技进步成就斐然，但我国科技发展水平总体不高，科技对经济社会发展的支撑能力不足，对经济增长的贡献率远低于发达国家水平。当前我国经济正处在“三期叠加”、新旧动能转化的过渡期，必须依靠创新发展，加快构建科技含量高、资源消耗低、环境污染少的现代产业体系，加强产业链与创新链有机融合，培育新的增长动力和竞争优势，加快形成以创新为主要引领和支撑的经济体系和发展模式。①

创新尤其是科技创新是国家竞争力的核心，是各类创新中最核心最关键的创新。创新是一个复杂的社会系统工程，涉及经济社会各个领域。坚持创新发展，既要坚持全面系统的观点，又要抓住关键，以重要领域和关键环节的突破带动全局。首先要加快改革，形成促进创新的体制架构。进一步优化劳动力、资本、土地、技术、管理等要素配置，推动大众创业、万众创新；其次，要把人才作为支撑创新发展的第一资源，推进人才发展体制和政策创新，突出“高精尖缺”导向，造就一批世界水平的科学家、科技领军人才、工程师和高水平创新团队。第三，要超前谋划、超前部署。紧紧围绕国家重大战略需求，瞄准重要领域的科技创新短板，强化事关发展全局的基础研究和共性关键技术研究，着力攻破关键核心技术，抢占事关长远和全局的科技战略制高点。第四，加快构建科技创新与制造业转型升级的联动机制，促进科技创新成果向现实生产力转化，完善中国制造业创新体系，依靠创新驱动，振兴实体经济，推进中国制造实现由大到强的历史跨越。当前，我国正处在转变发展方式、优化经济结构、转换增长动力的攻关期。跨越关口，实现我国发展的战略目标，必须依靠创新发展，加快构建科技含量高、资源消耗低、环境污染少的现代产业体系，加强产业链与创新链有机融合，培育新的增长动力和竞争优势，加快形成以创新为主要引领和支撑的经济体系和发展模式。

① 石建勋：《抓住主要矛盾　攻克发展难题》，《经济日报》2017 年 12 月 8 日。

（二）牢固树立和贯彻落实协调发展理念，注重解决好发展不平衡不协调问题，着力增强发展的整体性协调性，努力实现更加平衡更加充分的发展

历经改革开放 40 年的高速发展，中国正面临着一系列不平衡、不协调、不可持续的问题。2015 年 10 月，习近平在十八届五中全会讲话中指出："我国发展不协调是一个长期存在的问题，突出表现在区域、城乡、经济和社会、物质文明和精神文明、经济建设和国防建设等关系上。"2016 年 1 月，习近平在省部级主要领导干部专题研讨班上强调指出，要学会运用辩证法，善于"弹钢琴"，处理好局部和全局、当前和长远、重点和非重点的关系，着力推动区域协调发展、城乡协调发展、物质文明和精神文明协调发展，推动经济建设和国防建设融合发展。

要解决好发展不平衡不充分的问题，各级领导干部要努力成为习近平总书记期望的善于"弹钢琴"者，关键在于牢牢把握中国特色社会主义事业总体布局，正确处理好局部和全局、当前和长远、重点和非重点的关系，着力推动区域协调发展、城乡协调发展、物质文明和精神文明协调发展，推动经济建设和国防建设融合发展。要在增强国家硬实力的同时注重提升国家软实力，不断增强发展整体性、协调性和可持续性，努力在加强薄弱领域中增强发展后劲，尽快形成协调发展、平衡发展的新格局。

实现更平衡更充分的发展，就要加快健全城乡发展一体化体制机制，健全农村基础设施投入长效机制，推动城镇公共服务向农

村延伸，实施乡村振兴战略，努力实现城乡协调发展；要塑造要素有序自由流动、主体功能约束有效、基本公共服务均等、资源环境可承载的区域协调发展新格局，努力实现区域整体平衡发展；要以协调推进“四个全面”实现“五位一体”的总体发展布局，协调推进物质文明和精神文明建设，促进经济社会协调发展，促进新型工业化、信息化、城镇化、农业现代化同步发展，实施乡村振兴战略，在增强国家硬实力的同时注重提升国家软实力，不断增强发展整体性、协调性和可持续性，努力在协调发展中拓宽发展空间，在加强薄弱领域中增强发展后劲，尽快形成协调发展、平衡发展的新格局。

（三）牢固树立和贯彻落实绿色发展理念，注重解决好人与自然和谐问题，努力实现更加平衡更加充分的发展

从国际看，西方发达国家工业化过程中先污染后治理的经验教训深刻。从国内看，近几十年来我国经济粗放发展也积累了大量生态环境问题，不仅成为民生之痛，也成为制约未来中国经济社会发展的一大“短板”。2015 年 10 月，习近平在党的十八届五中全会上的讲话中指出：“我国资源约束趋紧、环境污染严重、生态系统退化的问题十分严峻，人民群众对清新空气、干净饮水、安全食品、优美环境的要求越来越强烈。”如何在发展中解决好人与自然和谐问题，事关人类和地球的前途命运。

早在浙江工作期间，习近平就通俗形象地提出，“绿水青山就

是金山银山”、“生态环境没有替代品，用之不觉，失之难存”。党的十八大以来，以习近平同志为核心的党中央将生态文明建设纳入“五位一体”的总体发展布局，努力建设美丽中国，实现中华民族永续发展。2016 年 1 月，习近平在省部级主要领导干部专题研讨班上强调指出，我们要坚持节约资源和保护环境的基本国策，像保护眼睛一样保护生态环境，像对待生命一样对待生态环境，推动形成绿色发展方式和生活方式，协同推进人民富裕、国家强盛、中国美丽。

必须清醒认识到，人民群众反映强烈的大量生态环境问题，已成为我国发展的明显短板，是发展不平衡不充分的突出表现。正确处理发展与生态环境的关系，必须正确处理好经济发展与生态环境保护的关系，树立尊重自然、顺应自然、保护自然的生态文明理念，坚定走生产发展、生活富裕、生态良好的文明发展道路；必须坚决摒弃损害甚至破坏生态环境的发展模式和做法，推动自然资本大量增值，形成绿色发展方式和生活方式，协同推进人民富裕、国家强盛、中国美丽。

要加快建设若干个生态环境主体功能区，要加快构建科学合理的城市化格局、农业发展格局、生态安全格局、自然岸线格局，实施山水林田湖生态保护和修复工程，开展大规模国土绿化行动，完善天然林保护制度。要大力推动建立绿色低碳循环发展产业体系，推动低碳循环经济发展、全面节约和高效利用资源。要加快完善环境保护立法和严格环境执法，加大环境治理力度、筑牢生态安全屏障。加快建设资源节约型、环境友好型社会，形成人与自然和谐发展现代化建设新格局，大力推进美丽中国建设，为子孙后代留下绿水青山，为全球生态安全做出新贡献。①

（四）牢固树立和贯彻落实开放发展理念，注重解决好发展内外联动协调发展问题，努力实现更加平衡更加充分的发展

习近平总书记在2018年博鳌论坛上强调指出：“过去40年中国经济发展是在开放条件下取得的，未来中国经济实现高质量发展也必须在更加开放条件下进行。”“中国开放的大门不会关闭，只会越开越大！”开放带来进步，封闭导致落后，已为世界和中国的发展实践所证明。开放发展是国家繁荣发展的必由之路。正是由于主动顺应经济全球化潮流，坚持对外开放，中国经济社会取得了40年的快速发展。今天的中国，已经深深地与世界紧密融合在一起，中国的发展和世界的发展互为机遇、互为条件、互相促进。解决国内发展不平衡不充分的问题，既要协调好自身经济、政治、文化、社会和生态等各方面发展的平衡，也需要通过开放发展，积极引领经济全球化时代潮流，促进发展内外联动和平衡，促进中国经济更加充分发展，为中国和世界赢得更加充分的发展机遇。

中国的开放发展不仅为实现自身的繁荣发展创造条件，也为世界走向共享包容的人类命运共同体贡献力量。今天的世界，因为以中国为代表的新兴经济体国家快速发展，国际政治与经济格局正在

① 石建勋：《践行新理念　引领新发展》，《经济日报》2017年1月13日。

发生前所未有的变化，中国在世界经济和全球治理中的分量迅速上升，对世界的贡献和影响力日益增加，世界的发展越来越需要中国智慧、中国倡议、中国速度、中国制造、中国投资、中国订单等。总体上看，中国开放发展的大环境，比以往任何时候都更为有利，但中国承担的大国责任、义务和压力、面临的矛盾、风险和挑战也前所未有。①

贯彻落实开放发展理念，就必须实行更加积极主动的开放战略，发展更高层次的开放型经济，坚定不移引进外资和外来技术，坚定不移完善对外开放体制机制；必须顺应我国经济深度融入世界经济的趋势，统筹国内国际两个大局，奉行互利共赢的开放战略，坚持内外需协调、进出口平衡、引进来和走出去并重、引资和引技引智并举，推动对外贸易从规模扩张向质量效益提高转变、从成本和价格优势向综合竞争优势转变，促进形成以技术、品牌、质量、服务为核心的出口竞争新优势；坚持把深化沿海开放与扩大内陆和沿边开放结合起来，完善对外开放战略布局，打造陆海内外联动、推进双向开放，加快形成各具特色、优势互补、分工协作、均衡协调的区域开放格局；坚持推动构建人类命运共同体，积极推进“一带一路”建设和人民币国际化进程，积极参与全球经济治理和公共产品供给，提高我国在全球经济治理中的制度性话语权，构建广泛的利益共同体，拓展未来中国发展的战略空间，促进国际经济秩序朝着平等公正、合作共赢的方向发展。

① 石建勋：《认识把握发展规律的新飞跃》，《文汇报》2017 年 2 月 24 日。

（五）牢固树立和贯彻落实共享发展理念，把增进民生福祉作为发展的根本目的，注重解决好社会公平正义问题，努力实现更加平衡更加充分的发展

共享发展强调人民要普遍享受到经济社会发展带来的福利。改革发展搞得成功不成功，最终的判断标准是人民是否共同享受到了改革发展成果。习近平总书记在省部级主要领导干部专题研讨班上强调指出："共享理念实质就是坚持以人民为中心的发展思想，体现的是逐步实现共同富裕的要求。"① 把共享发展理念定义为"以人民为中心的发展思想"，把共享作为发展的出发点和落脚点，指明了发展的价值取向，顺应了中国特色社会主义在新的历史阶段的发展要求，是充分体现我们党全心全意为人民服务的根本宗旨、体现人民是推动历史发展根本动力的唯物史观、体现社会主义本质和共产党宗旨、科学谋划人民福祉和国家长治久安的根本发展理念。

落实共享发展理念，首先要解决指导思想问题。各级领导干部要牢固树立以人民为中心思想，切实践行"人民对美好生活的向往，就是我们的奋斗目标"。从根本上讲，就是各级领导干部必须把思想和行动统一到以习近平同志为核心的党中央重大决策部署上来。在各项工作安排和发展计划中，更加突出人民群众的主体地位，坚持发展为了人民、发展依靠人民、发展成果由人民共享的执政理念，把人民群众的冷暖疾苦时刻装在心里，把人民群众对美好生活的向

① 习近平：《在省部级主要领导干部学习贯彻党的十八届五中全会精神专题研讨班上的讲话》，人民出版社 2016 年版，第 25 页。

往当作各级政府的工作目标，不断满足人民不断增长的经济、政治、文化、社会、生态环境改善等各种需求，这样才能充分调动人民群众的积极性、主动性、创造性，举全民之力推进中国特色社会主义事业，不断把“蛋糕”做大；这样才能不断增强发展动力，增进人民团结，朝着共同富裕和实现社会公平正义的方向稳步前进。

落实共享发展理念，关键在于完善制度，充分保障和发挥人民群众在各方面应该享有的基本权利，把不断做大的“蛋糕”分好，让社会主义制度的优越性得到更充分体现，让人民群众有更多获得感。主要着力点包括：要始终把实现充分就业当作政府工作的主要工作目标之一，实施更加积极的就业政策，努力创造更多就业岗位，完善创业扶持政策，鼓励以创业带就业；进一步完善收入分配制度改革，持续增加城乡居民收入，扩大中等收入群体，不断缩小收入差距；建立更加公平、稳健、可持续的社会保障制度，促进城镇职工和城乡居民的养老、医疗、失业、工伤、生育保险事业发展，努力实现社会保障体系全覆盖。加大转移支付力度，改革完善社会救助制度，使政策性扶贫助困更加精准及时有效合理。①

（六）实现更平衡更充分的发展，要继续坚持发展是第一要务

发展是硬道理，发展仍然是初级阶段中国特色社会主义的主题，是我们执政兴国的第一要务，是解决中国一切问题的“金钥

① 石建勋：《践行新理念　引领新发展》，《经济日报》2017 年 1 月 13 日。

匙”。习近平总书记在十九大报告中明确提到：“我们要在继续推动发展的基础上，着力解决好发展不平衡不充分问题，大力提升发展质量和效益。”[①] 如今，国内外形势错综复杂，困难不可低估，稳增长任务繁重，唯有坚持发展才是解决我国所有问题的关键。从根本上说，新时代主要矛盾的主要方面——不平衡不充分的发展问题，这是过去几十年长期非均衡发展、高速发展积累形成的问题，发展中产生的问题只能在不断发展中逐步加以解决。改革开放40年来，我国之所以能取得举世瞩目的成就，最关键的一点就是抓住了发展这个中心。近些年来，我们集中力量办了一些大事难事好事，从根本上来说，都以发展中积累的雄厚物质基础为前提。可以说，没有发展作保证，中国特色社会主义道路难以前进。

但是，当前我国经济结构不合理，粗放型经济增长方式还是没有改变，城乡、区域经济发展不协调，人口资源环境压力大，就业、医疗、教育、社会保障等民生问题依然很突出。解决这些不平衡不充分的发展问题，仅靠粗放式发展“量”变的积累是不够的，也是不可持续的。因此，我们在继续坚持发展是第一要务时，必须坚持科学发展，只有坚持科学发展，推动全面协调可持续发展，才可能真正实现伟大“中国梦”。习近平特别强调：“在当代中国，坚持发展是硬道理的本质要求就是坚持科学发展。”[②] 坚持科学发展就

① 习近平：《决胜全面建成小康社会　夺取新时代中国特色社会主义伟大胜利——在中国共产党第十九次全国代表大会上的报告》，人民出版社2017年版，第11页。

② 习近平：《在庆祝中国共产党成立95周年大会上的讲话》，《人民日报》2016年7月2日。

是坚持“五大发展理念”引领的高质量发展，就是要把推动发展的立足点转到提高质量和效益上来，推动经济持续健康发展。以新发展理念引领发展，在发展中更加注重社会公平，不断消除地区差距、收入差距和城乡差距，努力让全体人民共享改革开放和发展的成果，更好满足人民在经济、政治、文化、社会、生态等方面日益增长的需要，更好推动人的全面发展、社会全面进步。

“发展是第一要务，人才是第一资源，创新是第一动力。”习近平总书记在参加十三届人大一次会议广东代表团审议时，系统提出了三个“第一”的重要论断，进一步深化了对新时代中国经济社会发展规律的认识，为新时代实现新发展进一步明确了目标、方向、任务、重点和实现路径。新时代继续坚持发展是第一要务，要以更宽广的视野、更高的目标要求、更有力的举措推动全面改革开放，加快发展更高层次的开放型经济，加快培育新产业新业态新模式。要立足于高质量发展、高标准发展，推动质量变革、效率变革，着力创新能力再突破、创新经济再升级、创新生态再优化。落实好发展这个“硬任务”，要始终坚持创新发展、协调发展、绿色发展、开放发展和共享发展，构建产业新体系，培育发展新动力，完善发展新机制，着力解决制约发展的深层次问题，进一步激发经济发展活力、释放经济潜力，努力提高发展的质量和效益。

第九章　深化供给侧结构性改革，不断化解社会需要与供给之间的矛盾

十九大报告明确提出“我国社会主要矛盾已经转化为人民日益增长的美好生活需要和不平衡不充分的发展之间的矛盾”的新判断，从根本上说仍然是社会需求和社会供给之间的矛盾，即：一方面是人民日益增长的美好生活需求；另一方面是由于发展的不平衡不充分导致的社会供给相对不足和供给结构性失衡。我国社会主要矛盾的主要方面是相对于人民美好生活需要的社会供给相对不足和供给结构性失衡，从主要矛盾的主要方面入手解决矛盾是马克思主义的方法论，因此，深化供给侧结构性改革就是解决我国社会发展的主要矛盾的有力抓手和关键所在，无论是从现实需要和长远发展看，解决社会需求和社会供给之间的矛盾，实现更平衡更充分的发展，着力点是供给侧结构性改革，以供给侧结构性改革为主兼顾需求侧调节，才能渐进地推进社会主要矛盾的解决，使得生产的先进性与人民日益增长的美好需要相匹配，使得供给结构能够灵活地适应需求结构的变化，使得经济的发展运行在以人民为中心、以经济质量和效益为中心的轨道上，使得经济和社会发展的成果转向满足人民

日益增长的美好生活需要上来。

一、深化供给侧结构性改革是化解社会主要矛盾的关键

从新中国成立以来我国社会发展的历史长河考察，社会主要矛盾集中反映的是社会需求和社会供给之间的矛盾，改革开放以来的长期非均衡发展、粗放式高速发展造成了两个方面问题，一方面是发展不平衡；另一方面是发展不充分，两方面问题相互叠加相互融合在一起，形成了目前社会供给的结构性失衡。这种结构性失衡不再表现为绝对短缺，而是供给相对不足和供给结构性失衡并存。相对于需求端，人民日益增长的美好生活需要，新时代我国社会主要矛盾的供给端结构性失衡主要表现为，一方面低端产能、产品和服务供给过剩，另一方面高端产能、产品和服务、优良的生态环境、社会保障等有效供给相对不足。一方面我国社会生产力水平总体上显著提高，社会生产能力在很多方面进入世界前列；另一方面在产业结构上，服务业尤其是现代服务业相对于制造业发展的不平衡不充分，在制造业中，又表现为高技术的先进制造业相对于传统制造业发展的不平衡不充分。一方面是就业难，另一方面是用工荒等。一方面是社会物质财富积累极大的丰富，另一方面财富分配和公共服务在城乡之间、在不同人群、不同地区和不同行业之间的分配和配置存在着较大差距等。这些已经成为满足人民日益增长的美好生

活需要的主要制约因素。

从短期看，供给过剩和供给不足并存，而供给不足只是相对不足，而非绝对不足，在总量上某些领域某些产品供给过剩，某些领域某些产品供给相对不足，“供求结构性失衡”的特点非常显著。从长期来看，随着经济和社会的不断发展，我国需求结构将不断发生变化，新的更高层次的需求将不断涌现，如果供给未能有效适应发展变化了的需求，将导致供给与需求新的不匹配，这将是未来发展中的结构性供求失衡。新的更高层次的需求不断涌现与发展不平衡不充分导致的“供求结构性失衡”将是一个长期的历史过程，旧的结构性失衡解决了，新的结构性问题将会出现。因此，供给侧结构性改革是化解社会主要矛盾的关键。无论是从现实需要还是长远发展看，解决社会需求和社会供给之间的矛盾，实现更平衡更充分的发展，着力点是供给侧结构性改革，主攻方向是通过切实转变发展方式、优化经济结构、转换增长动力，建设现代化经济体系。

二、深化供给侧结构性改革的主要举措

供给侧结构性改革，重点是解放和发展社会生产力，用改革的办法推进结构调整，减少无效和低端供给，扩大有效和中高端供给，增强供给结构对需求变化的适应性和灵活性，解决供需结构性错配问题，提高全要素生产率，促进经济社会持续健康发展，更好满足人民群众日益高端化、多元化、个性化的消费需求。十九大报告指

出，当前必须坚持质量第一、效益优先，以供给侧结构性改革为主线，推动经济发展质量变革、效率变革、动力变革，提高全要素生产率，把提高供给体系质量作为主攻方向，显著增强我国经济质量优势。2017 年 12 月召开的中央经济工作会议，再次强调了深化供给侧结构性改革的重点工作。未来应该重点采取以下几个方面的举措：

（一）在“破”上下功夫，大力破除无效供给，把处置“僵尸企业”作为重要抓手，推动化解过剩产能

积极稳妥化解过剩产能，加快将资源从产能严重过剩的、增长空间有限的企业和“僵尸企业”中释放出来。“破”是破除无效供给、处置“僵尸企业”。中央经济工作会议新提出的“破”的对象主要是落后、过剩的无效供给，不能狭义地将“破”理解为钢铁和煤炭去产能，而是涉及传统行业所有“僵尸企业”。在“破”中去产能，要坚持分类施策、多措并举、标本兼治、综合运用市场化法治化手段，加强政策协调配合，依法依规引导企业化解过剩产能、淘汰落后产能，探索建立市场出清长效机制，从总量性去产能转向结构性优产能为主，从以退为主转向进退并重，促进产能利用率保持在合理区间。去库存，要推动住房制度改革和长效机制建设，加快消化库存。去杠杆，要综合运用破产重整等方式，加快推动“僵尸企业”出清，创新市场化债转股交易模式。

去产能既要减少甚至消灭过剩的产能，还要帮助和指导产能过剩的企业进行转型，建立健全企业经营机制。首先，要建立有效的过

剩产能退出机制和淘汰机制，对长期亏损、失去清偿能力和市场竞争力的“僵尸企业”，或者环保、安全生产不达标且整改无望的企业要进行停止运营、破产清算、兼并重组；其次，要对产能过剩企业进行改革或整改，真正解决体制陈旧、机制缺乏活力、机构臃肿、人浮于事、政企不分、所有权与经营权不分、责权利效不统一、盲目决策、内部人控制等问题，逐步建立健全以市场为导向的现代企业经营管理制度。此外，针对消费结构和消费需求的升级带来的供需结构性失衡，需要通过技术进步和技术创新，不断提升产业链上产品和服务的附加值，从而替代高端进口产品消化部分产能。更加注重创新带动产业结构、产品结构、组织结构、制度结构和布局结构的优化，进而推动产业转型升级和经济发展方式转变。最后，还需要稳妥推进去产能，处置好企业资产债务，完善财税支持、专项奖补等配套工作，落实好各项就业和社会保障政策，切实保障企业和职工的合法权益。

（二）在“立”上下功夫，推动经济转型升级、优化制度供给，加快推进中国制造向中国创造转变，中国速度向中国质量转变，制造大国向制造强国转变

当前，我国制造业面临着“三重挤压”，即中高端产业向发达国家回流，中低端制造业向成本更低的发展中国家分流，还有产业资本和社会资本向虚拟经济倒流，导致实体经济发展遭遇资金、人才、科技的“三缺”，陷入成本高企、结构失衡、转型困难等困境。制造业仍然大而不强，自主创新能力弱，关键核心技术与高端装备

对外依存度高，无效和低端供给过多，有效和中高端供给不足，整体处于全球产业价值链的中低端。中央经济工作会议指出，大力培育新动能，强化科技创新，推动传统产业优化升级，培育一批具有创新能力的排头兵企业，积极推进军民融合深度发展。这是加快制造业优化升级、挺起中国制造业脊梁的有效路径，也是中国经济行稳致远的关键所在。

“立”就是要着力推动解决要素配置扭曲问题，优化存量资源配置，扩大优质增量供给，实现供需动态平衡。在淘汰落后产能、做好减量的同时，优化存量、引导增量，促进产业产品转型升级。当前，要抓住居民消费升级、新一轮科技革命和产业变革等重大机遇，推动供给结构优化升级。要根据“三去一降一补”的要求，减少低效益、低质量的重复投资，增加新技术、新产品、新业态等新经济方面的投资，增加战略性新兴产业、科技创新、基础教育等方面投资的比重，提高投资的整体效益。

推动实体经济特别是制造业转型升级、提质增效。深入开展增强制造业核心竞争力专项行动，推动机器人、新材料、高端装备、智能制造等领域关键技术产业化。开展服务业质量提升、服务业标准化发展专项行动，瞄准国际标准提高水平。积极发展智能交通，构建现代综合交通运输体系。同时，加快培育形成新动能主体力量。实施促进大数据发展行动，实施“互联网 +”、数字经济试点、人工智能创新发展工程，引导共享经济健康快速可持续发展。探索共享经济等新模式与工业制造业、农业生产深度融合，促进传统行业产能优化配置。深入推进农业供给侧结构性改革，促进农村一二三产业融合发展，推动乡村旅游等新兴业态发展。

深入推进制造业供给侧结构性改革，推动传统产业迈向中高端。推动我国制造业结构优化调整，首要任务就是淘汰落后产能。要以更加严格的安全、环保、质量、能耗等标准，依法依规推动落后产能限期退出，引导企业通过兼并重组、转型转产、搬迁改造等主动退出产能，并严格控制新增产能。在淘汰一批落后产能的同时，大力推动应用新技术、新能源、新材料等在传统产业的重点领域突破发展，推动传统产业迈向中高端。比如在能源产业中，可以将电动汽车的研发作为重点，以顺应未来能源消耗的方向；在纳米技术应用中，可以把汽车、化学、建筑、纺织等领域纳入其中，提高产品的竞争力；在服务业发展上，着力推进生产性服务业的发展，实施生产与服务一体化项目，促进传统产业转型升级及服务企业的国际化；深入推进新型平板显示、高性能医学诊疗设备等重大创新发展工程建设，扩大节能环保、信息惠民、卫星导航、智能制造、机器人研发应用等在传统行业的示范应用，抓紧在云计算、物联网、生物、电子商务等关键领域取得重点突破，进一步加快推动传统产业改造升级。①

（三）深化要素市场化配置改革，在“降”上下功夫

坚持供给侧结构性改革是优化供给结构的“牛鼻子”，而进一

① 石建勋、王盼盼：《三步走：中国制造转型升级如何实现历史跨越》，《探索与争鸣》2017 年第 6 期。

步优化和完善市场体系，强化政策落地，继续推进政府“放、管、服”、“事前、事中和事后”监管、降低企业负担、增进民生福祉等制度改革完善尤为重要。要采取有效措施，大力降低实体经济成本，降低制度性交易成本，继续清理涉企收费，加大对乱收费的查处和整治力度，深化电力、石油天然气、铁路等行业改革，降低用能、物流成本。降成本要不折不扣落实已出台的各项减税降费措施，加大力度治理“红顶中介”和行业协会乱收费问题，实行经营服务性收费目录清单动态调整，推进物流降本增效。加快政务信息共享，利用大数据开展事中事后监管，着力降低制度性交易成本。补短板，要遵循发展客观规律，从各地实际条件出发，精准有效改善供给质量，增进民生福祉。正如党的十九大报告所指出的，坚持在发展中保障和改善民生。紧扣社会主要矛盾变化，增进民生福祉是发展的根本目的。经济社会发展和改革开放要紧紧围绕人民日益增长的美好生活需要，大力推动社会领域供给侧结构性改革，着力增加有效供给。补齐公共服务供给短板，持续推进教育、健康、文化旅游、公共体育、社会服务五大公共服务工程，发展社会领域产业，提高就业质量和人民收入水平，保障和改善民生。

（四）积极稳妥地推进结构性去杠杆，防范和化解系统性金融风险

去杠杆是推进供给侧结构性改革的一项重要内容，防范系统性金融风险，不仅是维护经济和金融安全、促进经济发展、维护社会

稳定的需求，也是维护人民群众根本利益，满足人民日益增长的美好生活需要的安全底线保障。我们要充分认识到，金融创新的主要目标不是规避监管，而是化解人民日益增长的多样化的金融需要和金融发展不平衡不充分之间的矛盾，坚持贯彻落实以人民为中心的发展思想，通过思维理念、体制机制和科学技术等各项创新来全面提升金融服务实体经济的效率，把更多的金融资源配置到经济社会发展的重点领域和薄弱环节，促进经济与金融血脉相依、共享发展。金融创新要扎根于为实体经济服务，适应消费者和投资者需要，更好地满足人民群众和实体经济多样化的金融需求。因此，要坚决打击偏离实体经济需要、规避监管的乱“创新”、乱加杠杆等风险源头，从源头管控新兴金融风险点，保护金融消费者的长远和根本利益。①

2018 年中央财经委员会第一次会议指出：“打好防范化解金融风险攻坚战，要坚持底线思维，坚持稳中求进，抓住主要矛盾。”从短期看，结构性去杠杆是防范化解金融风险的重要切入点。去杠杆不仅是降低杠杆率，更重要的是解决高杠杆和杠杆率快速提高背后的风险，不仅不能因为去杠杆引发大的经济金融风险，还要尽可能降低去杠杆的负面影响，这就要求结构性去杠杆要有正确的思路。

既要明确去杠杆的紧迫性，又要合理把握去杠杆的节奏。目前，我国面临较大的去杠杆压力，需要及时去杠杆，这是毫无疑问

① 胡滨：《坚决打好防范化解金融风险攻坚战》，《学习时报》2018 年 3 月 12 日。

的。但去杠杆不是简单地降低杠杆率，还要充分兼顾资产泡沫和金融风险等方面的问题。高杠杆是多年积累形成的，也是多种因素共同作用的结果，去杠杆虽然有助于增强经济金融的稳定性，但不可能一蹴而就。2008 年国际金融危机以来发达国家去杠杆的经验表明，快速去杠杆易于引发“债务—通货紧缩”风险，可能会引起名义汇率、消费、产出的巨大波动，并加深经济衰退。在去杠杆的过程中，既需要考虑去杠杆的进度，也需要考虑去杠杆的成本，合理把握去杠杆的节奏，采取适当的措施，稳妥推进去杠杆工作。

既要保障去杠杆的力度，又要做好杠杆的优化分布。过高的杠杆率需要压降，杠杆率增速也需要平衡，但去杠杆并不是笼统地把所有杠杆都去掉，而是把杠杆降至风险相对较低的阈值范围内。杠杆率并没有统一的最优的规模和比例，也没有最优的增长速度，根据经济发展的需要，合理的杠杆率和适度的杠杆增速都是必要的。去杠杆要把握合理的节奏和速度，从提高资金利用效率和促进实体经济发展的角度出发，在风险得到有效缓释或者风险可控的前提下积极稳妥地去杠杆。去杠杆不仅要降杠杆，也要优杠杆，调节杠杆的分布，个别部门去杠杆需要其他部门适度加杠杆，以杠杆率在部门间转移来降低风险。去杠杆不仅要保障杠杆的总体水平合理，也要实现杠杆的结构合理，形成杠杆的债务类型结构合理，在去杠杆的过程中优化资源配置，以保障通过去杠杆推动长期经济增长。①

---

①　娄飞鹏：《结构性去杠杆是防范化解金融风险的重要切入点》，《学习时报》2018 年 4 月 13 日。

应分类施策，合理运用金融市场工具，逐步化解企业的存量债务风险，既要防止其增速过低引起“债务—通货紧缩”风险，也要防止增速过高引发资产泡沫。在控制宏观杠杆率的过程中，要根据不同领域的风险高低，不同的债务类型，制定不同的去杠杆方案并采取有针对性的措施。一是支持适应市场发展并有持续经营能力、但暂时存在资金流转困难的企业以债务转移或置换等方式降低债务负担。二是积极探索市场化、法治化的债转股实施方案，推动企业债务重组，并建立市场化退出机制。三是推进实体企业资产证券化，盘活存量资金。以有稳定现金流、系统性风险较小的大中型企业为主，通过结构性融资安排将存量资产转化为可交易对象，提高资金流动性，降低融资成本，合理匹配资产和负债期限，最大限度地发挥资产的效益和价值。同时，进一步探索做市商制度，提高做市商的积极性和做市能力，增强资产证券化产品二级市场流动性。依托资本市场的价格发现和价值回归功能，由市场对证券化产品合理定价。

从中长期看，应逐渐拓宽企业融资渠道，扩大直接融资所占比重。一方面，在宏观审慎监管和微观审慎监管的框架下，商业银行应严格落实资本金管理制度，构建信用风险评估体系，通过风险权重调整、优化授信结构等方式提高抗风险能力。同时，严控影子银行规模和表外业务风险，从源头控制企业部门杠杆率。另一方面，积极发展和完善多层次资本市场，提高直接融资比重。多渠道推动股权融资，深化创业板、新三板改革，规范发展区域性股权市场，推动债券市场发展，帮助企业优化融资结构、降低融资成本、化解债务风险，规范各类融资行为，引导社会资本向优质企业集中，为各类经济主体投融资创造良好的市场环境。

（五）优化制度供给，为更好地化解社会主要矛盾，实现更加平衡更加充分的发展提供制度保障

随着中国经济进入高质量发展阶段，原有的一些制度体系已严重滞后，迫切要求优化制度供给。同时，深化供给侧结构性改革也需要相应的体制和政策保证，必须加快推进相关领域改革，特别是加大重点领域和关键环节市场化改革力度。一方面，尊重市场规律，鼓励创新，重点发挥企业家精神，让供给主体充满活力，从根本上增强供给结构的适应性和灵活性；另一方面，正确处理好政府和市场的关系，通过政府和市场的协同作用，调整各类扭曲的政策和制度安排，完善公平竞争、优胜劣汰的市场环境和机制。

优化制度供给首先应当是政府管理经济、社会方式的创新，以形成稳定高效廉洁低成本的制度环境。其次，要深入推进财税改革，形成政府与公民、中央与地方之间稳定的经济关系以及规范的政府财政管理制度。在具体措施上需要：调整完善人口政策，夯实供给基础；推进土地制度改革，释放供给活力；加快金融体制改革，解除金融抑制；实施创新驱动战略，开辟供给空间；深化简政放权改革，促进供给质量；加快构建社会服务体系，推进配套改革。

（六）推进更广泛领域的供给侧结构性改革，为不断解决我国社会主要矛盾创造良好的社会环境

供给侧结构性改革，不应仅是局限于经济领域的改革，应该是涉及更广阔领域的改革。人民美好生活需要也不仅仅是物质层面的，包括更好的医疗、教育和养老等社会保障、更好的收入、更体面的职业、更好的环境、社会更安全、更公平正义、更高水平的精神文化生活、民主法制建设水平更高、各项人权得到保障等等，这些都需要全方位全面的提高供给水平和质量。这些方面，在党的十九大报告中都做出了全面部署，如实现人才强国、人力资源强国、文化强国、海洋强国、制造强国、科技强国、质量强国、航天强国、网络强国、交通强国、贸易强国、体育强国、教育强国等，并提出人民健康水平提高也是强国的重要指标。

党的十九大报告提出的新时代中国特色社会主义的历史使命、基本方略、战略安排、行动纲领等，是从不同方面、不同层次、不同领域、不同功能推动解决新时代我国社会发展主要矛盾的系统工程。例如，统筹推进经济建设、政治建设、文化建设、社会建设、生态文明建设，坚定实施科教兴国战略、人才强国战略、创新驱动发展战略、乡村振兴战略、区域协调发展战略、可持续发展战略、军民融合发展战略、更高层次更高水平的开放发展战略等等，都是紧扣我国社会主要矛盾转化而实施的重大举措。这些，也都是更广泛领域的供给侧结构性改革。补足社会领域、生态环境领域的发展短板迫在眉睫。

总之，进入中国特色社会主义新时代，必须牢牢把握供给侧结构性改革这条主线。全方位全面推进供给侧结构性改革，最终目的是满足需求，主攻方向是提高供给质量和水平，补足供给不足的短板，根本途径是深化改革。供给侧结构性改革不是一个简单的命题，而是一场系统的关于构建中国特色社会主义政治经济学的伟大实践，是一把推动解决社会主要矛盾的金钥匙。

第十章　建设现代化经济体系，为解决我国社会主要矛盾创造强大的物质基础

党的十九大报告指出，我国仍处于并将长期处于社会主义初级阶段的基本国情没有变，我国是世界最大发展中国家的国际地位没有变。在新的历史时期，我国解决人民日益增长的美好生活需要和不平衡不充分的发展之间的矛盾，关键在于解决不平衡不充分的发展问题，而贯彻新发展理念，建设现代化经济体系，才能使发展与人民美好生活需要相适应。只有努力建设现代化经济体系，坚持质量第一、效益优先，推动经济发展质量变革、效率变革、动力变革，提高全要素生产率，才能改变长期以来在赶超型旧体制下形成的速度、数量偏好的粗放型发展特征，才能使供给结构较好地适应人民美好生活需求结构的快速变化和不断升级的趋势，才能提供更高水平更高质量的供给。

一、建设现代化经济体系是新时代社会主要矛盾转化的客观要求

不断满足人民的美好生活需要，离不开现代化经济体系的建

设，因为物质文明要靠现代化经济体系来提升，政治文明、精神文明、社会文明、生态文明也要靠现代化经济体系来支撑。解决发展不平衡不充分问题同样要靠现代化经济体系来实现，主要着力点是供给侧结构性改革，主攻方向是通过切实转变发展方式、优化经济结构、转换增长动力，建设现代化经济体系，为不断解决我国社会主要矛盾奠定坚实的经济基础。现代化经济体系是把提高供给体系质量作为主攻方向，加快发展先进制造业，通过新业态新技术对传统产业改造升级，实现落后产能淘汰；加强现代服务业的业态和商业模式创新，精确匹配差异化服务和个性化需求，带动服务质量的全面提升，推动实体经济、科技创新、现代金融和人力资源的有效合理配置，促进产业结构的优化和调整，形成与消费有效匹配的生产服务导向，从根本上扭转供需错配现象，使供给结构适应需求结构的快速变化，以满足人民日益增长的美好生活需要。

只有努力建设现代化经济体系，才能使发展与人民美好生活需要相适应。“发展依靠谁、发展为了谁”，这是时代的叩问，也是中国共产党一以贯之需要回答的历史叩问。只有努力建设现代化经济体系，坚持质量第一、效益优先，推动经济发展质量变革、效率变革、动力变革，提高全要素生产率，才能改变长期以来在赶超型旧体制下形成的速度、数量偏好的粗放型发展模式，才能使供给结构较好地适应需求结构的快速变化和不断升级的趋势，才能真正地化解过剩产能、降低经济杠杆，加快振兴实体经济，才能提供更高水平更高质量的供给，才能在符合人民群众不断增长的对美好生活需要的领域，培育新的增长动能和新增长点，才能进一步促进人的全面均衡发展，才能使发展的平衡性、发展的充分性有坚固基石，才能使发展更多地惠及全体人民。①

二、贯彻落实新发展理念，建设现代化经济体系的实现路径

习近平总书记在十九大报告中全面部署了“贯彻新发展理念，建设现代化经济体系”的目标和任务。2018 年 1 月 30 日，习近平在中央政治局第三次集体学习时，又从七个方面全面论述了建设什么样的现代化经济体系，怎样建设现代化经济体系。面对新时代新目标新任务和新要求，我们必须深入学习领会习近平新时代中国特色社会主义思想，贯彻落实新发展理念，加快建设现代化经济体系，推动实现更高质量、更有效率、更加公平、更可持续的发展。

（一）贯彻落实创新发展理念，建设创新引领、协同发展的产业体系

创新是经济与社会发展的根本动力所在。党的十八大以来，习近平总书记从事关国家前途命运的高度反复强调创新的极端重要

① 石建勋、张凯文、李兆玉：《现代化经济体系的科学内涵及建设着力点》，《财经问题研究》2018 年第 2 期。

性。2015年初，习近平在省部级主要领导干部专题研讨班上深刻指出：抓住了创新，就抓住了牵动经济社会发展全局的“牛鼻子”。“抓创新就是抓发展，谋创新就是谋未来。”习近平在党的十八届五中全会上提出“把创新摆在国家发展全局的核心位置”，“把创新作为引领发展的第一动力”，这一系列重大论断和创新发展理念，是指导建设现代化经济体系的核心要义和行动指南。

产业体系是经济体系中的重要内容，是经济体系的物质基础和内核。现代化产业体系应该是以创新引领，由处于全球价值链中高端、高附加值、技术和知识密集型的产业组成，具备国际市场竞争力，代表着未来产业升级和消费结构转变的方向。虽然目前我国已经建立了比较完备的产业体系，但产业体系中的人力资源、资本和技术要素有机组合的质量和效益都亟待提高，人才和资本脱实向虚的趋势还没有根本逆转，技术创新和科技成果转化为生产力的周期过长、转化率还不高。解决这些发展问题和困难的关键在于创新。创新尤其是科技创新是国家竞争力的核心，是各类创新中最核心最关键的创新。因此，要毫不动摇地贯彻落实创新发展理念，大力提升产业体系的创新能力，加快建设现代化产业体系。①

贯彻落实创新发展理念，建设现代化产业体系，既要坚持全面系统的观点，又要抓住关键，以重要领域和关键环节的突破带动全局。第一，要加快改革，形成促进创新的体制架构。进一步优化劳动力、资本、土地、技术、管理等要素配置，推动大众创业、万众

---

① 石建勋：《深刻理解现代化经济体系的科学内涵》，《经济日报》2018年3月23日。

创新。第二，要把人才作为支撑创新发展的第一资源，推进人才发展体制和政策创新，突出“高精尖缺”导向，造就一批世界水平的科学家、科技领军人才、工程师、技师、大国工匠和高水平创新团队。第三，要超前谋划、超前部署。紧紧围绕国家重大战略需求，瞄准重要领域的科技创新短板，强化事关发展全局的基础研究和共性关键技术研究，着力攻破关键核心技术，抢占事关长远和全局的科技战略制高点。①中兴芯片事件告诉我们，关键技术、核心技术依靠购买，受制于人是产业体系的致命短板，必须下大力气改变。4月26日，习近平在烽火集团公司考察时特别强调，核心技术、关键技术、国之重器必须立足于自身，这为我们加快补足科技创新短板指明了方向。第四，加快构建科技创新与制造业转型升级的联动机制，促进科技创新成果向现实生产力转化，完善中国制造创新体系，依靠创新驱动，振兴实体经济，推进中国制造实现由大到强的历史跨越。

要使创新成为现代化产业体系建设的主要动力，以科技创新带动产业升级，就要将实体经济作为经济建设和产业协同发展的主体，通过金融体系源源不断地为现代化经济体系供血，不断提升人力资源的素质，充分提高劳动、资本、技术三要素协同投入的质量和效率，努力实现实体经济、科技创新、现代金融和人力资源的协同发展，使科技创新在实体经济发展中的贡献份额不断提高，现代金融服务实体经济的能力不断增强，人力资源支撑实

① 石建勋：《践行新理念　引领新发展》，《经济日报》2017年1月13日。

体经济发展的作用不断优化。

（二）贯彻落实新发展理念，建设统一开放、竞争有序的市场体系

现代化经济体系的核心机制是现代化市场体系，市场体系是包含要素市场以及由要素市场衍生而来的各类市场的有机整体。目前，我国社会主义市场经济体系不断完善，但还存在诸如市场秩序不规范，生产要素市场发展滞后，要素配置不合理、要素闲置和大量有效需求得不到满足并存，市场规则不统一，部门保护主义和地方保护主义大量存在，市场竞争不充分，阻碍优胜劣汰和结构调整等等。解决这些问题，需要贯彻新发展理念，通过改革创新，优化制度供给，加快完善中国特色社会主义市场经济体系，加快建设统一开放、竞争有序的市场体系，使市场在资源配置中起决定性作用。

贯彻新发展理念，推动质量变革、效率变革、动力变革，提高全要素生产率，是高质量发展阶段的必然要求，是转变发展方式、优化经济结构、转换增长动力攻关期的重要内容。而加快完善中国特色社会主义市场经济体系，优化资源配置，是推动“三大变革”，提高全要素生产率的关键所在。市场竞争，归根结底是投入产出比较优势的竞争，是质量、效率和效益高低的竞争。推动“三大变革”，就要通过深化供给侧结构性改革，找出并改革完善在以往高速增长阶段被掩盖或忽视的各种低效率和低效益洼地、低效率和低

效益的制度供给，为高质量发展打下一个高效率的、有竞争力的市场制度基础。不论是促进生产要素的流动和优化配置，打破垄断、鼓励竞争、优胜劣汰，还是稳定企业家预期、调动各方面人才的积极性、创造性，都要求把市场在资源配置中起决定性作用落到实处。政府是否更好发挥作用，也要看是否有利于市场在资源配置中起决定性作用。因此，要贯彻新发展理念，坚持改革创新，以供给侧结构性改革为主要抓手，优化制度供给，完善市场体系建设。要全面实施市场准入负面清单制度，清理废除妨碍统一市场和公平竞争的各种规定和做法，打破行政性垄断，防止市场垄断，加快要素价格市场化改革，清除市场壁垒，提高资源配置效率和公平性，实现市场准入畅通、市场开放和秩序规范、价格反应灵活、竞争充分和公平有序、产权有效保护和激励，加快形成企业自主经营公平竞争、企业优胜劣汰、消费者自由选择自主消费、商品和要素自由流动平等交换的现代化市场体系。

（三）贯彻落实共享发展理念，建设体现效率、促进公平的收入分配体系

共享发展是社会主义的本质要求。习近平指出，“共享理念实质就是坚持以人民为中心的发展思想，体现的是逐步实现共同富裕的要求。”① 收入分配制度和体系是经济社会发展中一项带有

① 习近平：《在省部级主要领导干部学习贯彻党的十八届五中全会精神专题研讨班上的讲话》，人民出版社 2016 年版，第 25 页。

根本性、基础性的制度安排，既是实现共享发展和共同富裕的制度保障，也是建设现代化经济体系的重要基石。实现收入分配合理和全体人民共同富裕是现代化经济体系对分配环节的内在要求。党的十九大报告提出：“坚持按劳分配原则，完善按要素分配的体制机制，促进收入分配更合理、更有序。”同时要坚持在经济增长的同时实现居民收入同步增长、在劳动生产率提高的同时实现劳动报酬同步提高。“两个同步”就是要把经济发展水平的提高和个体收入水平提高有机结合起来，让劳动生产率的提高能有效造福劳动者。“两个同步”意味着在建设现代化经济体系和现代化强国的同时，人民群众实现共同富裕，分享发展成果。这既是中国特色社会主义的发展目标，也是建设现代化经济体系的内生动力。

贯彻落实共享发展理念，需要破除妨碍劳动力和人才流动的体制机制弊端，构建机会均等、渠道畅通的劳动力和人才社会性流动体制机制。这是经济发展的动力、社会进步的体现、社会政策的要义。我国已经进入一个新的人口转变阶段，劳动年龄人口处于负增长状态，就业岗位不足的压力大大缓解，今后进一步提高居民收入需要更加依靠充分就业和不断提高就业质量。使市场在人力资源配置中起决定性作用，更好发挥政府作用，一方面坚持市场配置劳动力资源，保持和增强用工灵活性；另一方面完善政府、工会、企业共同参与的协商协调机制，构建和谐劳动关系。

贯彻落实共享发展理念，建设现代化经济体系，就必须把按劳分配和按生产要素分配结合起来，允许和鼓励资本、技术等生产要素参与收益分配。按生产要素分配是我国收入分配制度的重要组成部分，是中国特色社会主义市场经济发展的必然要求，有利于促进生产要素市场的发育与完善，有利于进一步推动所有制结构的调整与完善，有利于企业生产要素的优化配置，有利于推动“三大变革”，提高全要素生产率，建设现代化经济体系。

生产要素按贡献大小参与分配是以市场机制为基础、以追求效益为目标，因此必然促使资源的优化配置，激发不同生产要素所有者追求高效率的热情，可以极大地调动各方面的积极性，从而在更短的时间内创造出更多的财富，为建设现代化经济体系，全面建设小康社会，实现共同富裕提供坚实的基础。因此，要坚持和完善社会主义基本分配制度，初次分配和再分配都要重视效率与公平，坚持按劳分配为主体、多种分配方式并存的分配体系，更好地把按劳分配和按生产要素分配结合起来，处理好政府、企业、居民三者分配关系。增加和保障城乡居民的财产性收入，拓宽民众参与分享发展红利的投资渠道，加强对非公有制经济产权保护，加强知识产权保护，增强人民群众财产安全感。要加大政府的民生支出，推进基本公共服务均等化。要大力弘扬勤劳致富精神，激励人们通过劳动创造美好生活，推动居民收入增长和经济增长同步、劳动报酬提高和劳动生产率提高同步，不断健全体制机制和具体政策，构建包括财产税制在内的收入调节制度，调整国民收入分配格局，要在发展中持续增加城乡居民收入，不断扩大中等收入群体，逐步缩小收入分配差距，努力实现收入分配合理、社会公平正义、全体人民共同富裕，使发展成果更多更公平惠及全体人民。

（四）贯彻落实协调发展理念，建设彰显优势、协调联动的城乡区域发展体系

协调发展理念的实质就是要求在发展布局中，必须正确处理好一系列重大的关系，坚持统筹兼顾、综合平衡，正确处理发展中的各种重大关系，补齐短板、缩小差距，增强发展协调性、整体性和可持续性。历经改革开放40年的高速发展，中国正面临着一系列不平衡、不协调、不可持续的问题，突出表现在区域、城乡、经济和社会、物质文明和精神文明、经济建设和国防建设等关系上。党的十八大以来，中国城乡区域协调发展思路及方式也得到进一步调整，经济发展的空间布局不断优化。继实施西部大开发、中部崛起和振兴东北老工业基地等区域政策之后，中央政府又提出京津冀协同发展、长江经济带和“一带一路”三大国家区域发展战略。通过发挥“一带一路”和长江经济带建设的引领作用，促进和带动中西部发展，以进一步缩小东中西部发展差距；在大力振兴东北老工业基地的同时，通过实施京津冀协同发展战略，以及促进环渤海地区合作发展，以缩小南北区域发展差距。但由于中国幅员辽阔，长期高速非均衡发展积累的发展不平衡、不协调、不可持续的问题仍然比较突出，成为了建设现代化经济体系的短板。

贯彻落实协调发展理念，建设现代化经济体系，各级领导干部要学会运用辩证法，善于“弹钢琴”，处理好局部和全局、当前和长远、重点和非重点的关系，着力推动区域协调发展、城乡协调发展、物质文明和精神文明协调发展。加快实施城乡、区域协调发展

战略，建立更加有效的城乡区域协调发展新机制，加快实施乡村振兴战略，形成新型城镇化和逆城镇化协调发展的科学合理格局，加快革命老区、民族地区、边疆地区和困难地区的发展。要塑造要素有序自由流动、主体功能约束有效、基本公共服务均等、资源环境可承载的区域协调发展新格局，努力实现区域整体平衡发展；要以协调推进“四个全面”实现“五位一体”的总体发展布局，协调推进物质文明和精神文明建设，促进经济社会协调发展，促进新型工业化、信息化、城镇化、农业现代化同步发展，在增强国家硬实力的同时注重提升国家软实力，不断增强发展整体性、协调性和可持续性。努力在协调发展中拓宽发展空间，在加强薄弱领域中增强发展后劲，尽快形成区域良性互动、城乡融合发展、陆海统筹整体优化，培育和发挥区域比较优势，加强区域优势互补，塑造区域协调发展新格局。

（五）贯彻落实绿色发展理念，建设资源节约、环境友好的绿色发展体系

绿色发展是建立在生态环境容量和资源承载力的约束条件下，将环境保护作为实现可持续发展重要支柱的一种新型发展模式。绿色发展理念以人与自然和谐为价值取向，以绿色低碳循环为主要原则，以生态文明建设为基本抓手。从国际看，西方发达国家工业化过程中先污染后治理的经验教训深刻。从国内看，近几十年来我国经济粗放发展也积累了大量生态环境问题，不仅成为民生之

痛，也成为制约未来中国经济社会发展的一大“短板”。早在浙江工作期间，习近平就通俗形象地提出，“绿水青山就是金山银山”，“生态环境没有替代品，用之不觉，失之难存”。党的十八大以来，以习近平同志为核心的党中央将生态文明建设纳入“五位一体”的总体发展布局，努力建设美丽中国，在生态文明建设中取得了显著成就。在新时代实现高质量发展，重点是遵循自然规律的绿色发展，是“绿水青山就是金山银山”的发展，是“经济要上台阶，生态文明也要上台阶”的发展，是“生产发展、生活富裕、生态良好”的发展。这意味着，现代化经济体系必须是资源节约、环境友好的绿色发展体系，发展不仅要讲速度讲效益，要告别粗放型经济，走与自然和谐共处之路，更要在发展与保护、局部与整体、当前和长远之间，找到最佳平衡点。

贯彻落实绿色发展理念，建设现代化经济体系，必须坚决摒弃损害甚至破坏生态环境的发展模式和做法，推动自然资本大量增值，形成绿色发展方式和生活方式。推进绿色富国，坚持节约优先、保护优先、自然恢复为主的方针，将促进发展模式从低成本要素投入、高生态环境代价的粗放模式向创新发展和绿色发展双轮驱动模式转变，能源资源利用从低效率、高排放向高效、绿色、安全转型，节能环保产业将实现快速发展，循环经济将进一步推进，产业集群绿色升级进程将进一步加快，绿色、智慧技术将加速扩散和应用，从而推动绿色制造业和绿色服务业兴起，形成“既要金山银山，又要绿水青山”的节约资源和保护环境的空间格局、产业结构、生产方式、生活方式，还自然以宁静、和谐、美丽。努力实现绿色循环低碳发展、人与自然和谐共生，牢固树立和践行“绿水青山就是金山银山”理念，形成人与自然和谐发展现代化建设新格局。

（六）贯彻落实开放发展理念，建设多元平衡、安全高效的全面开放体系

习近平总书记在2018年博鳌论坛上强调指出：“过去40年中国经济发展是在开放条件下取得的，未来中国经济实现高质量发展也必须在更加开放条件下进行。”“中国开放的大门不会关闭，只会越开越大！”开放发展是国家繁荣发展的必由之路。开放发展带动创新、推动改革、促进发展，是其他四大发展的重要支撑，是联通国内国际的纽带桥梁，是全面深化改革和建设现代化经济体系的动力源和试验场。今天的中国，已经深深地与世界紧密融合在一起，中国的发展和世界的发展互为机遇、互为条件、互相促进。建设现代化经济体系，既要协调好自身经济、政治、文化、社会和生态等多方面发展的平衡，还要积极引领经济全球化时代潮流，促进发展内外联动、内外平衡，全面开放与维护国家安全的平衡。只有坚持开放发展，才能在国际比较和竞争中推进创新、培养人才，使创新发展获得新动能；才能在开拓国际市场中发挥国内国际经济联动效应，使协调发展获得新空间；才能在主动参与全球可持续发展中促进我国生态文明建设，使绿色发展获得新活力；才能在不断扩大同各国互利合作中实现我国更好发展，使共享发展获得新基础。开放发展是观念、是体制、是格局，不仅将促进我国现代化经济体系的

加快建设，引领我国外向型经济发展的深刻变革，也将推动我国同世界各国的合作共赢事业。

贯彻落实开放发展理念，建设现代化经济体系，就必须统筹国内国际两个大局，主动适应国际形势新变化，准确把握国内改革发展新要求，实行更加积极主动的开放战略，发展更高层次的开放型经济，坚定不移引进外资和外来技术，坚定不移完善对外开放体制机制；就必须顺应我国经济深度融入世界经济的趋势，奉行互利共赢的开放战略，坚持内外需协调、进出口平衡、引进来和走出去并重、引资和引技引智并举，推动对外贸易从规模扩张向质量效益提高转变、从成本和价格优势向综合竞争优势转变，促进形成以技术、品牌、质量、服务为核心的出口竞争新优势；就必须坚持把深化沿海开放与扩大内陆和沿边开放结合起来，完善对外开放战略布局，打造陆海内外联动、推进双向开放，加快形成各具特色、优势互补、分工协作、均衡协调的区域开放格局；积极推进“一带一路”建设和人民币国际化进程，遵循共商共建共享原则，奉行互利共赢的开放战略，构建广泛的利益共同体，加快培育国际经济合作和竞争新优势，拓展未来中国发展的战略空间，努力发展更高层次开放型经济，推动开放朝着优化结构、拓展深度、提高效益方向转变。

（七）贯彻落实新发展理念，建设充分发挥市场作用、更好发挥政府作用的经济体制

经济体制现代化是建设现代化经济体系的制度保障，党的十九

大报告提出“着力构建市场机制有效、微观主体有活力、宏观调控有度的经济体制”，这既是现代化经济体系宏观层面的建设目标，也是经济体制现代化丰富内涵的科学概括。经过近40年的努力，中国社会主义市场经济体制不断完善。近年来，各级政府的“放管服”改革逐步向纵深推进，有力激发和释放了市场活力。同时，宏观调控方式不断创新，实施正确的宏观经济政策，采取区间调控、定向调控、相机调控、精准调控等措施，经济运行保持在合理区间。但是应该清醒地认识到，微观和宏观经济体制还有许多亟待完善和解决的问题，与建设现代化强国和现代化经济体系的要求还有不小差距。因此，必须加快建立与现代化经济体系相匹配的经济体制，必须摆脱对过去赶超型旧体制的路径依赖，对于不适应生产力发展要求的体制和机制大胆革新，以深化改革加快完善社会主义市场经济体制。

贯彻落实新发展理念是深化改革完善社会主义市场经济体制的根本遵循，这是因为，有什么样的发展理念，就有什么样的体制机制。经济体制既是贯彻落实新发展理念的制度保障，也是指导和规范经济体制运行的“指挥棒”。这就需要以新发展理念引领，坚持社会主义市场经济的改革方向，发挥市场对资源配置的决定性作用，更好地发挥政府作用，充分激发出市场微观主体的活力，搭建好现代化经济体系的制度框架，努力实现市场机制有效、微观主体有活力、宏观调控有度。贯彻落实创新发展理念，就必须构建鼓励创新、保护创新、支持创新的体制机制；贯彻落实协调发展理念，就必须加快构建区域、城乡、经济和社会、物质文明和精神文明、经济建设和国防建设等协调发展的体制机制；贯彻落实绿色发展理念，就必须构建保护环境、促进绿色低碳、人与自然和谐发展的体制机制；贯彻落实开放发展理念，就必须加快构建更高层次更高水平的开放型经济新体制；贯彻落实共享发展理念，就必须构建人人共建、人人共享，促进社会公平、实现共同富裕的体制机制。

贯彻落实新发展理念，建设现代化经济体系，推动高质量发展和经济转型升级，需要建设完善的现代化市场经济体制作为保障条件，主要包括以下五个方面：第一，必须以完善产权制度和要素市场化配置为重点深化经济体制改革，坚决破除制约发展活力和动力的体制机制障碍，实现产权有效激励、要素自由流动、价格反应灵活、竞争公平有序、企业优胜劣汰；第二，坚持和完善中国社会主义基本经济制度和分配制度，毫不动摇巩固和发展公有制经济，毫不动摇鼓励支持引导非公有制经济发展，激发各类市场主体活力。进一步完善保护产权制度，激发和保护企业家精神，营造公平竞争的市场环境，支持和引导民营经济发展；第三，深化政府“放管服”和商事制度改革，完善市场监管体制，优化营商环境，真正降低制度性交易成本；第四，创新和完善宏观调控，发挥国家发展规划战略性导向作用，健全财政、货币、产业、区域、消费、投资等经济政策协调机制，加快建立现代财政制度，深化金融体制改革，增强金融服务实体经济能力；第五，必须把发展经济的着力点放在实体经济上、放在振兴制造业上、放在振兴乡村战略上，把调整供给结构、提高供给质量作为供给侧结构性改革的主攻方向，在创新引领、绿色低碳、共享经济、医养教等社会服务、现代供应链、人力资本服务等领域培育新增长点，形成新动能。

第十一章　走中国特色“四化”发展道路，为化解社会主要矛盾注入新动力

习近平总书记在党的十九大报告中指出，要“推动新型工业化、信息化、城镇化、农业现代化同步发展”。走“四化”发展道路，不仅是全面建设中国特色社会主义现代化国家、实现中华民族伟大复兴的必然要求，也是有效化解不平衡不充分发展的问题，不断满足人民日益增长的美好生活需要的战略着力点。推动“四化”发展，必须牢牢把握新时代新型工业化、信息化、城镇化、农业现代化的新特征，找准“四化”同步发展的着力点，为化解社会主要矛盾注入新动力。

一、走中国特色新型工业化发展道路，为满足人民日益增长的美好生活需要提供现代化的工业基础

新型工业化并不是一个新概念，党的十六大、十七大和十八大报告都提出过。中国特色社会主义进入新时代，我国经济已由高速

增长阶段转向高质量发展阶段，正处在转变发展方式、优化经济结构、转换增长动力攻关期的时代背景下，党的十九大报告再次强调新型工业化，既是对过去所提新型工业化的继承，又赋予其新的内涵，为我国成功探索出一条符合中国国情的工业化道路指明了方向。

（一）新时代的新型工业化的三个“新”

新型工业化道路所追求的工业化，不是只讲工业增加值，而是要做到“科技含量高、经济效益好、资源消耗低、环境污染少、人力资源优势得到充分发挥”，并实现这几个方面的兼顾和统一。这是新型工业化道路的基本标志和落脚点。与传统工业化相比，新型工业化道路的“新”主要表现在以下三个方面。

1. 新时代的新型工业化是抢抓新一轮科技革命和产业变革机遇的工业化

传统工业化模式强调依托资源和生产要素禀赋，在充分发挥低成本劳动力和其他生产要素价格优势的基础上，利用全球产业分工逐渐从价值链低端向中高端升级。虽然发达国家实现工业化的时间不尽相同，但都通过工业化完成了现代化进程。改革开放近 40 年来，我国抓住经济全球化背景下贸易投资、技术进步和产业转移的历史机遇，成功实现了加速发展，从而步入中高收入国家行列。

当前，全球新一轮科技革命和产业变革给人类生产和生活带来巨大影响。互联网、大数据、人工智能与制造业的结合越来越广泛、深入，智能制造、智能服务正在成为全球传统工业和制造业转型升级的主要方向。信息技术和互联网技术的快速发展及广泛深入应用，对传统工业化模式提出巨大挑战：一个国家越来越难以主要依靠自然资源和劳动力资源优势实现工业化并最终实现现代化。我国抓住了一个非常有利的时间窗口，在工业化和经济追赶上取得巨大成就，但目前尚未全面完成工业化，整体技术创新能力仍不够强，多数产业的国际竞争力仍不够强，整个经济的综合实力仍不够强，需要进一步实现产业价值链升级和竞争力提升。因此，我国提出“中国制造 2025”和“互联网 +”等战略，目的就是抓住新一轮科技革命和产业变革的机遇，全面推进工业化与信息化的融合互动、技术创新与商业模式创新的融合互动、制造业与服务业的融合互动，努力实现中国制造向中国创造、中国速度向中国质量、中国产品向中国品牌的转变，最终完成中国制造由大变强的战略任务。

2. 新时代的新型工业化是着力振兴实体经济的工业化、优化供给结构的工业化

长期以来，我国经济发展面临实体经济内部供需结构失衡、金融与实体经济失衡、房地产与实体经济失衡等矛盾和问题，如果不能得到及时解决，就会阻滞我国社会主义现代化建设步伐。这些矛盾和问题的主要症结在于实体经济质量不高、发展不充分。因此，

新时代推进新型工业化必须着力振兴实体经济。当前，顺应我国经济从高速增长阶段转向高质量发展阶段的大趋势，振兴实体经济的根本在于改变过去一味追求规模和速度的思路，把提高供给体系质量作为主攻方向，深化供给侧结构性改革，通过推进新型工业化努力提升工业特别是制造业的技术、标准、质量、效率、效益和竞争力，显著增强我国经济质量优势。

3. 新时代的新型工业化是以新发展理念为指导、着力解决发展不平衡不充分问题的工业化

我国工业化也存在发展不平衡不充分的问题，主要是工业发展与生态环境保护不平衡、产品供需结构不平衡、地区之间发展不平衡，同时存在工业大而不强、创新能力总体不强、系统集成能力不强、关键技术对外依存度较高等问题。在新时代推进新型工业化，必须以新发展理念为指导，着力解决发展不平衡不充分问题。

坚持创新发展，努力推进技术进步、结构优化和全要素生产率不断提高的新型工业化。工业特别是制造业是技术进步和构建产业新体系的主战场。新型工业化的重点在于推进整体技术进步，加快突破若干重要战略性行业的重大关键共性技术、核心零部件生产，减少对外部的依赖，增强系统集成能力、基础配套能力和标准制定能力。当前，特别要推动新一代信息技术广泛深度地渗透到传统产业部门，着力推动传统制造业转型升级，使其尽快转到以提高劳动生产率和全要素生产率为主要增长方式的轨道上来；着力推动战略性新兴产业和未来产业发展，使其尽快成为我国经济保持中高速增

长、产业迈向中高端水平的中流砥柱。①

（二）推进新时代的新型工业化应重点把握好六个方面的结合

面对国际环境深刻复杂变化和国内新形势新任务新要求，推进新时代的新型工业化应重点把握好以下六个方面的结合：

1. 把优化存量资源配置与扩大优质增量供给结合起来，提高工业化质量

当前，我国工业化进程中长期累积的结构性矛盾凸显，产能低端过剩与高端短缺并存，许多行业大而不强，工业化质量还不高。必须加快实现工业化发展由追求规模速度向追求质量效率转变，着力在能够有效提升价值链层级的研发设计、营销网络、品牌培育、供应链管理等关键环节取得突破。既要瞄准国际标准加快传统产业优化升级；又要推动新技术、新模式、新业态、新产业发展，进一步拓展延伸产业链、提升价值链、完善供应链，促进产业迈向中高端，全面提升产业核心竞争力。

2. 把工业化与信息化结合起来，实现以信息化带动工业化

近年来，以移动互联网、云计算、大数据、物联网等新一代信

① 赵昌文：《把握新时代新型工业化的新内涵》，《人民日报》2017 年 11 月 26 日。

息技术为核心的新一轮科技革命迅猛兴起，成为驱动工业化的新引擎。发达国家是在完成工业化的基础上进入信息化阶段的，我国则是在工业化任务尚未完成的情况下赶上了信息化浪潮。这就需要把工业化与信息化结合起来，以信息化带动工业化。要运用互联网、大数据、人工智能等现代技术，推动生产、管理和营销模式变革，引领产业价值链体系重构，采用数据和平台新规则加快构建网络化、智能化、服务化、协同化的“互联网+”产业生态系统，增强信息化对工业化的带动作用。

3. 把制造业和服务业发展结合起来，实现制造业和服务业协同发展

制造业服务化已成为全球产业发展的趋势，但发展服务经济并不意味着要去制造业、去工业化，而是要实现制造业与服务业“双轮驱动”、协同发力。既要加快发展先进制造业，培育若干世界级先进制造业集群，加快建设制造强国；又要引导和支持制造业从主要提供产品向既提供产品又提供服务转变，实现制造业沿着服务化方向转型升级。

4. 把工业化与城镇化结合起来，促进工业化和城镇化齐头并进

与工业化水平相比，我国城镇化水平明显滞后，不利于工业化质量提高。应积极稳妥推进新型城镇化，统筹搞好城乡协调发展。既要推动形成以城市群为主体、大中小城市和小城镇协调发展的城镇格局，加快农业转移人口市民化；又要大力实施乡村振兴战略，

形成以工促农、以城带乡、工农互惠、城乡一体的新型工农、城乡关系，实现工业化和城镇化互相促进、齐头并进。

5. 把工业化与生态文明建设结合起来，实现可持续的工业化

高投入、高消耗、高污染、低水平数量扩张的传统工业化道路不可持续。推进新时代的新型工业化，必须树立和践行“绿水青山就是金山银山”的理念，切实把生态文明建设融入工业化发展各环节和全过程，建立健全绿色低碳循环发展的经济体系，促进人与自然和谐共生，实现资源消耗低、环境污染少、可持续的工业化。

6. 把工业化与对外开放结合起来，不断提升我国经济的全球竞争力和影响力

大力提升“走出去”的层次，引导国际合作向更大规模、更广领域、更高层次发展，加快培育国际经济合作和竞争新优势，努力在国际分工中占据更有利的位置。积极主动融入国际产业链和价值链体系，推动产业国际合作由加工制造环节为主向合作研发、联合设计、市场营销、品牌培育等高端环节延伸，在合作中提升产业自主发展能力与核心竞争力。①

① 费洪平、滕飞:《以六个“结合”推进新型工业化》,《人民日报》2017 年 11 月 26 日。

二、走中国特色信息化发展道路，不断满足人民日益增长的对高水平高质量信息化产品和服务的需要

信息化是当今世界发展的大趋势，是推动经济社会变革的重要力量。没有信息化就没有现代化。20 世纪 90 年代以来，信息技术创新日新月异，以数字化、网络化、智能化为特征的信息化浪潮蓬勃兴起。全球信息化快速发展正在引发当今世界的深刻变革，重塑世界政治、经济、社会、文化和军事发展的新格局。加快信息化发展，已经成为世界各国的共同选择。大力推进信息化，是覆盖我国现代化建设全局的战略举措。适应和引领经济发展新常态，增强发展新动力，需要将信息化贯穿我国现代化进程始终，加快释放信息化发展的巨大潜能。

信息化经历了数字化、网络化、智能化这三个发展阶段。因此，人们普遍认为，数字化、网络化、智能化构成了信息化的三大基本特征。加快推进信息化发展的重要战略意义和战略举措主要有以下几个方面：

（一）抢抓信息革命的历史机遇，构筑国际竞争新优势的战略抉择

通览当今世界发展格局，“随着世界多极化、经济全球化、文化多样化、社会信息化深入发展，全球治理体系深刻变革，谁在信

息化上占据制高点，谁就能够掌握先机、赢得优势、赢得安全、赢得未来。发达国家持续推动信息技术创新，不断加快经济社会数字化进程，全力巩固领先优势。发展中国家抢抓产业链重组和调整机遇，以信息化促转型发展，积极谋求掌握发展主动权。世界各国加快网络空间战略布局，围绕关键资源获取、国际规则制定的博弈日趋尖锐复杂。加快信息化发展，建设数字国家已经成为全球共识。”①

信息革命为我国带来了跨越发展、赶超发展提供了难得的历史机遇，所以我们要因势而为、趁势而上，决不能在新一轮的国际竞争中掉队。为此，习近平总书记强调指出，“当今世界，信息化发展很快，不进则退，慢进亦退。”世界经济加速向以网络信息技术产业为重要内容的经济活动转变。我们要把握这一历史契机，以信息化培育新动能，用新动能推动新发展。要加大投入，加强信息基础设施建设，推动互联网和实体经济深度融合，加快传统产业数字化、智能化，做大做强数字经济，拓展经济发展新空间。我们要掌握我国互联网发展主动权，保障互联网安全、国家安全，就必须突破核心技术这个难题，争取在某些领域、某些方面实现“弯道超车”。

（二）充分发挥信息化的引领和驱动作用，增强发展新动力

习近平总书记指出，“网信事业代表新的生产力和新的发展方

① 《国家信息化发展战略纲要》，国务院办公厅印发，2016 年 7 月 27 日。

向，要充分发挥信息化的引领和驱动作用，促进供给侧结构性改革，培育经济发展新动力，来提高经济发展的质量和效益。”适应和引领经济发展新常态，增强发展新动力，需要将信息化贯穿我国现代化进程始终，加快释放信息化发展的巨大潜能。以信息化驱动现代化，建设网络强国，是落实“四个全面”战略布局的重要举措，是实现“两个一百年”奋斗目标和中华民族伟大复兴中国梦的必然选择。正如习近平总书记指出，“建设网络强国的战略部署要与‘两个一百年’奋斗目标同步推进，向着网络基础设施基本普及、自主创新能力显著增强、信息经济全面发展、网络安全保障有力的目标不断前进。”①

（三）贯彻以人民为中心的发展思想，努力让信息化造福社会、造福人民，不断满足人民日益增长的对高水平高质量信息化产品和服务的需要

习近平总书记 2016 年 4 月在网络安全和信息化工作座谈会上指出，我们“要适应人民期待和需求，加快信息化服务普及，降低应用成本，为老百姓提供用得上、用得起、用得好的信息服务，让亿万人民在共享信息化的成果上有更多更实在的获得感”。因此，要充分发挥互联网优势，实施“互联网 + 教育”、“互联网 + 医疗”、“互联网 + 文化”等，促进基本公共服务均等化；充分发挥互联网

① 《习近平谈治国理政》，外文出版社 2014 年版，第 198 页。

在助推脱贫攻坚中的作用，推进精准扶贫、精准脱贫，让更多困难群众用上互联网，让农产品通过互联网走出乡村，让山沟里的孩子也能接受优质教育；可以加快推进电子政务，鼓励各级政府部门打破信息壁垒、提升服务效率，让百姓少跑腿、信息多跑路，解决办事难、办事慢、办事繁的问题。适应服务业发展和居民消费结构升级的需要，深化信息技术在服务业的应用，积极培育新型服务业态，推动现代服务业发展。

（四）加快推进信息化建设，为国家治理体系和治理能力现代化提供技术支撑

习近平总书记指出，“推进国家治理体系和治理能力现代化，信息是国家治理的重要依据，要发挥其在这个进程中的重要作用”。要以信息化推进国家治理体系和治理能力现代化，统筹发展电子政务，构建一体化在线服务平台，分级分类推进新型智慧城市建设，打通信息壁垒，构建全国信息资源共享体系，更好用信息化手段感知社会态势、畅通沟通渠道、辅助科学决策。要加强顶层设计，继续深化电子政务应用，推进政府组织结构优化，推进信息技术与政务工作深度融合，提高公共服务能力。加快提高社会管理信息化水平，形成以政府主导、社会参与、服务全局的社会管理信息化体系。以促进基本公共服务均等化为目标，不断提高教育、医疗卫生、就业和社会保障等领域的信息化水平，为加快社会事业现代化提供坚实支撑。

（五）促进工业领域信息化深度应用，提高中小企业信息化应用水平

围绕促进工业转型升级的要求，全方位、多层次推动信息技术在工业领域的覆盖渗透、应用集成和融合创新。完善中小企业信息化服务体系，为中小企业信息化建设提供支持与服务，推动中小企业在核心业务环节深化信息技术应用。加强国家新型工业化产业示范基地、国家级信息化和工业化融合试验区建设，支持地方开展两化融合评估和监测，完善区域信息化服务体系。

（六）加快推进城市和农业农村信息化，统筹城镇化与信息化互动发展

要把推进农业农村信息化放在振兴乡村战略的突出位置，充分发挥信息化在加快转变农业发展方式、改善农民生活、统筹城乡发展中的重要作用，加快信息强农惠农。发挥信息化在创新城市管理模式和提升城市服务能力方面的重要作用，为破解城市发展难题、实现精确高教管理提供有力支撑。

三、走中国特色新型城镇化发展道路，不断满足人民日益增长的对高质量城镇化生活的需要

我国城镇化是在人口多、资源相对短缺、生态环境比较脆弱、

城乡区域发展不平衡的背景下推进的。走中国特色新型城镇化道路，解决好农村人口转移、为城镇中的广大农村务工人员提供良好的生活工作环境，不断满足人民日益增长的对高质量城镇化生活的需要，是全面建成小康社会、加快社会主义现代化建设进程、实现中华民族伟大复兴的中国梦的必由之路。2014 年 3 月 16 日，中共中央、国务院发布了《国家新型城镇化规划（2014—2020 年）》（以下简称《规划》）。《规划》按照走中国特色新型城镇化道路、全面提高城镇化质量的新要求，明确了未来城镇化的发展路径、主要目标和战略任务，统筹了相关领域制度和政策创新。这是今后一个时期指导全国城镇化健康发展的宏观性、战略性、基础性规划。

2016 年 2 月，习近平总书记对深入推进新型城镇化建设作出重要指示，强调“城镇化是现代化的必由之路。要以人的城镇化为核心，更加注重提高户籍人口城镇化率，更加注重城乡基本公共服务均等化，更加注重环境宜居和历史文脉传承，更加注重提升人民群众获得感和幸福感。要遵循科学规律，加强顶层设计，统筹推进相关配套改革，鼓励各地因地制宜、突出特色、大胆创新，积极引导社会资本参与，促进中国特色新型城镇化持续健康发展”。①

相对于传统城镇化而言。新时代推进新型城镇化之路应主要在以下几个方面展开：

---

① 习近平：《坚持以创新、协调、绿色、开放、共享的发展理念为引领　促进中国特色新型城镇化持续健康发展》，《人民日报》2016 年 2 月 24 日。

（一）遵循规律，因势利导

城镇化是一个自然历史过程，是我国发展必然要遇到的经济社会发展过程。推进城镇化必须从我国社会主义初级阶段基本国情出发，使城镇化成为一个顺势而为、水到渠成的发展过程。确定城镇化目标必须实事求是、切实可行，不能靠行政命令层层加码、级级考核，不要急于求成、拔苗助长。推进城镇化既要积极，又要稳妥，更要扎实，方向要明、步子要稳、措施要实。

（二）提升质量，绿色环保

新型城镇化是人口、经济、资源和环境相协调的城镇化。新型城镇化要按照“资源节约和环境友好”的要求，依托城镇的资源和环境承载能力聚集产业和人口，努力发展低耗经济、低碳经济、循环经济，节能减排，保护和改善生态环境，按照城市标准，对垃圾、污水、噪音等污染物进行达标处理和控制，增加绿地、林地面积，突出城市生态建设，推动城市与自然、人与城市环境和谐相处，建设生态城市。保障城镇化的质量、效益和福利，实现城镇化的可持续推进。因此，要紧紧围绕提高城镇化发展质量，稳步提高户籍人口城镇化水平；大力提高城镇土地利用效率、城镇建成区人口密度；切实提高能源利用效率，降低能源消耗和二氧化碳排放强度；高度重视生态安全，扩大森林、湖泊、湿地等绿色生态空间比重，增强水源涵养能力和环境容量；不断改善环境质量，减少主要污染物排放总量，控制开发强度，增强抵御和减缓自然灾害能力，提高历史文物保护水平。要坚持生态文明，着力推进绿色发展、循环发展、低碳发展，尽可能减少对自然的干扰和损害，节约集约利用土地、水、能源等资源。要传承文化，发展有历史记忆、地域特色、民族特点的美丽城镇。

（三）以人为本，推进农村进城人口市民化

新型城镇化是人口集聚、“市民化”和公共服务协调发展的城镇化。只有劳动力的非农业化和劳动力的空间转移不是真正意义上的城市化，仅有人口的集聚和产业的优化，而不能让进城农民享有基本的公共服务，没有生活质量的提升、人居环境的改善也称不上高质量的城镇化。要改革城镇人口社会管理制度，逐步建立城乡统一的居住地登记体制，让外来常住人口在医疗、教育、养老、失业救济等方面与城市人口享受平等的权利，赋予外来落户人口以完全的“市民权”。要推进以人为核心的城镇化，提高城镇人口素质和居民生活质量，把促进有能力在城镇稳定就业和生活的常住人口有序实现市民化作为首要任务。要优化布局，根据资源环境承载能力构建科学合理的城镇化宏观布局，把城市群作为主体形态，促进大中小城市和小城镇合理分工、功能互补、协同发展。

（四）推进城镇化，要注意处理好市场和政府的关系

既坚持使市场在资源配置中起决定性作用，又更好发挥政府在

创造制度环境、编制发展规划、建设基础设施、提供公共服务、加强社会治理等方面的职能；注意处理好中央和地方关系，中央制定大政方针、确定城镇化总体规划和战略布局，地方则从实际出发，贯彻落实总体规划，制定相应规划，创造性开展建设和管理工作。

（五）推进与工业化、信息化、农业现代化同步的新型城镇化

工业化处于主导地位，是发展的动力；农业现代化是重要基础，是发展的根基；信息化具有后发优势，为发展注入新的活力；城镇化是载体和平台，承载工业化和信息化发展空间，带动农业现代化加快发展，发挥着不可替代的融合作用。推进城镇化，要充分发挥工业化的动力作用、农业现代化的基础作用和信息化的引领作用，实现“四化”有机融合。推动信息化和工业化深度融合、工业化和城镇化良性互动、城镇化和农业现代化相互协调，促进城镇发展与产业支撑、就业转移和人口集聚相统一，促进城乡要素平等交换和公共资源均衡配置，形成以工促农、以城带乡、工农互惠、城乡一体的新型工农、城乡关系。①

（六）推进大、中、小城市与小城镇协调发展的新型城镇化

以资源环境承载能力和公共服务功能配套完善为原则，合理控

① 杨佩卿：《新型城镇化的内涵与发展路径》，《光明日报》2015 年 8 月 19 日。

制大城市过度扩张，加快健全中小城市硬件设施和软件服务，注重产业的合理布局与配套集群发展；注重做大做强新型产业，尤其是现代服务业；注重生产方式和工艺流程创新升级，推动城镇向数字域、信息域、智能域、知识域方向发展，引导人口和产业集中集聚，形成大、中、小城市合理有序发展格局，促使城镇地理空间优化、中心城市与卫星城镇共同繁荣，造就城镇宜居宜业宜游的环境。

四、走中国特色新型农业现代道路发展道路，为全面建成小康社会、不断提升农村人口生活水平注入新动力

农业现代化是解决中国农业、农村、农民“三农”问题、全面建成小康社会、全面建设社会主义现代化国家的基本途径。2014年中央一号文件明确提出，要努力走出一条生产技术先进、经营规模适度、市场竞争力强、生态环境可持续的中国特色新型农业现代化道路。这是新形势下推进农业现代化的总体部署，我们应充分认识中国特色新型农业现代化面临的形势，深刻把握内涵实质，加快推进现代农业建设。

农业现代化一般是指从传统农业向现代农业转化的过程和手段。在我国，农业现代化以及相应的“四个现代化”的提出由来已久，并在20世纪60年代确定，改革开放以来不断得到深化与提升。进入新时代，鉴于工业化、信息化、城镇化快速发展对同步推进农

业现代化的要求更为紧迫，保障粮食等重要农产品供给与资源环境承载能力的矛盾日益尖锐，经济社会结构深刻变化对创新农村社会管理提出了亟待破解的课题。2014 年中央一号文件明确提出要推进中国特色农业现代化，努力走出一条生产技术先进、经营规模适度、市场竞争力强、生态环境可持续的中国特色新型农业现代化道路。党的十八大首次提出，要走中国特色新型工业化、信息化、城镇化、农业现代化道路。

所谓“中国特色”，就是要从中国国情出发，符合中国经济社会制度条件和资源禀赋特征；“新型”就是要彰显时代特征，紧跟世界农业发展新理念、新趋势，运用最新科技成果。因此，中国特色新型农业现代化道路，是在中国特定的条件下，运用现代科技、现代管理，合理开发、配置、使用各种农业要素资源，优化市场和生态环境，实现中国农业可持续发展的过程。中国特色的农业现代化，是由传统中国农业向现代中国农业转化的过程，是农业综合生产能力现代化的过程，是中国在特定的条件下，具有现代素质的农业劳动者利用现代农业生产手段，生产出能够满足社会需要的高质量的农业产品的过程。

（一）中国特色农业现代化道路的基本方略

1. 坚持统筹城乡经济社会发展的基本方略

综观世界各国农业的发展，有不少国家在推进工业化、城市化的进程中，都曾因一度忽视农业而导致农业衰退、农村凋敝，致使整个国家的发展和稳定为此付出了沉重代价。农业在国内生产总值中的比重逐步下降，这丝毫也改变不了农业仍然是国民经济基础的地位。“解决好农业、农村、农民问题，事关全面建设小康社会大局，必须始终作为全党工作的重中之重”，这是十七大报告提出的明确要求。把全党的思想统一到这个高度，才能为推进我国的农业现代化进程创造适宜的社会氛围。

2. 实施工业反哺农业、城市支持农村的方针

我国农业和农村发展长期滞后，根本原因在于由城乡二元经济结构所派生的经济社会管理体制尚未打破，以及由此所导致的农村生产要素持续流失、对农业的资金技术支持明显不足的局面尚未改变。

3. 建立公共财政体制、完善转移支付制度

任何国家的农业现代化，都不可能仅仅依靠农民自身的力量。建立公共财政体制、完善转移支付制度、形成既符合世界贸易组织规则又具有本国特点的农业支持保护体系，是已经实现了农业现代化国家的普遍做法。随着工业化、城镇化水平的不断提高，我国在这方面也已迈出重要步伐，以工促农、以城带乡的长效机制正在形成。只要坚持这个方向，按照党的十七大提出的“形成城乡经济社会发展一体化新格局”的目标前进，具有中国特色农业现代化道路的体制和政策环境就一定能够日趋完善。必须全面深化农村改革，加大公共财政向农村的覆盖，加强农村公共服务，扩大农民就业空

间，促进农民增收减负，为扎实推进现代农业和社会主义新农村建设提供体制保障。①

4. 着力增强农业综合生产能力

农业的综合生产能力，是农业现代化水平的基本标志。我国不少农产品的生产总量位居世界前列，但从投入产出和经济效益看，仍明显落后于发达国家。如我国谷物、肉类、禽蛋、水果的产量均居世界第一位，但我国 2005 年每千公顷化肥的施用量高达 366.5 吨，是世界平均水平的 3.5 倍，分别是日本、美国、法国的 1.6 倍、3.6 倍和 6 倍，不仅生产成本高，还污染了环境。

（二）中国特色新型农业现代化的主要任务

1. 创新强农，着力推进农业转型升级

创新是农业现代化的第一动力，必须着力推进供给创新、科技创新和体制机制创新，加快实施藏粮于地、藏粮于技战略和创新驱动发展战略，培育更健康、更可持续的增长动力。

2. 协调惠农，着力促进农业均衡发展

协调是农业现代化的内在要求，必须树立全面统筹的系统观，

① 陈锡文：《走中国特色农业现代化道路》，《求是》2007 年第 22 期。

着力推进产业融合、区域统筹、主体协同，加快形成内部协调、与经济社会发展水平和资源环境承载力相适应的农业产业布局，促进农业现代化水平整体跃升。

3. 绿色兴农，着力提升农业可持续发展水平

绿色是农业现代化的重要标志，必须牢固树立绿水青山就是金山银山的理念，推进农业发展绿色化，补齐生态建设和质量安全短板，实现资源利用高效、生态系统稳定、产地环境良好、产品质量安全。

4. 开放助农，着力扩大农业对外合作

开放是农业现代化的必由之路，必须坚持双向开放、合作共赢、共同发展，着力加强农业对外合作，统筹用好国内国际两个市场两种资源，提升农业对外开放层次和水平。

5. 共享富农，着力增进民生福祉

共享是农业现代化的本质要求，必须坚持发展为了人民、发展依靠人民，促进农民收入持续增长，着力构建机会公平、服务均等、成果普惠的农业发展新体制，让农民生活得更有尊严、更加体面。

6. 强化支撑，加大强农惠农富农政策力度

政策支持和政府扶持是振兴农村的关键所在，要有进步：(1) 完

善财政支农政策；（2）创新金融支农政策；（3）完善农业用地政策；（4）健全农产品市场调控政策。[①]

（三）推进中国特色新型农业现代化的政策措施

中国是在特定的历史背景下实施农业现代化的。因此，新时代推进中国特色新型农业现代化，需要更加关注“四化”相辅相成的关系，利用工业化、信息化和城镇化给农业现代化带来的重大机遇，依靠工业化来改变农业生产方式，提升农业生产效率；依靠信息化来加大科技支撑，增强市场竞争力；依靠城镇化来吸纳转移人口，扩大农业生产经营规模，促进现代农业实现跨越式发展，为“四化”同步打下坚实基础。具体来说，着眼我国农业现代化的目标任务，适应资源禀赋条件和经济社会发展阶段，针对制约我国现代农业发展的关键问题，应着力完善以下政策措施。

1. 加强农业基础设施建设

切实加强耕地保护，加快高标准农田建设。启动农田污染治理工程，开展农田面源污染和重金属污染治理。加强农田水利设施建设。南方丘陵山区重点搞好山坪塘堰清淤改造和末级渠系建设，平原粮食主产区重点抓好小型泵站等提灌抗旱设施建设，西北干旱半干旱地区重点建设节水灌溉设施。改善相关公共基础设施。加快农

① 国务院：《全国农业现代化规划（2016—2020年）》，2016年10月17日。

村电网改造、乡村道路建设，改善农村生产生活条件。

2. 加快农业科技进步

实施高产种业科技攻关工程。加大投入力度，围绕提高农产品产量开展科技攻关，努力培育出更多类似超级稻这种突破性的高产品种。实施粮食增产模式攻关工程。以机械化为载体，深入推进农机农艺融合。对薄弱环节和技术瓶颈开展科技攻关，集成组装区域性、标准化高产高效技术模式。实施促进农业可持续发展技术研发工程。着力开展先进适用技术研发，推广节地、节水、节药、节能和节劳技术，降低生产成本，提高资源利用效率。

3. 加大对农业支持保护力度

完善农业补贴政策体系。完善种粮直补、农资综合补贴政策制度，与农户承包地面积挂钩，并建立稳定增长机制，调动普通农户种粮积极性。设立粮食规模经营补贴，与实际种粮面积挂钩，重点向种粮的专业大户、家庭农场和农民合作社倾斜，调动规模经营主体种粮积极性。构建价格支持体系。完善重点粮食品种最低收购价政策，合理确定并不断提高最低收购价，保持粮价合理水平。探索建立重要农产品目标价格和差价补贴制度，保障农民务农种粮收益。加大产粮大县奖补力度，调动主产区抓粮积极性。

4. 大力培育新型经营主体

完善新型经营主体扶持政策。针对家庭农场等新型经营主体发展的不同阶段，确定扶持政策重点。发展初期帮助解决信贷担保、基础设施、土地流转、设施用地等问题，成长成熟阶段帮助解决质量安全、品牌建设等问题。对工商资本进入农业要加强监管，坚决禁止非农化，对非粮化行为也要加以引导。加快培养新型职业农民。确立新型职业农民标准，并制定相应的扶持政策，使农业成为“进入有要求、经营有效益、收入有保障、职业有尊严”的行业。建立高素质人才回流农村机制。支持大中专院校毕业生、返乡创业人员投身现代农业建设。

5. 深化农业农村体制改革

坚持市场化改革方向，重点实现以下突破。健全完善农村土地制度。加强土地物权保护，探索建立农村土地承包权、经营权分离机制，完善继承、转让和退出机制。允许农村集体建设用地入市流转。完善征地补偿机制，合理确定补偿标准。健全农业社会化服务体系。深化基层农业公共服务机构改革，支持发展各类为农服务组织，鼓励开展多种形式的农业生产服务，加快构建多元社会化服务体系。深化农村金融改革。推进农村金融组织创新，发展村镇银行等新型农村金融机构，支持发展农村资金互助组织。创新农村抵押担保机制，探索开展大中型农机具、农村土地承包经营权等抵押贷款试点。完善政策性农业保险制度，扩大保险覆盖范围，建立巨灾风险分散机制。

第十二章　实施乡村振兴战略，着力破解农村发展不平衡不充分难题

我国是传统农业大国，农村人口占比大，城乡差距和农业、农村、农民的“三农”落后问题比较突出。为此，党中央一直非常重视“三农问题”。改革开放以来有20年、2004年以来连续15年中央一号文件的主题都是“三农”问题。十九大报告首次提出实施乡村振兴战略，2018年1月中共中央、国务院发布《中共中央国务院关于实施乡村振兴战略的意见》，这是解决“三农”发展更高水平更高层次的布局，是社会主义新农村建设的“升级版”和新形态。从“新农村建设”到“乡村振兴”，既是党的“三农”工作的一次理念创新和战略跃升，也是一次全面的内涵提升和外延拓展。

一、实施乡村振兴战略的必要性、紧迫性

党的十九大报告提出实施乡村振兴战略，具有重大的历史性、

理论性和实践性意义。从历史角度看，它是在新的起点上总结过去，谋划未来，深入推进城乡发展一体化，提出了乡村发展的新要求新蓝图。从理论角度看，它是深化改革开放，实施市场经济体制，系统解决市场失灵问题的重要抓手。从实践角度看，它是呼应老百姓新期待，以人民为中心，把农业产业搞好，把农村保护建设好，把农民发展进步服务好，提高人的社会流动性，扎实解决农业现代化发展、社会主义新农村建设和农民发展进步遇到的现实问题的重要内容。①

（一）实施乡村振兴战略是新时代解决我国农村人口美好生活需要和农村发展不平衡不充分之间的矛盾的迫切要求

改革开放以来，随着工业化的快速发展和城市化的深入推进，我国城乡出现分化，农村发展也出现分化，目前最大的不平衡是城乡之间发展的不平衡和农村内部发展的不平衡，最大的不充分是“三农”发展的不充分，包括农业现代化发展的不充分，社会主义新农村建设的不充分，农民群体提高教科文卫发展水平和共享现代社会发展成果的不充分等。党的十九大报告在列举“发展不平衡不充分的一些突出问题尚未解决”时就明确讲到“脱贫攻坚任务艰巨，城乡区域发展和收入分配差距依然较大”，所列举的其他问题在乡村中往往也更为突出。按照党的十九大“突出抓重点、补短板、强

① 秦中春：《把握实施乡村振兴战略的重大意义和工作重点》，《中国经济时报》2017 年 11 月 15 日。

弱项”，特别是要坚决打好包括精准脱贫在内的攻坚战等要求，从决胜全面建成小康社会，到基本实现社会主义现代化，再到建成社会主义现代化强国，这些问题和矛盾都需要通过实施乡村振兴战略来解决。

（二）实施乡村振兴战略是建设现代化经济体系和深化对外开放的重要抓手

改革开放以来，我国始终坚持市场经济改革方向，市场在资源配置中发挥越来越重要的作用，提高了社会稀缺配置效率，促进了生产力发展水平大幅提高，社会劳动分工越来越深越来越细。随着市场经济深入发展，需要考虑市场体制运行所内含的生产过剩矛盾以及经济危机等问题，需要不断扩大稀缺资源配置的空间和范围。

解决问题的途径是实行国际国内两手抓，除了把对外实行开放经济战略、推动形成对外开放新格局，包括以“一带一路”建设为重点加强创新能力开放合作，拓展对外贸易、培育贸易新业态新模式、推进贸易强国建设，实行高水平的贸易和投资自由化便利化政策，创新对外投资方式、促进国际产能合作，加快培育国际经济合作和竞争新优势等作为重要抓手外，也需要把对内实施乡村振兴战略作为重要抓手，形成各有侧重和相互补充的长期经济稳定发展战略格局。由于国际形势复杂多变，相比之下，实施乡村振兴战略更加安全可控、更有可能做好和更有福利效果。

（三）实施乡村振兴战略是实现农业现代化发展和全面小康社会的必由之路

经过多年的持续不断的努力，我国农业农村发展取得重大成就，现代农业建设取得重大进展，粮食和主要农产品供求关系发生重大变化，大规模的农业剩余劳动力转移进城，农民收入持续增长，脱贫攻坚取得决定性进展，农村改革实现重大突破，农村各项建设全面推进，为实施乡村振兴战略提供了有利条件。与此同时，在实践中，由于历史原因，目前农业现代化发展、社会主义新农村建设和农民的教育科技文化发展存在很多突出问题迫切需要解决。面向未来，随着我国经济不断发展，城乡居民收入不断增长，广大市民和农民都对新时期农村的建设发展存在很多期待。把乡村振兴作为党和国家战略，统一思想，提高认识，明确目标，完善体制，搞好建设，加强领导和服务，不仅呼应了新时期全国城乡居民发展新期待，而且也将引领农业现代化发展和社会主义新农村建设以及农民教育科技文化进步。

总之，实施乡村振兴战略，是我国在深刻认识城乡关系、变化趋势和城乡发展规律的基础上提出的重大战略。实施乡村振兴战略，体现了历史与现实的统一，是新时代乡村发展新动力，是解决人民日益增长的美好生活需要和不平衡不充分的发展之间矛盾的必然要求，是实现“两个一百年”现代化奋斗目标的必然要求，是实现全体人民共同富裕的必然要求。提出和实施乡村振兴战略，是解决人民日益增长的美好生活需要和不平衡不充分的发展之间矛盾的必然要求。

二、实施乡村振兴战略的目标和任务

实施乡村振兴战略，要全面贯彻党的十九大精神，以习近平新时代中国特色社会主义思想为指导，加强党对“三农”工作的领导，坚持稳中求进工作总基调，牢固树立新发展理念，落实高质量发展的要求，统筹推进“五位一体”总体布局和协调推进“四个全面”战略布局，坚持把解决好“三农”问题作为全党工作重中之重，坚持农业农村优先发展，按照产业兴旺、生态宜居、乡风文明、治理有效、生活富裕的总要求，建立健全城乡融合发展体制机制和政策体系，统筹推进农村经济建设、政治建设、文化建设、社会建设、生态文明建设和党的建设，加快推进乡村治理体系和治理能力现代化，加快推进农业农村现代化，走中国特色社会主义乡村振兴道路，让农业成为有奔头的产业，让农民成为有吸引力的职业，让农村成为安居乐业的美丽家园。① 其中，产业兴旺、生态宜居、乡风文明、治理有效、生活富裕的总要求是一个完整的体系，与统筹推进“五位一体”总体布局之间是紧密一致的。

（一）产业兴旺，是乡村振兴的中心任务

产业兴旺就是要紧紧围绕促进产业发展，引导和推动更多资

① 《中共中央国务院关于实施乡村振兴战略的意见》，人民出版社 2018 年版，第 4 页。

本、技术、人才等要素向农业农村流动，调动广大农民的积极性、创造性，形成现代农业产业体系，促进农村一二三产业融合发展，保持农业农村经济发展旺盛活力。振兴乡村，必须让乡村有活力。活力来源于兴旺的产业，要让乡村呈现五谷丰登、六畜兴旺、三产深度融合的新景象。要推动农业全面升级，实现由增产导向向提质导向转变，促进农村新产业新业态异军突起。

（二）生态宜居，核心是绿色发展

生态宜居，就是要加强农村资源环境保护，大力改善水电路气房讯等基础设施，统筹山水林田湖草保护建设，保护好绿水青山和清新清净的田园风光。美丽中国要靠美丽乡村打底色，恢复和提升农村生态，让农村的生态优势变成农村发展的宝贵资本。要让老百姓种下的常青树，能够变成摇钱树，让更多的老百姓吃上"生态饭"、"旅游饭"，让保护生态不吃亏。为此，要推动乡村生态振兴，坚持绿色发展，加强农村突出环境问题综合治理，扎实实施农村人居环境整治三年行动计划，推进农村"厕所革命"，完善农村生活设施，打造农民安居乐业的美丽家园，让良好生态成为乡村振兴支撑点。

（三）乡风文明，就是要促进农村文化教育、医疗卫生等事业发展

要推动乡村文化振兴，加强农村思想道德建设和公共文化建设，

以社会主义核心价值观为引领，深入挖掘优秀传统农耕文化蕴含的思想观念、人文精神、道德规范，培育挖掘乡土文化人才，弘扬主旋律和社会正气，培育文明乡风、良好家风、淳朴民风，改善农民精神风貌，提高乡村社会文明程度，焕发乡村文明新气象。推动移风易俗、文明进步，弘扬农耕文明和优良传统，使农民综合素质进一步提升、农村文明程度进一步提高。乡风文明要求既传承保护发展乡村优秀农耕文明，也培育引导农民树立现代价值观念和法治意识，提升农民精神风貌，提高乡村社会文明程度。乡风文明无法速成，要靠久久为功去养成，这就需要挖掘农村本土文化人才，鼓励引导各界人士投身乡村文化建设，形成一股新的农村文化建设的力量。

（四）治理有效，就是要加强和创新农村社会治理

加强基层民主和法治建设，弘扬社会正气、惩治违法行为，使农村更加和谐安定有序。治理有效要求实现自治、法治和德治有机结合，创新乡村治理机制。乡村治理是国家治理的基石。要注重现代治理理念、手段和传统治理资源相结合，以自治消化矛盾，以法治定分止争，以德治春风化雨，让农民安居乐业、农村和谐稳定。为此，要推动乡村组织振兴，打造千千万万个坚强的农村基层党组织，培养千千万万名优秀的农村基层党组织书记，深化村民自治实践，发展农民合作经济组织，建立健全党委领导、政府负责、社会协同、公众参与、法治保障的现代乡村社会治理体制，确保乡村社会充满活力、安定有序。

（五）生活富裕，就是要让农民有持续稳定的收入来源，经济宽裕，生活便利，最终实现共同富裕

生活富裕的目标是显著缩小城乡生活水平和基本公共服务水平的差距。要坚持富民为本，富民为先，千方百计拓展农民增收渠道，提升农民生活水平，改善农村公共服务。

在实践中，推进乡村振兴，必须把大力发展农村生产力放在首位，支持和鼓励农民就业创业，拓宽增收渠道；必须坚持城乡一体化发展，体现农业农村优先原则；必须遵循乡村发展规律，保留乡村特色风貌。

三、深化农村改革，加快推进农业农村现代化

实施乡村振兴战略，加快推进农业农村现代化，根本要靠深化改革。党的十八大以来，中央出台了一系列深化农村改革的重要文件，作出了长远性、战略性制度安排，农村改革“四梁八柱”已经基本建立起来了，进一步深化农村改革，关键是在以下几个方面抓落实：

（一）坚持农业农村优先发展的战略

党的十八大以来，党中央坚持把解决好“三农”问题作为全党工作重中之重，统筹推进工农城乡协调发展，出台一系列强农惠农

政策，实现了农业连年丰收、农民收入持续提高、农村社会和谐稳定。农业农村形势好，为经济社会发展全局提供了基础支撑。同时要清醒看到，当前我国最大的发展不平衡是城乡发展不平衡，最大的发展不充分是农村发展不充分。农业发展质量效益和竞争力不高，农民增收后劲不足，农村自我发展能力较弱，城乡差距依然较大。要采取超常规振兴措施，在城乡统筹、融合发展的制度设计和政策创新上想办法、求突破。

习近平同志强调，任何时候都不能忽视农业、忘记农民、淡漠农村；中国要强，农业必须强；中国要美，农村必须美；中国要富，农民必须富。党的十九大报告从全局和战略高度，明确提出坚持农业农村优先发展。这是一个重大战略思想，是党中央着眼“两个一百年”奋斗目标导向和农业农村短腿短板问题导向作出的战略安排，表明在全面建设社会主义现代化国家新征程中，要始终坚持把解决好“三农”问题作为全党工作重中之重，真正摆在优先位置。贯彻农业农村优先发展指导思想，要进一步调整理顺工农城乡关系，在要素配置上优先满足，在资源条件上优先保障，在公共服务上优先安排，加快农业农村经济发展，加快补齐农村公共服务、基础设施和信息流通等方面短板，显著缩小城乡差距。努力让农业成为有奔头的产业，让农民成为有吸引力的职业，让农村成为安居乐业的美丽家园。

（二）深化农村土地制度改革

习近平同志指出，新形势下深化农村改革，主线仍然是处理好农民与土地的关系。党的十九大报告强调，保持土地承包关系稳定并长久不变，第二轮土地承包到期后再延长 30 年。这一重大决策意味着农村土地承包关系从第一轮承包开始保持稳定长达 75 年，彰显了中央坚定保护农民土地权益的决心。土地承包期再延长 30 年，时间节点与第二个百年奋斗目标相契合，既可以稳定农民预期，又为届时进一步完善政策留下空间。实行土地所有权、承包权、经营权“三权分置”，是我国农村改革的重大创新，实现了土地承包“变”与“不变”的辩证统一，回应了社会关切，满足了土地流转需要。要按时完成农村土地承包经营权确权登记颁证工作，探索“三权分置”多种实现形式，真正让农户的承包权稳下去、经营权活起来。要贯彻落实中央《关于稳步推进农村集体产权制度改革的意见》，抓好农村集体资产清产核资，把集体家底摸清摸准；稳步扩大农村集体资产股份权能改革试点范围，推广成功经验和做法；盘活农村集体资产，提高农村各类资源要素的配置和利用效率，多途径发展壮大集体经济。进一步完善农业支持保护制度。主要是改革完善财政补贴政策，优化存量、扩大增量，更加注重支持结构调整、资源环境保护和科技研发等，探索建立粮食生产功能区、重要农产品生产保护区的利益补偿机制。

（三）加快建设现代化农业

习近平同志强调指出，没有农业现代化，没有农村繁荣富强，没有农民安居乐业，国家现代化是不完整、不全面、不牢固的。现代农业是现代化经济体系的基础。当前，农业现代化仍是“四化同步”的短腿。要牢固树立新发展理念，紧紧围绕推进农业供给侧结构性改革这条主线，以保障农产品有效供给、促进农民持续较快增收和农业可持续发展为目标，提高农业发展质量效益和竞争力，走产出高效、产品安全、资源节约、环境友好的农业现代化道路；确保到 2020 年农业现代化取得明显进展，力争到 2035 年基本实现农业现代化，到新中国成立 100 年时迈入世界农业现代化强国行列。加快建设现代农业，要重点抓好以下几方面工作。①

1. 确保国家粮食安全，把中国人的饭碗牢牢端在自己手中

解决好十几亿人吃饭问题始终是治国安邦的头等大事，是农业发展的首要任务。要巩固和提升粮食产能，实施藏粮于地、藏粮于技战略，坚决保护耕地，大规模开展高标准农田建设，保护提升耕地质量，提高农业良种化、机械化、科技化、信息化水平。加快划定和建设粮食生产功能区和重要农产品生产保护区，健全主产区利益补偿机制，调动地方政府重农抓粮和农民务农种粮的积极性。

2. 要推动乡村产业振兴，紧紧围绕发展现代农业，围绕农村一二三产业融合发展，构建现代农业的产业体系、生产体系、经营体系

这三大体系是现代农业的“三大支柱”。要加快构建现代农业

① 韩长赋：《大力实施乡村振兴战略》，《人民日报》2017 年 12 月 11 日。

产业体系，促进种植业、林业、畜牧业、渔业、农产品加工流通业、农业服务业转型升级和融合发展。加快构建现代农业生产体系，用现代物质装备武装农业，用现代科学技术服务农业，用现代生产方式改造农业，提升农业科技和装备应用水平，大力推进农业科技创新和成果应用，大力推进农业生产经营机械化和信息化，增强农业综合生产能力和抗风险能力。加快构建现代农业经营体系，大力培育新型职业农民和新型经营主体，健全农业社会化服务体系，提高农业经营集约化、组织化、规模化、社会化、产业化水平，加快农业转型升级。加快构建现代化农业的三大体系，实现农村产业兴旺，把产业发展落到促进农民增收上来，全力以赴消除农村贫困，推动乡村生活富裕。要发展现代农业，确保国家粮食安全，调整优化农业结构，加快构建现代农业产业体系、生产体系、经营体系，推进农业由增产导向转向提质导向，提高农业创新力、竞争力、全要素生产率，提高农业质量、效益、整体素质。

3. 调整农业结构，促进农村一二三产业融合发展

调整优化农业产品结构、产业结构和布局结构，促进粮经饲统筹、农林牧渔结合、种养加销一体、一二三产业融合发展，延长产业链，提升价值链。强化质量兴农、品牌强农，推进农业标准化生产、全程化监管，把增加绿色优质农产品放在突出位置，全面提升农产品质量安全水平。推进农业结构调整，当前要以玉米为重点推进种植业结构调整，以生猪和草食畜牧业为重点推进畜牧业结构调整，以保护资源和减量增收为重点推进渔业结构调整，以农产品加

工业和农村“双创”为重点促进一二三产业融合发展，发展特色产业、休闲农业、乡村旅游、农村电商等新产业新业态。同时，推动农业绿色发展。统筹推进山水林田湖草系统治理，全面加强农业面源污染防治，实施农业节水行动，强化湿地保护和修复，推进轮作休耕、草原生态保护和退耕还林还草，加快形成农业绿色生产方式。

4. 发展多种形式适度规模经营，实现小农户和现代农业发展有机衔接

新型经营主体和适度规模经营是农业转方式、调结构、走向现代化的引领力量。要积极培育家庭农场、种养大户、合作社、农业企业等新型主体，推行土地入股、土地流转、土地托管、联耕联种等多种经营方式，提高农业适度规模经营水平。我国国情决定了在相当长一个时期普通农户仍是农业生产的基本面，要保护好小农户利益，健全利益联结机制，让小农户通过多种途径和方式进入规模经营、现代生产，分享农业现代化成果。要大力发展多元化的农业生产性服务，健全农业社会化服务体系。推进基层农技推广体系改革，探索建立公益性农技推广与经营性技术服务共同发展新机制。

5. 大力培育新型经营主体，完善新型经营主体扶持政策

针对家庭农场等新型经营主体发展的不同阶段，确定扶持政策重点。发展初期帮助解决信贷担保、基础设施、土地流转、设

施用地等问题，成长成熟阶段帮助解决质量安全、品牌建设等问题。对工商资本进入农业要加强监管，坚决禁止非农化，对非粮化行为也要加以引导。加快培养新型职业农民。确立新型职业农民标准，并制定相应的扶持政策，使农业成为“进入有要求、经营有效益、收入有保障、职业有尊严”的行业。建立高素质人才回流农村机制。支持大中专院校毕业生、返乡创业人员投身现代农业建设。

6. 推动乡村人才振兴，完善吸引人才到农村的政策和机制

要把农村人力资本开发放在首要位置，强化乡村振兴人才支撑，加快培育新型农业经营主体，让愿意留在乡村、建设家乡的人留得安心，让愿意上山下乡、回报乡村的人更有信心，激励各类人才在农村广阔天地大施所能、大展才华、大显身手，打造一支强大的乡村振兴人才队伍，在乡村形成人才、土地、资金、产业汇聚的良性循环。

（四）加强农业农村基础工作，坚定不移维护农村和谐稳定

要以满足农民群众对美好生活的需要为根本目标，加强农村基层基础工作，创新农村社会治理，实现农村长治久安。

要进一步健全自治、法治、德治相结合的乡村治理体系。“三治结合”是加强乡村治理的思路创新。要探索乡村治理新模式，发挥基层党组织领导核心作用，健全完善村民自治制度，推进村务公

开，发挥社会各类人才、新乡贤等群体在乡村治理中的作用。加强农村法治建设，推进平安乡镇、平安村庄建设，开展突出治安问题专项整治，引导广大农民群众自觉守法用法，用法律维护自身权益。大力推进农村精神文明建设，弘扬优秀传统文化和文明风尚，依托村规民约、教育惩戒等褒扬善行义举、贬斥失德失范，唱响主旋律、育成新风尚。

加强“三农”工作队伍建设。高度重视农业农村干部的培养、配备、使用，培养造就一支懂农业、爱农村、爱农民的“三农”工作队伍。强化党的“三农”政策宣传和专业知识等培训，提升指导服务“三农”的本领。各级领导干部要深入农村、关心农业、关爱农民，县乡党委、政府要把主要精力放在“三农”工作上。优化农村基层干部队伍结构，加强和改进大学生村官工作，抓好选派“第一书记”工作，加大从优秀村干部中考录乡镇公务员、选任乡镇领导干部的力度。“三农”工作队伍要对农业农村农民有深厚感情，传承“三农”工作的价值理念和优良传统。

（五）进一步深化农村供给侧改革

新时代新形势下，我国农业主要矛盾由总量不足转变为结构性矛盾，突出表现为阶段性供过于求和供给不足并存，矛盾的主要方面在供给侧，并且主要是结构性、体制性的问题。推进农业供给侧结构性改革，提高农业综合效益和竞争力，是当前和今后一个时期我国农业政策改革和完善的主要方向。要在确保国家粮食安全的基础上，紧紧围绕市场需求变化，以增加农民收入、保障有效供给为主要目标，以提高农业供给质量为主攻方向，以体制改革和机制创新为根本途径，优化农业产业体系、生产体系、经营体系，提高土地产出率、资源利用率、劳动生产率，促进农业农村发展由过度依赖资源消耗、主要满足“量”的需求，向追求绿色生态可持续、更加注重满足“质”的需求转变。

推进农业供给侧结构性改革，要把增加绿色优质农产品供给放在突出位置，把农业结构调好调顺调优。要适应市场需求，优化产品结构；发展适度规模经营，优化经营结构；立足比较优势，优化区域结构；加快科技创新，增强农业发展动能；促进融合发展，优化产业结构；推行绿色生产方式，集中治理农业环境突出问题，促进农业可持续发展。要紧紧围绕使市场在资源配置中起决定性作用和更好发挥政府作用，推进粮食等重要农产品价格形成机制和收储制度改革，深化农村产权制度改革，改革财政支农投入使用机制，加快农村金融创新，健全农村创业创新机制。要通过加快深化农村改革，全面激活市场、激活要素、激活主体，为农业供给侧结构性改革注入强大动力。

推进农业供给侧结构性改革是一个长期过程，处理好政府和市场关系、协调好各方面利益，面临许多重大考验，必须直面困难和挑战，坚定不移推进改革，勇于承受改革阵痛，尽力降低改革成本，积极防范改革风险，确保粮食生产能力不降低、农民增收势头不逆转、农村稳定不出问题。推进农业供给侧结构性改革是“三农”领域的一场深刻变革，改革的方向已明，底线已定。农村改革是靠尊重基层创造取得成功的，推进农业供给侧结构性改革，要继续用好这个法宝。要尊重基层实践，鼓励农民创造，努力营造改革创新的宽松氛围。

四、实施乡村振兴战略的要统筹谋划，科学推进

习近平同志在十三届人大山东代表团发言时强调，实施乡村振兴战略是一篇大文章，要统筹谋划，科学推进。新时代实施乡村振兴战略，要全面总结本世纪以来特别是十八大以来的“三农”工作和历史性变革，系统分析新时代我国社会主要矛盾转化在农业领域、农村地区和农民群体中的具体体现，贯彻习近平新时代中国特色社会主义思想和基本方略，按照决胜全面小康社会和开启全面建设社会主义现代化国家新征程的要求进行考虑设计，引入新思想、新手段和新平台。从国家宏观上看，实施乡村振兴战略的参加者是全体国民，振兴目标要服务于全体国民日益增长的美好生活需要，讲求粮食安全、产业效益、生态环境建设保护三位一体。从各地区各部门看，要结合区域人口资源环境实际和部门工作资源实际，着眼全局和长远，统筹考虑各方面因素，深入谋划、扎实推进，把这项战略贯彻落实。重点是要转变发展观念、搞好目标定位，突出区域特色、实行错位竞争。要创新实施手段、突破瓶颈要素制约，抓好组合配套、提高发展水平。要强化组织管理、形成有效机制，建立合作平台、促进分工深化。

（一）在战略目标上，重视不同区域乡村发展的差异性，在粮食安全、产业效益、生态环境建设保护上进行合理选择，讲求因地制宜

乡村振兴战略实施的基本地点在乡村，全国不同类型和不同地区乡村在振兴的内容上是有很大差异的，各地必须实行统筹规划、分类推进，在追求粮食安全、产业效益、生态环境建设保护上进行理性选择。我国乡村地域辽阔，乡村类型多样复杂，乡村与乡村之间差异很大。比如，有的乡村距离城镇很近或者就在城镇规划范围之内，区域人口属于净流入趋势，未来的发展趋势要融入城镇，而有的乡村距离城镇很远，农业人口向非农产业和城镇大规模转移，区域人口属于净流出趋势，未来的发展趋势是少耕休耕、退耕还林还草或者纳入生态风景旅游区建设等。要以国家主体功能区规划为依据，推进乡村多功能性建设和专业化发展，对乡村进行分类，明确未来发展目标定位，实行宜粮则粮、宜经则经、宜草则草、宜牧则牧、宜林则林、宜渔则渔、宜退则退、宜居则居。第一类是在粮食主产区和核心产区，要重点加强粮食综合生产能力建设，确保国家粮食安全，把中国人的饭碗牢牢端在自己手中。第二类是在重要农产品生产区和农业产业化发展区，要按照产业兴旺、生态宜居、乡风文明、治理有效、生活富裕的总要求，把地方特色农业做强做亮，建立健全绿色低碳循环发展的经济体系，不断发展新产业新业态，拓展农业产业链价值链供应链，大力提高农业现代化水平，推进农村一二三产业融合发展，提高产业发展效益。在农业产业的发

展选择上，要面向世界，有竞争优势；面向未来，立“工匠精神”；面向现代化，提平台高度。第三类是在不适宜发展粮食生产和不适宜发展农业产业的区域，要有计划有步骤地退出农业商品化生产，加强生态环境建设保护，着力解决突出环境问题，保护性开发农业，推进农业可持续发展，建设美丽乡村，把绿水青山建设成为金山银山，满足人民日益增长的美好生态环境需要。不管哪一类地区，在现阶段都要支持和鼓励农民就业创业，拓宽增收渠道。

（二）在战略手段上，要抓住人力、地权、资本和技术四个重点，引入先进要素，努力打破历史形成的乡村发展低水平均衡状态

乡村振兴战略实施的主要途径是推进城乡融合发展和加快农业农村现代化，各地方要有大手笔、抓细节、立高端和转方式，解决目前“三农”发展面临的瓶颈制约和一些地区历史形成的低水平均衡状态。一要做好人力的文章。大力促进乡村地区、涉农部门和涉农产业人的全面发展，配好用好干部，加快弥补人才、知识和技能短板。进一步扶持农民向非农产业和城镇转移，积极引导和支持城镇市民下乡和农民工返乡创业，推进城乡一体化发展，实现城乡融合发展，提高乡村人口的社会流动能力和社会流动性。加强农村教科文卫事业发展，大力提高教育培训质量，培养造就一支懂农业、爱农村、爱农民的“三农”工作队伍。二要做地权的文章。大力加强农村基础设施建设，提高乡村公路、水利、电力、电信、燃气和

社区建设水平。借鉴城市土地制度改革及国际经验，探索建立农地收储和整治机构，提供“土地银行”中介服务。大规模推进土地整理，提高土地质量等级。深化农村土地制度改革，完善承包地“三权”分置制度。保持土地承包关系稳定并长久不变，第二轮土地承包到期后再延长三十年，稳定长期投资预期，激发农业劳动者积极性。三要做好资本的文章。深化农村集体产权制度改革，保障农民财产权益，壮大集体经济。构建现代农业产业体系、生产体系、经营体系，发展多种形式适度规模经营，培育新型农业经营主体，实现小农户和现代农业发展有机衔接。改革创新金融体制，探索设立乡村开发基金等，服务乡村振兴。四要做好技术的文章。既要推进物的现代化，更要推进人的现代化，还要推进生态建设的现代化。促进地方特色农业发展分工分业，有所创新，错位发展，促进区域内联合与合作，拓展区外乃至全国和世界市场，拉长农业产业链条，探索跨行业融合产业，推进严格管理，打造品牌效应。探索组建专业化运作的商会协会，发挥商会作用；成立投资管理服务公司，发挥企业运作作用；开行运输班列，发挥交通物流支撑作用；健全监督管理法规制度，发挥标准规范作用。

（三）在战略保障上，要重视拓宽乡村建设发展主体，推进政府、市场和社会相结合，加强组织领导、公共管理和公共服务

乡村振兴战略实施的重要主体既有乡村力量，也有城镇力量；既有党政力量，也有市场力量，还有社会力量；既有国内各界的力

量，也有国外支持的力量；国家要加强顶层设计，推进分工合作，建立健全体制机制和政策体系。一要搭建有形之手。在党中央、国务院统一领导下，各地各部门要成立党政领导协调小组，精心组织、高位推动，协调解决各种重大问题。党的十九大报告指出，农业农村农民问题是关系国计民生的根本性问题，必须始终把解决好“三农”问题作为全党工作重中之重。各地区各部门坚持农业农村优先发展，加强统一领导组织管理服务，巩固和完善农村基本经营制度，推进完善农业支持保护制度，健全农业社会化服务体系。二要用好无形之手，发挥企业在投资管理服务方面的重要作用。按市场经济发展要求进行谋划，让市场在资源配置中起决定性作用，政府更好地发挥调控作用。三要拓展社会之手，探索政府购买服务和促进行业联合的新机制。动员和组织全社会力量参与乡村振兴工作，从生存条件、生产条件、生活条件和生态条件角度，共建美丽中国。加强和改进农村基层基础工作，健全自治、法治、德治相结合的乡村治理体系。

（四）在战略步骤和布局上，要重视跨时期、跨城乡、跨部门、跨村庄等协调服务和管理工作，力求把乡村建设发展布局做实、工作做实

习近平同志在十三届人大山东代表团发言时指出，要推动乡村振兴健康有序进行，规划先行、精准施策、分类推进，科学把握各地差异和特点，注重地域特色，体现乡土风情，特别要保护好传统

村落、民族村寨、传统建筑，不搞一刀切，不搞统一模式，不搞层层加码，杜绝“形象工程”。习近平强调，要充分尊重广大农民意愿，调动广大农民积极性、主动性、创造性，把广大农民对美好生活的向往化为推动乡村振兴的动力，把维护广大农民根本利益、促进广大农民共同富裕作为出发点和落脚点。

深入学习贯彻习近平讲话精神，推动实施乡村振兴战略，既要站高望远，能深谋远虑，也要脚踏实地，直面现实难题，实行问题导向，把合理提出问题、准确界定问题、科学分析问题和有效解决问题作为考核标准，重视防范风险，有计划有组织有项目地推进工作。各地各部门要按照党的十九大的总体部署和针对实施乡村振兴战略的具体要求，加强组织领导，明确目标任务，建立协调机构、工作台账、时间表、路线图和责任机制，保障资源配备和工作投入，扎扎实实做成几件大事，一件事接一件事地做好。一是要做好跨时期工作，把乡村建设发展的规划布局做实。要组织“三农”大调研，对乡村实际情况、可能发展方向和可用的资源进行摸底调查，深入研究振兴什么、谁来振兴、用什么振兴、如何振兴、何时振兴和谁做决策等问题，研究制定系统规划、大规划和长远规划，同时也要制定中短期规划尤其是“十三五”期间特别是年度工作规划，实行面向长远的粗线条轮廓边界和面向近中期的具体项目、工程、工作安排部署相结合，发挥规划引领和服务作用。二是做好跨城乡工作，把乡村建设发展的市场机制做实。要建设城乡统一大市场，既要调动广大农村居民的积极性，也要调动广大城市居民的积极性，共同参与、各取所需，实行以工补农、以城带乡、城乡一体、融合发展，扩大和增加全国乡村建设发展可能可用的社会资源。三是做好跨村庄工作，把乡村建设发展的服务中心做实。要对现有的村庄进行分类，在村庄布局、产业结构和行政管理上进行优化，需要撤并整合的要进行适当调整，需要重点建设的要进行加强，需要修路架桥的要夯基，转变村村点火、户户冒烟、简单重复的发展方式，着力加强新型农村社区和社区服务中心建设，形成有点有面、有中心有圈层、有重点有拓展的新格局。四是做好跨部门工作，把乡村建设发展的领导协调做实。实施乡村振兴战略的工作是跨部门的。要深化管理体制改革，转变政府职能，改进政府管理，增加政府服务，建立良好的体制机制，有效协调解决乡村振兴工作中面临的各种公共问题、重大问题和关键问题，形成有牵头、有参与、有跟踪和有监管的责任体系。要拓宽党政工作视野，将乡村振兴的工作按照专业化、社会化和模块化的思路进行任务分解，在政府、市场和社会之间进行合作分工，引入条件、责权对等、全面规范、高效运行，组织各种社会力量积极参与，形成有个人参与、家庭参与、企业单位参与、事业单位参与、党政机关参与、社会组织参与的工作体系，各自在自己的专业领域和能力范围内作出重要贡献，形成乡村振兴的强大合力。①

① 秦中春：《把握实施乡村振兴战略的重大意义和工作重点》，《中国经济时报》2017 年 11 月 15 日。

第十三章　实施区域协调发展战略，着力破解区域发展不平衡不充分难题

区域发展不平衡是新时代我国社会主要矛盾产生和存在的主要根据。我国区域发展不平衡的形成有其历史、现实、政策和市场的多重原因。改革开放40年来，中国大地发生了举世公认的巨大变化，但由于长期采取的非均衡发展战略，在东部沿海地区基础好、投资效益高的情况下，实行了向东部倾斜的区域经济政策，促进了国民经济的快速发展和新的经济增长源的形成。然而，与之相伴随的区域差距的日益显现，发展不平衡和分化的态势加剧，主要是以区域为单位发生存在，主要是指东中西区域发展不平衡、城市与农村发展不平衡、发达地区与欠发达地区发展不平衡，甚至城市内部、发达地区内部、一些农村内部也存在不平衡现象。实现区域平衡协调发展，是新时代的内在要求，解决新时代社会主要矛盾，必须把实现区域平衡协调发展，放到更加重要的战略位置。

一、新时代推进我国区域协调发展的目标、任务及战略布局

党的十九大报告从我国区域发展新形势和决胜全面建成小康社会、不断解决不平衡不充分发展问题、开启全面建设社会主义现代化国家新征程的新要求出发，明确提出要实施区域协调发展战略。报告从实现“两个一百年”奋斗目标出发，提出了一系列实施空间结构优化和区域协调发展的战略部署，将对解决区域发展的不平衡不充分问题，提升区域经济增长的效率，缩小区域发展的差距和促进区域可持续发展，最终形成高效、包容、可持续的区域经济格局产生深远影响。

（一）充分认识新时期实施区域协调发展战略的重大意义

1. 实施区域协调发展战略是增强区域发展协同性、解决区域发展不平衡的重要战略部署

区域差异大、发展不平衡是我国的基本国情。区域发展战略是经济社会发展战略的重要组成部分。1999 年以来，我国逐步形成西部开发、东北振兴、中部崛起、东部率先的区域发展总体战略。党的十八大以来，以习近平同志为核心的党中央统筹内外、着眼全局，提出建设“一带一路”倡议和京津冀协同发展、长江经济带发

展战略，推动形成东西南北纵横联动发展新格局。党的十九大报告根据我国社会主要矛盾的变化，立足于解决发展不平衡不充分问题，以全方位、系统化视角，提出今后一个时期实施区域协调发展战略的主要任务，着力提升各层面区域战略的联动性和全局性，增强区域发展的协同性和整体性，必将进一步开创我国区域协调发展新局面。

2. 实施区域协调发展战略是拓展区域发展新空间，实现充分发展的内在要求

随着大规模基础设施特别是高速铁路网和通信网的建设，我国区域间互联互通达到前所未有的水平，为从整体上形成东西南北纵横联动区域发展新格局创造了条件。城镇化进程加快，推动城市群和大都市圈在经济社会发展中扮演越来越重要的角色。与此同时，海洋经济迅猛发展，拓展蓝色经济空间的重要性日益显现。实施区域协调发展战略，将区域、城乡、陆海等不同类型、不同功能的区域纳入国家战略层面统筹规划、整体部署，推动区域互动、城乡联动、陆海统筹，这对于优化空间结构、拓展区域发展新空间具有重大战略意义。

3. 实施区域协调发展战略是建设现代化经济体系的重要支撑

区域经济是国民经济体系的重要组成部分。当前，我国经济已由高速增长阶段转向高质量发展阶段，区域经济发展必须加快转变发展方式、优化经济结构和转换增长动力。实施区域协调发展战

略，推动各区域充分发挥比较优势，深化区际分工；促进要素有序自由流动，提高资源空间配置效率；缩小基本公共服务差距，使各地区群众享有均等化的基本公共服务；推动各地区依据主体功能定位发展，促进人口、经济和资源、环境的空间均衡，进而实现各区域更高质量、更有效率、更加公平、更可持续的发展，将对提高我国经济发展质量和效益、建设现代化经济体系发挥重要支撑作用。

4. 实施区域协调发展战略是实现“两个一百年”奋斗目标、满足人民需要和实现共同富裕的重大举措

今后一个时期是实现第一个百年奋斗目标并向第二个百年奋斗目标迈进的关键期。全面建成小康社会，要突出抓重点、补短板、强弱项。实施区域协调发展战略，紧紧抓住集中连片特殊困难地区这个重点，农村贫困人口脱贫这个短板，坚决打好精准脱贫攻坚战，确保到 2020 年我国现行标准下农村贫困人口实现脱贫、贫困县全部摘帽、解决区域性整体贫困，这是让贫困人口和贫困地区人民同全国人民一道进入全面小康社会的重大战略举措。到 2020 年全面建成小康社会并开启全面建设社会主义现代化国家新征程，要继续实施区域协调发展战略，促进各地区协同推进现代化建设，努力实现全体人民共同富裕。这是满足全体中国人民对美好生活需要的必由之路。

（二）实施区域协调发展战略的目标和任务

党的十九大报告明确提出了区域协调发展战略的主要任务和战

略取向，我们要紧紧围绕区域协调发展这个核心目标，将各项任务落实到位。

1. 加大力度支持革命老区、民族地区、边疆地区、贫困地区加快发展

老少边穷地区是我国特殊类型困难地区。党的十八大以来，以习近平同志为核心的党中央采取一系列举措，推动贫困地区脱贫攻坚，支持革命老区开发建设，促进民族地区健康发展，推进边疆地区开发开放，老少边穷地区面貌发生前所未有的变化。党的十九大报告进一步将老少边穷地区放在区域协调发展战略的优先位置，体现了党中央加快老少边穷地区发展的决心。要加大力度支持老少边穷地区改善基础设施条件，提高基本公共服务能力，培育发展优势产业和特色经济，加强生态环境建设，真正为老少边穷地区加快发展创造条件。需要指出的是，我国陆地边境线长 2.2 万公里，与 14 个国家接壤。随着“一带一路”建设加快推进，边疆地区在区域发展格局中的重要性日益凸显。要加快边疆发展，提升沿边开发开放水平，加强边境地区基层治理能力建设，巩固和发展民族团结进步事业，确保边疆巩固、边境安全。

2. 进一步强化举措推进西部大开发大发展，形成新格局

实施西部大开发战略以来，西部地区开发建设取得重大进展。党的十八大以来，推进“一带一路”建设和长江经济带发展，增强了西部地区与沿海地区经济联系，拓展了西部地区对外开放空

间。今后一个时期推进西部大开发，要充分发挥“一带一路”建设的引领带动作用，加大西部开放力度，加快建设内外通道和区域性枢纽，完善基础设施网络，提高对外开放和外向型经济发展水平。加快培育发展符合西部地区比较优势的特色产业和新兴产业，增强产业竞争力。加强生态环境建设，筑牢国家生态安全屏障。

3. 深化改革加快实施振兴东北等老工业基地战略

实施东北等老工业基地振兴战略以来，东北地区经济发展迈上新台阶。近年来，受深层次体制性因素影响，东北地区发展面临新的困难和挑战。加快东北等老工业基地振兴，必须从深化改革上找出路，加快转变政府职能，减少政府对市场主体的不合理干预。深化国有企业改革，真正确立国有企业的市场主体地位，增强市场竞争力。积极改善营商环境，促进民营经济发展。进一步扩大开放，以开放推动改革不断深化，加快形成有活力的体制机制，促进东北振兴取得新突破。

4. 推动中部地区发挥优势，实现新崛起

中部地区具有连接东西、贯通南北的区位条件和产业体系较为完整的优势。推动中部地区崛起，要进一步发挥优势，加强综合立体交通枢纽和物流设施建设，发展多式联运，构建现代综合交通体系和物流体系。加快建设现代产业体系，依托功能平台承接产业转移，发展现代农业、先进制造业和战略性新兴产业，培育一批有国际竞争力的产业集群。加快发展内陆开放型经济，全面融入“一带一路”建设，积极开展国际产能和装备制造合作。

5. 创新引领率先实现东部地区高质量发展

东部地区是我国经济发展的先行区，对全国经济发挥着重要的增长引擎和辐射带动作用。东部地区率先实现优化发展，必须加快在创新引领上实现突破，充分利用和拓展创新要素集聚的特殊优势，打造具有国际影响力的创新高地。率先实现产业升级，引领新兴产业和现代服务业发展，打造全球先进制造业基地。率先建立全方位开放型经济体系，更高层次参与国际经济合作和竞争，增创扩大开放新优势，加快实现高质量发展。

6. 以疏解北京非首都功能为“牛鼻子”推动京津冀协同发展

推动京津冀协同发展，核心是疏解北京非首都功能，根本是要健全区域协调发展新机制，走出一条中国特色解决“大城市病”的路子。要加快北京城市副中心建设，优化空间格局和功能定位。推进交通、生态、产业三个重点领域率先突破，构建一体化现代交通网络，扩大环境容量和生态空间，优化产业布局，建设京津冀协同创新共同体。规划建设雄安新区，是以习近平同志为核心的党中央深入推进实施京津冀协同发展战略、积极稳妥有序疏解北京非首都功能的一项重大决策部署，要坚持“世界眼光、国际标准、中国特色、高点定位”的理念，高起点规划、高标准建设，努力将雄安新区打造成为贯彻新发展理念的创新发展示范区。

7. 以共抓大保护、不搞大开发为导向推动长江经济带发展

长江经济带横贯东西、辐射南北、通江达海，是我国人口、经济、产业最为密集的经济轴带。近年来，随着开发强度增大，长江经济带生态环境形势日趋严峻，必须把修复长江生态环境摆在压倒性位置，共抓大保护，不搞大开发，实施好长江防护林体系建设等生态保护修复工程，建设沿江绿色生态廊道。在此基础上，以畅通黄金水道为依托，建设高质量综合立体交通走廊，推进产业转型升级和新型城镇化建设，优化沿江产业和城镇布局，实现长江上中下游互动合作和协同发展。

8. 坚持陆海统筹，加快建设海洋强国

我国是海洋大国，海洋在国家发展全局和对外开放中具有十分重要的地位，必须坚持陆海统筹，加快建设海洋强国。要加快发展海洋经济，优化海洋产业结构，促进海洋产业成为支柱产业，为建设海洋强国奠定坚实基础。深入实施以海洋生态系统为基础的综合管理，加大对海岸带、沿海滩涂保护和开发管理力度。统筹运用各种手段维护和拓展国家海洋权益，维护好我管辖海域的海上航行自由和海洋通道安全。①

① 王一鸣：《实施区域协调发展战略》，《经济日报》2017 年 11 月 16 日。

（三）推进形成新型城乡一体化融合发展新格局

党的十九大报告首次提出了“城乡融合发展”，近年来，我国城乡关系发展思路从“城乡二元”到“城乡统筹”、再到“城乡一体化”、最终到“城乡融合”，体现了我国城乡关系发展思路的与时俱进，体现出党中央对于城乡发展失衡问题的重视程度不断提高，对于构建新型城乡关系的思路不断升华。城乡融合发展是实现城乡发展一体化的重要途径，也是新形势下城乡发展一体化的阶段性目标。推进形成新型城乡一体化融合发展新格局的战略举措有：

1. 以城市群为主体构建大中小城市和小城镇协调发展的城镇格局

城市群是我国经济发展的重要增长极，也是最具创新活力的板块。要按照优化提升东部地区城市群、培育发展中西部地区城市群的要求，继续推进长三角、珠三角、京津冀、成渝、长江中游、中原、哈长、北部湾等城市群建设，形成一批参与国际合作和竞争、促进国土空间均衡开发和区域协调发展的城市群。强化大城市对中小城市的辐射和带动作用，逐步形成横向错位发展、纵向分工协作的发展格局。完善城市群协调机制，加快城际快速交通体系建设，推动城市间产业分工、基础设施、生态保护、环境治理等协调联动，促进形成大中小城市和小城镇协调发展的城镇格局。

2. 加快农业转移人口市民化

农业转移人口市民化是推进新型城镇化的关键。党的十八大以来，中央提出到2020年实现约1亿农业转移人口落户城镇的目标，出台了推进户籍制度改革、实施居住证制度等举措。2016年底，全国户籍人口城镇化率、常住人口城镇化率分别达到41.2%和57.4%，比2012年末分别提高5.9和4.8个百分点。今后一个时期加快农业转移人口市民化，要深化户籍制度改革，降低落户门槛，拓宽落户通道，确保到2020年我国户籍人口城镇化率提高到45%左右。加快居住证制度全覆盖，鼓励各地扩大对居住证持有人的公共服务范围并提高服务标准。建立健全财政转移支付同农业转移人口市民化挂钩、城镇建设用地增加规模与吸纳农业转移人口落户数量挂钩、中央预算内投资安排向吸纳农业转移人口落户数量较多的城镇倾斜“三挂钩”激励机制，以及农业转移人口市民化成本分担机制。

（四）建立更加有效的区域协调发展新机制

党的十九大报告强调，要建立更加有效的区域协调发展新机制。促进区域协调发展，增强区域发展的协同性、联动性、整体性，关键在深化改革和体制机制创新，要用政府之力扭转市场之手，推动我国生产力在空间布局上发生有利于区域平衡发展的历史性根本改变。为此，国家相关区域政策必须进行调整和重新设计。

1. 充分发挥市场机制作用

清理废除妨碍统一市场和公平竞争的各种规定和做法，清除各种显性和隐性的市场壁垒，促进生产要素跨区域有序自由流动，提高资源配置效率和公平性，加快建立全国统一开放、竞争有序的市场体系。

2. 创新区域合作机制

按照优势互补、互利共赢的原则，支持开展多层次、多形式、多领域的区域合作，支持产业跨区域转移和共建产业园区等合作平台，鼓励创新区域合作的组织保障、规划衔接、利益协调、激励约束、资金分担、信息共享、政策协调和争议解决等机制。

3. 完善区域互助机制

完善发达地区对欠发达地区的对口支援制度，创新帮扶方式，加强教育、科技、人才等帮扶力度，增强欠发达地区自身发展能力，促进对口支援从单方受益为主向双方受益深化。

4. 建立健全区际补偿机制

建立健全流域上中下游生态保护补偿机制，依托重点生态功能区开展生态补偿示范区建设，健全资源开采地区与资源利用地区之间的利益补偿机制，加大对农产品主产区和重点生态功能区的转移支付力度，促进区际利益协调平衡。

二、推动京津冀协同发展与雄安新区建设

党的十九大报告明确指出："以疏解北京非首都功能为'牛鼻子'推动京津冀协同发展，高起点规划、高标准建设雄安新区。"这是党中央在中国特色社会主义进入新时代作出的重大决策部署，也是在新的历史起点上深入推进京津冀协同发展的动员令。

（一）京津冀协同发展是新时代的重大国家战略

新时代，京津冀也面临诸多困难和问题，尤其是北京"大城市病"突出，水资源匮乏，人口规模已近天花板，京津两极过于"肥胖"，周边中小城市过于"瘦弱"，区域发展差距悬殊，发展不平衡问题严重。推动京津冀协同发展，有利于破解首都发展长期积累的深层次矛盾和问题，优化提升首都功能，探索人口经济密集地区优化开发模式；有利于破除隐形壁垒、打破行政分割，实现优势互补、一体化发展，为全国区域协调发展体制机制创新提供经验；有利于优化生产力布局和空间结构，打造具有较强竞争力的世界级城市群；有利于引领经济发展新常态，增强对环渤海地区和北方腹地的辐射带动能力，为全国转型发展和全方位对外开放作出更大贡献。进而言之，深入实施京津冀协同发展战略，对于统筹推进"五位一体"总体布局、协调推进"四个全面"战略布局，实现"新两步走"的战略目标，实现中华民族伟大复兴的中国梦，具有重大现实意义和深远历史意义。

实现京津冀协同发展、创新驱动，是面向未来打造新的首都经济圈、推进区域发展体制机制创新的需要，是探索完善城市群布局和形态、为优化开发区域发展提供示范和样板的需要，是探索生态文明建设有效路径、促进人口经济资源环境相协调的需要，是实现京津冀优势互补、促进环渤海经济区发展、带动北方腹地发展的需要。做好这项工作意义重大。京津冀协同发展不仅仅是解决北京面临的矛盾和问题的需要，也不仅仅是解决天津、河北发展面临的矛盾和问题的需要，而且是优化国家发展区域布局、优化社会生产力空间结构、打造新的经济增长极、形成新的经济发展方式的需要，是一个重大国家战略。

（二）推动京津冀协同发展的目标和任务

京津冀要着力建设以首都为核心的世界级城市群、区域整体协同发展改革引领区、全国创新驱动经济增长新引擎、生态修复环境改善示范区。到 2035 年，北京初步建成国际一流的和谐宜居之都，“大城市病”治理取得显著成效，首都功能更加优化，城市综合竞争力进入世界前列；京津冀世界级城市群的架构和区域一体化格局基本形成，区域经济结构更加合理，生态环境质量总体良好，公共服务水平趋于均衡，成为具有较强国际竞争力和影响力的重要区域，在引领和支撑全国经济社会发展中发挥更大作用。

1. 坚定不移疏解北京非首都功能

这是推动京津冀协同发展的“牛鼻子”。重点是继续疏解一般性产业特别是高消耗产业，区域性物流基地、区域性专业市场等部分第三产业，推动部分教育、医疗、培训机构等社会公共服务功能，部分行政性、事业性服务机构等有序迁出。高水平规划建设北京城市副中心，打造国际一流的和谐宜居之都示范区、新型城镇化示范区和京津冀区域协同发展示范区，到 2035 年承接北京中心城区 40 万—50 万常住人口疏解。北京要把疏解功能与改善环境、控制人口、提升功能有机结合起来，深入开展疏解整治促提升，统筹腾退空间利用，推动老城重组，优化提升首都功能。

2. 着力优化京津冀城市群空间格局

按照《规划纲要》确定的“一核、双城、三轴、四区、多节点”骨架，打造以首都为核心的世界级城市群。重点是充分发挥北京“一核”作用，强化京津“双城”联动和同城化发展，共同发挥高端引领和辐射带动作用；沿京津、京雄（保）石、京唐秦等主要交通廊道建设产业发展带和城镇聚集轴，形成区域发展主体框架；提高区域性中心城市和节点城市综合承载能力，有序推动产业和人口聚集，形成定位清晰、分工合理、功能完善、生态宜居的现代城镇体系，走出一条绿色低碳智能的新型城镇化道路。

3. 统筹推动重点工作持续突破

共建“轨道上的京津冀”，完善便捷畅通公路交通网，打造“一小时通勤圈”，构建现代化机场群、港口群，提升交通运输组织和服务现代化水平。建立一体化环境准入和退出机制，强化大气、水等环境污染联防联控联治，推动能源生产和消费革命，推进燕山—太行山生态安全屏障、京津保湿地生态过渡带、环首都国家公园等建设，扩大区域环境容量和生态空间。按照建设现代化经济体系的要求，深入推进供给侧结构性改革，理顺三省市产业发展链条，建设曹妃甸协同发展示范区、新机场临空经济区、张承生态功能区、滨海新区等战略合作和功能承接平台，打造立足区域、服务全国、辐射全球的优势产业集聚区。深化京津冀全面创新改革试验，推进北京建设具有全球影响力的全国科技创新中心，做好北京原始创新、天津研发转化、河北推广应用的衔接，集中力量支持河北雄安新区建设创新驱动发展引领区，形成协同创新共同体。推动金融、土地、技术和信息等要素市场一体化改革，完善行政管理协同、基础设施互联互通、生态环境保护联动、产业协同发展、科技创新协同等机制，打造区域体制机制高地。建立交界地区协同管理长效机制，统一规划、统一政策、统一管控。完善共建共享、协调集约的能源、水资源等基础设施体系，营造京畿特色、多元活力的文化体系，建设设施均好、覆盖城乡的公共服务体系。落实京津两市对口帮扶河北省张承保环京津相关地区任务。

总之，京津冀协同发展要坚持优势互补、互利共赢、扎实推进，加快走出一条科学持续的协同发展路子来；尤其要有序疏解北京非首都功能，调整经济结构和空间结构，走出一条内涵集约发展的新路子，探索出一种人口经济密集地区优化开发的模式，促进区域协调发展，形成新增长极。纵观世界主要国家，其首都功能区通常都属于中央政府直辖，而不是属于地方政府管辖。中国经过长期发展，首都功能区的职能需要也愈发明确。有序疏解北京非首都功能、解决北京“大城市病”是京津冀协同发展战略的基本出发点。战略的核心是调整经济结构和空间结构，实现京津冀协同有序发展。创新、协调、绿色、开放和共享发展理念，在京津冀的协同发展中体现十分明显，必将有助于实现首都功能区的良好建设。

（三）高起点规划、高标准建设雄安新区

设立河北雄安新区，是以习近平同志为核心的党中央深入推进京津冀协同发展作出的一项重大决策部署。设立、规划和建设河北雄安新区，对于集中疏解北京非首都功能，探索人口经济密集地区优化开发新模式，调整优化京津冀城市布局和空间结构，培育创新驱动发展新引擎，具有重大现实意义和深远历史意义。

雄安新区是继深圳经济特区、上海浦东新区之后又一具有全国意义的新区，是千年大计、国家大事。规划建设要坚持世界眼光、国际标准、中国特色、高点定位，坚持生态优先、绿色发展，坚持以人民为中心、注重保障和改善民生，坚持保护弘扬中华优秀传统文化、延续历史文脉，使之成为深入贯彻习近平新时代中国特色社会主义思想的重大实践。按照中央部署，雄安新区要抓好建设绿色智慧新城、打造优美生态环境、发展高端高新产业、提供优质公共服务、构建快捷高效交通网、推进体制机制改革、扩大全方位对外开放七大重点任务，建设绿色生态宜居新城区、创新驱动发展引领

区、协调发展示范区、开放发展先行区，努力打造贯彻落实新发展理念的创新发展示范区。党中央明确雄安新区规划建设目标，到2020年，雄安新区对外骨干交通路网基本建成，起步区基础设施建设和产业布局框架基本形成，白洋淀环境综合治理和生态修复取得明显进展，新区雏形初步显现；到2030年，一座绿色低碳、信息智能、宜居宜业，具有较强竞争力和影响力，人与自然和谐共处的现代化新城将绽放光芒。①

三、推动长江经济带保护发展

长江经济带横跨我国东中西三大区域，具有独特优势和巨大发展潜力。改革开放以来，长江经济带已发展成为我国综合实力最强、战略支撑作用最大的区域之一。

（一）长江经济带保护发展的重大意义

推动长江经济带保护发展，是党中央、国务院主动适应把握引领经济发展新常态，科学谋划中国经济新棋局，作出的既利当前又惠长远的重大决策部署，对于实现“两个一百年”奋斗目标和中华民族伟大复兴的中国梦，具有重大现实意义和深远历史意义。

① 蔡奇：《推动京津冀协同发展》，《人民日报》2017年11月20日。

推动长江经济带保护发展，有利于走出一条生态优先、绿色发展之路，让中华民族母亲河永葆生机活力；有利于挖掘中上游广阔腹地蕴含的巨大内需潜力，促进经济增长空间从沿海向沿江内陆拓展，形成上中下游优势互补、协作互动格局，缩小东中西部发展差距，实现区域平衡和协调发展；有利于打破行政分割和市场壁垒，推动经济要素有序自由流动、资源高效配置、市场统一融合，促进区域经济协同发展；有利于优化沿江产业结构和城镇化布局，建设陆海双向对外开放新走廊，培育国际经济合作竞争新优势，促进经济提质增效升级，对于实现“两个一百年”奋斗目标和中华民族伟大复兴的中国梦，具有重大现实意义和深远历史意义。

（二）长江经济带保护发展的目标、任务和战略举措

推动长江经济带保护发展是一项重大的国家战略，按照“五位一体”总体布局和“四个全面”战略布局，牢固树立和贯彻落实创新、协调、绿色、开放、共享的发展理念，坚持生态优先、绿色发展，坚持一盘棋思想，理顺体制机制，加强统筹协调，处理好政府与市场、地区与地区、产业转移与生态保护的关系，加快推进供给侧结构性改革，更好发挥长江黄金水道综合效益，着力建设沿江绿色生态廊道，着力构建高质量综合立体交通走廊，着力优化沿江城镇和产业布局，着力推动长江上中下游协调发展，不断提高人民群众生活水平，共抓大保护，不搞大开发，努力形成生态更优美、交通更顺畅、经济更协调、市场更统一、机制更科学的黄金经济带，

为全国统筹发展提供新的支撑。①

1. 大力保护长江生态环境

要把保护和修复长江生态环境摆在首要位置，共抓大保护，不搞大开发，全面落实主体功能区规划，明确生态功能分区，划定生态保护红线、水资源开发利用红线和水功能区限制纳污红线，强化水质跨界断面考核，推动协同治理，严格保护一江清水，努力建成上中下游相协调、人与自然相和谐的绿色生态廊道。重点要做好四方面工作：(1) 保护和改善水环境。重点是严格治理工业污染、严格处置城镇污水垃圾、严格控制农业面源污染、严格防控船舶污染。(2) 保护和修复水生态。重点是妥善处理江河湖泊关系、强化水生生物多样性保护、加强沿江森林保护和生态修复。(3) 有效保护和合理利用水资源。重点是加强水源地特别是饮用水源地保护、优化水资源配置、建设节水型社会、建立健全防洪减灾体系。(4) 有序利用长江岸线资源。重点是合理划分岸线功能、有序利用岸线资源。

2. 加快形成区域协调发展新机制

长江生态环境保护是一项系统工程，涉及面广，必须打破行政区划界限和壁垒，有效利用市场机制，更好发挥政府作用，加强环境污染联防联控，推动建立地区间、上下游生态补偿机制，

① 《长江经济带发展规划纲要》，国务院 2016 年版。

加快形成生态环境联防联治、流域管理统筹协调的区域协调发展新机制。

3. 加快构建综合立体交通走廊

加快交通基础设施互联互通，是推动长江经济带发展的先手棋。要着力推进长江水脉畅通，全面推进干线航道系统化治理，把长江全流域打造成黄金水道；统筹铁路、公路、航空、管道建设，率先建成网络化、标准化、智能化的综合立体交通走廊，进一步提高质量和效益，增强对长江经济带发展的战略支撑力。

4. 创新驱动产业转型升级

创新驱动是推动长江经济带产业转型升级的重要引擎。要牢牢把握全球新一轮科技革命和产业变革机遇，大力实施创新驱动发展战略，着力加强供给侧结构性改革，在改革创新和发展新动能上做“加法”、在淘汰落后过剩产能上做“减法”，加快推进产业转型升级，形成集聚度高、国际竞争力强的现代产业走廊。

5. 积极推进新型城镇化

推进新型城镇化是长江经济带发展的重要任务之一，长江上中下游城镇化水平和质量差别很大，推进新型城镇化不能搞“一刀切”，而是要大中小结合、东中西联动。要进一步优化城镇化空间格局，强化城市交通建设，抓住城市群这个重点，促进各类城市协调发展。加强新型城市建设，提升城市特色品质，增强城市综合承载能力，创新城市规划管理。

6. 努力构建全方位开放新格局

要立足上中下游地区对外开放的不同基础和优势，因地制宜提升开放型经济发展水平。发挥上海及长江三角洲地区的引领作用，将上海自贸试验区打造成服务贸易创新政策先行区，鼓励上海及长三角地区重点发展高端产业、高增值环节和总部经济，加快培育以技术、品牌、质量和服务为核心的竞争新优势，率先打造开放型经济升级版。推动长三角与中上游地区共同构建航运、加工贸易和金融合作链条，率先构建引领跨境电子商务和国际贸易发展的规则体系。

加快内陆开放型经济高地建设。推动区域互动合作和产业集聚发展，打造重庆西部开发开放重要支撑和成都、武汉、长沙、南昌、合肥等内陆开放型经济高地。完善中上游口岸支点布局，支持在国际铁路货物运输沿线主要站点和重要内河港口合理设立直接办理货物进出境手续的查验场所，支持内陆航空口岸增开国际客货运航线、航班。

7. 创新区域协调发展体制机制

长江经济带区域发展不平衡问题突出，地区间市场一体化水平和基本公共服务水平差距明显。要补齐短板，推进一体化市场体系建设，统一市场准入制度。创新体制机制，加强医疗卫生联动协作，完善区域社会保障体系，促进基础设施共建共享，提升区域内基本公共服务整体水平。

四、坚持陆海统筹，加快建设海洋强国

海洋是我国经济社会发展重要的战略空间，是孕育新产业、引领新增长的重要领域，也是满足人民日益增长的美好生活需要的重要战略空间，在国家经济社会发展全局中的地位和作用日益突出。党中央、国务院高度重视海洋经济发展，党的十八大和十九大作出了建设海洋强国的重大战略部署，十九大报告中强调指出“坚持陆海统筹，加快建设海洋强国”。

（一）建设海洋强国的重大意义

海洋强国是指在开发海洋、利用海洋、保护海洋、管控海洋方面拥有强大综合实力的国家。当前，中国经济已发展成为高度依赖海洋的外向型经济，对海洋资源、空间的依赖程度大幅提高，在管辖海域外的海洋权益也需要不断加以维护和拓展。这些都需要通过建设海洋强国加以保障。建设海洋强国的战略目标是党中央在我国全面建成小康社会决定性阶段作出的重大决策，从我国的现实国情出发，中国特色海洋强国的内涵包括认知海洋、利用海洋、生态海洋、管控海洋、和谐海洋五个方面。

壮大海洋经济、拓展蓝色发展空间，建设海洋强国，符合我国

发展规律、世界发展潮流，是不断解决新时代我国社会主要矛盾、实现“两个一百年”奋斗目标、实现中华民族伟大复兴中国梦的必然选择。在中国特色社会主义新时代，坚持陆海统筹、加快建设海洋强国，是中国特色社会主义事业的重要组成部分，要把发展海洋事业融入决胜全面建成小康社会、全面建设社会主义现代化强国伟大事业，开启海洋强国建设新征程。

1. 建设海洋强国，关系民族生存发展状态，关系国家兴衰安危，关系人民美好生活需要

坚持陆海统筹，扎实推进海洋强国建设，不仅在于协调陆地发展与海洋发展的关系，关键还在于把海洋事务纳入国家发展全局加以安排和部署。海洋在国家经济发展格局和对外开放中的作用更加重要，在维护国家主权、安全、发展利益中的地位更加突出，在国家生态文明建设中的角色更加显著，在国际政治、经济、军事、科技竞争中的战略地位也明显上升。海洋事业关系民族生存发展状态，关系国家兴衰安危。作为一个陆海兼备的世界大国，坚定走向海洋、建设海洋强国对于推动我国经济社会持续健康发展，维护国家主权、安全和发展利益，实现全面建成小康社会目标进而实现中华民族伟大复兴具有重大而深远的意义。

纵观人类发展史，走向海洋是民族振兴、国家富强的必由之路，也是满足人民日益增长的美好生活需要的必由之路。海洋产业、航洋运输、海洋资源、海洋旅游等都为满足人民日益增长的美好生活需要提供了广阔的发展空间和物质基础。与一些国家为了殖

民掠夺而走向海洋根本不同，我国坚定走向海洋，坚持走的是以海富国、以海强国、人海和谐、以海为民、以海富民、合作共赢的发展道路。我们要着眼于中国特色社会主义事业发展全局，统筹国内国际两个大局，坚持陆海统筹，通过和平、发展、合作、共赢方式，扎实推进海洋强国建设。

2. 建设海洋强国，全面经略海洋，助推实现中华民族伟大复兴

海洋蕴藏着人类可持续发展的宝贵财富，是世界各国推动经济社会发展、参与国际竞争的战略要地。习近平总书记指出，“建设海洋强国是中国特色社会主义事业的重要组成部分”，推进海洋强国建设，要“坚持走依海富国、以海强国、人海和谐、合作共赢的发展道路”，要求“提高海洋资源开发能力，着力推动海洋经济向质量效益型转变”，“保护海洋生态环境，着力推动海洋开发方式向循环利用型转变”，“发展海洋科学技术，着力推动海洋科技向创新引领型转变”，“维护国家海洋权益，着力推动海洋维权向统筹兼顾型转变”。在“一带一路”重大机遇下，我们要打破传统的海洋发展理念，以“四个转变”为导向，处理好各类矛盾关系，不断实现创新突破。这“四个转变”深刻阐明我国发展海洋事业的主要任务和实施路径，构筑起全面经略海洋的“四梁八柱”。在新时代推进海洋强国建设，必须紧紧围绕这“四个转变”，不断提升开发海洋、保护海洋、利用海洋、维护海洋权益的综合实力，进一步关心海洋、认识海洋、经略海洋，推动我国海洋强国建设不断取得新成就。

3. 建设海洋强国，可以坚决维护海洋权益和海洋安全，构建合作共赢伙伴关系

维护海洋权益和海洋安全，是建设海洋强国的题中应有之义。当前，我国主权利益、安全利益、发展利益在海洋方向上日趋重合。建设海洋强国，就要不断提高维护海洋权益和海洋安全的综合能力，确保我国海洋权益和海洋安全不受侵犯。习近平同志指出，要秉持和平、主权、普惠、共治原则，把深海、极地、外空、互联网等领域打造成各方合作的新疆域，而不是相互博弈的竞技场。这为国际社会更好解决海洋问题、共同开发海洋提供了中国方案。新时代建设海洋强国，一方面要继续抓住和用好我国发展的重要战略机遇期，从我国长远发展和整体利益的战略高度思考、设计、实施海洋权益维护工作，有效维护国家主权、安全、发展利益；另一方面要深度参与全球海洋治理，与其他国家共同构建合作共赢的伙伴关系，积极推动世界各国共享海洋。各国维护海洋权益和海洋安全均应打破零和博弈的思维模式，树立合作共赢的现代理念。

（二）我国发展海洋经济的主要任务和战略举措

1. 推动海洋经济向质量效益型转变

海洋经济发达是海洋强国的物质基础。当前我国海洋经济发展不平衡、不协调、不可持续问题依然存在。提高海洋经济增长质

量，一方面，要确立多层次、大空间、海陆资源综合开发的现代海洋经济思想，贯彻习近平总书记“海洋经济是陆海一体化经济”的理念，不能就海洋论海洋，要从单一的海洋产业思想转变为开放的多元的大海洋产业；另一方面，对接国内外市场，进一步深化海洋领域供给侧结构性改革，不断培育海洋经济发展新动能，发展海洋新业态、新产品、新技术、新服务，为“21 世纪海上丝绸之路”建设注入强大动力，为世界发展带来新的机遇。

2. 推动海洋开发方式向循环利用型转变

要贯彻落实习近平总书记提出的“把海洋生态文明建设纳入海洋开发总布局之中”的要求，共抓大保护，不搞大开发，坚持开发和保护并重，像保护眼睛一样保护海洋生态环境，像对待生命一样对待海洋生态环境，全面遏制海洋生态环境恶化趋势，加强海洋资源集约节约利用，建立海洋生态补偿和生态损害赔偿制度，让人民群众吃上绿色、安全、放心的海产品，享受到碧海蓝天、洁净沙滩的目标。坚持以节约优先、保护优先、自然恢复为主方针，加强海洋环境保护与生态修复力度，推进海洋资源集约节约利用与产业低碳发展，提高海洋防灾减灾能力，建设海洋生态文明。

3. 推动海洋科技向创新引领型转变

海洋强国竞争实质上是高科技的竞争，海洋开发的深度决定于科技研究水平的高度。海洋科技发达是海洋强国的重要标志。与发达国家相比，当前我国海洋科技发展差距仍然较大，无法满足我国海洋领域发展和安全的需要。要搞好海洋科技创新总体规划，坚持有所为有所不为，重点在深水、绿色、安全的海洋高技术领域取得突破，以增强海洋科技创新能力为核心，以实现海洋科技资源共享为重点，以统筹安排项目、基地、人才为原则，强化海洋科技发展总体布局，研发并掌握海洋领域关键核心技术，完善海洋科技创新体系，不断促进海洋科技成果转化。强化海洋重大关键技术创新，促进科技成果转化，提升海洋科技创新支撑能力和国际竞争力，深化海洋经济创新发展试点，推动海洋人才体制机制创新。

4. 推动海洋维权向统筹兼顾型转变

当前我国的海洋维权和海洋安全形势依然复杂，斗争依然激烈。因此，要统筹国内国际两个大局，处理好维稳和维权的关系。在当前形势下，要做好应对各种复杂局面的准备，建设强大的现代化海军，在维护自身海洋安全和利益的同时，成为维护世界和平与发展的重要力量，在钓鱼岛、南海、航行自由、历史性权利等诸多敏感、重大问题上，坚持和平方针，多措并举、务实推进共同开发，实现海洋维权稳中求进。

5. 优化海洋经济发展布局

按照全国海洋主体功能区规划，根据不同地区和海域的自然资源禀赋、生态环境容量、产业基础和发展潜力，以区域发展总体战略和“一带一路”建设、京津冀协同发展、长江经济带发展重大战略为引领，进一步优化我国北部、东部和南部三个海洋经济圈布局，加大海岛及邻近海域保护力度，合理开发重要海岛，推进深远海区域布局，加快拓展蓝色经济空间，形成海洋经济全球布局的新格局。

6. 推进海洋产业优化升级

推进海洋传统产业转型升级，促进海洋新兴产业加快发展，提高海洋服务业规模和水平，促进海洋产业集群发展，提升海洋产业标准化水平，增强海洋产业国际竞争力。

7. 加快海洋经济合作发展

围绕“21 世纪海上丝绸之路”建设，打造国际国内海上支点，加强海洋产业投资合作和海洋领域国际合作，建立健全海洋经济对外投资服务保障体系，拓展海洋经济合作发展新空间。

8. 深化海洋经济体制改革

发挥市场配置资源的决定性作用和更好发挥政府作用，推动海洋经济重点领域与关键环节改革，健全现代海洋经济市场体系，理顺海洋产业发展体制机制，形成有利于海洋经济发展的体制机制。

五、打赢脱贫攻坚战，实现全面小康一个都不能少

当前，不平衡不充分发展的问题突出反映在老、少、边等贫困

地区、农村地区的老百姓的生产生活困难，全面建成小康社会，最艰巨最繁重的任务在农村，特别是在贫困地区。没有农村的小康，特别是没有贫困地区的小康，就没有全面建成小康社会，因此，新时代要不断解决社会主要矛盾，实现“两个一百年”奋斗目标，首先要解决贫困地区老百姓的脱贫问题，让这些地区的老百姓早日摆脱贫困，过上幸福生活，必须提高对做好扶贫开发工作重要性的认识，增强做好扶贫开发工作的责任感和使命感，坚决打赢精准扶贫脱贫攻坚战。

（一）充分认识打赢脱贫攻坚战的重要性和艰巨性

消除贫困、改善民生、实现共同富裕，是社会主义的本质要求。全面建成小康社会，最艰巨最繁重的任务在农村，特别是在贫困地区。全面建成小康社会、实现第一个百年奋斗目标，农村人口全部脱贫是一个标志性指标。打赢脱贫攻坚战，是不断解决新时代我国社会主要矛盾、保障全体人民共享改革发展成果、实现共同富裕的重大举措，是体现中国特色社会主义制度优越性的重要标志。党的十九大对坚决打赢脱贫攻坚战提出明确要求，必须以习近平新时代中国特色社会主义思想为指导，充分发挥政治优势和制度优势，动员全党全国全社会力量，坚持精准扶贫、精准脱贫，确保如期完成脱贫攻坚任务。

党的十八大以来，以习近平同志为核心的党中央把脱贫攻坚作为实现第一个百年奋斗目标的重点工作，摆到治国理政的重要位置，以前所未有的力度推进。十八大以来，贫困地区群众收入增长较快，生产生活条件明显改善，贫困地区面貌明显改善。6000多万农村贫困人口稳定脱贫，年均减少1391万人，贫困发生率由10.2%下降到4%以下。党的十八大以来的脱贫成效，创造了我国扶贫史上的最好成绩。我国提前10年实现联合国2030年可持续发展议程确定的减贫目标，继续在全球减贫事业中保持领先地位。

应当清醒地看到，我国脱贫攻坚面临的任务仍然十分艰巨。按照党中央的战略部署，到2020年我国现行标准下农村贫困人口实现脱贫，贫困县全部摘帽，解决区域性整体贫困。“入之愈深，其进愈难”。从总量上看，2016年底，全国农村贫困人口还有4300多万人。从结构上看，现有的贫困大都是自然条件差、经济基础弱、贫困程度深的地区和群众，是越来越难啃的“硬骨头”。从群体分布上看，主要是残疾人、孤寡老人、长期患病者等“无业可扶、无力脱贫”的贫困人口以及部分教育文化水平低、缺乏技能的贫困群众，解决这些人的贫困问题，成本更高，难度更大。从扶贫工作成效上看，当前脱贫攻坚工作中一些地方还存在着贫困识别不够准、帮扶不够准、工作不够实、监管不够严等问题，摆架子、做样子等各种形式主义都不同程度存在。对脱贫攻坚取得的成绩不能高估，对存在的困难不能低估。

（二）扎实推进脱贫攻坚的目标、任务和举措

扶贫开发贵在精准、重在精准，成败之举在于精准。当前，

脱贫攻坚进入系统发力、重点突破、集中攻坚的关键阶段。要认真总结党的十八大以来脱贫攻坚的实践，始终坚持“两不愁三保障”脱贫标准，既不吊高胃口，也不降低标准，坚持以问题为导向，狠下绣花功夫，拿出过硬办法，扎实推进精准扶贫、精准脱贫各项工作，确保到2020年我国现行标准下农村贫困人口实现脱贫，贫困县全部摘帽，解决区域性整体贫困，做到脱真贫、真脱贫。

1. 进一步推进精准扶贫、精准脱贫各项政策措施落地生根

要找准“穷根”、明确靶向、量身定做、对症下药，真正扶到点上、扶到根上。要因地制宜探索多渠道、多样化的精准扶贫、精准脱贫路径。就发展特色产业脱贫而言，要支持贫困群众立足各地资源条件，发展适宜特色产业，宜农则农、宜林则林、宜商则商、宜游则游。就引导劳务输出脱贫而言，要加强技能培训，提高培训的针对性和有效性，提高贫困群众就业能力。拓展贫困地区劳动力外出就业空间，建立和完善输出地与输入地劳务对接机制。就实施易地搬迁脱贫而言，要因地制宜选择搬迁安置方式，合理确定住房建设标准，完善搬迁后续扶持政策，确保搬迁对象有业可就、稳定脱贫，做到搬得出、稳得住、能致富。就结合生态保护脱贫而言，要创新生态资金使用方式，利用生态补偿和生态保护工程资金使当地有劳动能力的部分贫困人口转为护林员等生态保护人员。完善森林、草原、湿地、水土保持等生态补偿制度，提高补偿标准，让贫困群众从生态保护修复中多得实惠。就开展医疗保险和医疗救助脱

贫而言，要实施好健康扶贫工程，保障贫困人口享有基本医疗卫生服务，切实减轻建档立卡贫困人口个人医疗费用负担，努力防止因病致贫、因病返贫。就实行农村最低生活保障制度兜底脱贫而言，要完善政策设计，做好农村低保对象的核实排查，尽快实现农村低保制度和扶贫开发政策的有效衔接。就资产收益扶贫而言，要强化监督管理，建立健全收益分配机制，确保资产收益及时回馈持股贫困户。对脱贫户不能撒手不管，要“扶上马、送一程”，避免出现“一帮扶就脱贫、不帮扶就返贫”的现象。

2. 注重扶贫同扶志、扶智相结合

志和智就是内力、内因。没有内在动力，仅靠外部帮扶，帮扶再多也不能从根本上解决问题。“只要有信心，黄土变成金。”脱贫致富终究要靠贫困群众用自己的辛勤劳动来实现。在脱贫攻坚中，要注重调动贫困群众的积极性、主动性、创造性，注重激发贫困地区和贫困群众脱贫致富的内在动力，注重培育贫困群众发展生产和务工经商的基本技能，注重提高贫困地区和贫困群众自我发展能力，重视从思想上拔穷根，引导他们形成艰苦奋斗、自强自立、苦干实干的精神状态，消除精神贫困。要改进工作方式方法，不大包大揽，不包办代替。教育是阻断贫困代际传递的治本之策。要采取更加有力的措施，加快实施教育扶贫工程，让贫困家庭子女都能享有公平而有质量的教育。国家教育经费要继续向贫困地区倾斜、向基础教育倾斜、向职业教育倾斜。继续改善贫困地区办学条件，加大支持乡村教师队伍建设力度。对农村贫困家庭幼儿特别是留守儿童给予特殊关爱。

3. 坚持专项扶贫、行业扶贫、社会扶贫互为补充的“三位一体”大扶贫格局

脱贫攻坚是全社会的共同义务，要构建政府、市场、社会协同推进的大扶贫格局，唱好脱贫攻坚的大合唱。进一步做好东西部扶贫协作和对口支援工作。东部地区根据财力增长情况，逐步增加对口帮扶财政投入。要把帮扶资金和项目重点向贫困村、贫困群众倾斜。完善省际结对关系，实施好“携手奔小康”行动，着力推动县与县精准对接。推进东部产业向西部梯度转移，加大产业带动扶贫工作力度。进一步加强和改进定点扶贫工作，建立考核评价机制，确保各单位落实扶贫责任。扶贫济困是中华民族的传统美德。要健全社会力量参与机制，鼓励支持民营企业、社会组织、个人参与扶贫开发，着力打造扶贫公益品牌，表彰对扶贫开发作出杰出贡献的组织和个人，激励社会各界更加关注、支持和参与脱贫攻坚。

4. 进一步强化脱贫攻坚责任制

坚持中央统筹、省负总责、市县抓落实的工作机制，强化党政一把手负总责的责任制。脱贫攻坚县(市）要真正承担起主体责任，贫困县县级党政正职攻坚期内保持稳定。选好配强并充分发挥第一书记作用，强化驻村帮扶工作，帮扶工作队要真正“下得去、待得住、真扶贫”。加强村两委建设，充分发挥党支部的战斗堡垒作用。

实施最严格的评估考核，发挥考核评估的指挥棒作用，提高考核评估的针对性和指导性，倒逼各地落实脱贫攻坚工作责任。进一步加强脱贫攻坚督查巡查，推动政策举措落地。充分发挥人大代表、政协委员、民主党派、纪检监察、审计、检察、媒体、社会等各类监督渠道的作用，以监督促扶贫工作进步。进一步强化扶贫资金项目监管，推进财政涉农资金在扶贫领域统筹整合使用，提高资金整合效率和使用效益。严肃查处扶贫工作中的形式主义、官僚主义和腐败问题。

5. 拿出超常举措重点完成深度贫困地区脱贫攻坚任务

我国贫困问题具有区域性特征，深度贫困地区是经过几轮扶贫剩下的硬骨头，是贫中之贫、难中之难。攻克深度贫困堡垒，是脱贫攻坚这场硬仗中的硬仗。要贯彻落实好习近平总书记在深度贫困地区脱贫攻坚座谈会上的重要讲话精神，找准导致深度贫困的主要原因，制定特殊政策，拿出超常举措，以解决突出制约问题为重点，以重大扶贫工程和到村到户帮扶措施为抓手，以补短板为突破口，坚决攻下“坚中之坚”。

推进深度贫困地区脱贫攻坚，必须整合各方资源，加大政策倾斜力度。要加大投入支持力度，新增脱贫攻坚资金主要用于深度贫困地区，新增脱贫攻坚项目主要布局于深度贫困地区，新增脱贫攻坚举措主要集中于深度贫困地区。各类惠民项目要向深度贫困地区倾斜，深度贫困地区新增涉农资金要集中整合用于脱贫攻坚项目。要加大各级财政对深度贫困地区的转移支付规模，增加金融投入对深度贫困地区的支持，增加建设用地对深度贫困地区支持力度，新增建设用地指标优先保障深度贫困地区发展用地需要，通过各种举措，形成支持深度贫困地区脱贫攻坚的强大政策合力。①

① 韩俊:《坚决打赢脱贫攻坚战》,《经济日报》2017 年 11 月 23 日。

第十四章　完善公共服务体系和社会保障制度，不断满足人民群众社会保障需求

新时代，人民群众期待更好的社会服务、更高水平的社会保障，期待幼有所育、学有所教、劳有所得、病有所医、老有所养、住有所居、弱有所扶，这些是人民群众对美好生活的基本要求和实实在在的需求。相对人民群众的期待和需求，我国社会供给目前还有差距和巨大缺口。人民群众的期待，就是我们的奋斗目标。习近平同志在第十三届全国人民代表大会第一次会议上的讲话中指出，我们要以更大的力度、更实的措施保障和改善民生，加强和创新社会治理，坚决打赢脱贫攻坚战，促进社会公平正义，在幼有所育、学有所教、劳有所得、病有所医、老有所养、住有所居、弱有所扶上不断取得新进展，让实现全体人民共同富裕在广大人民现实生活中更加充分地展示出来。

一、完善公共服务体系，促进社会公平正义

党的十九大报告要求，履行好政府再分配调节职能，加快推进

基本公共服务均等化，缩小收入分配差距。实现社会公平正义，既需要在初次分配中着力创造均等的机会，不断提高一线劳动者的劳动报酬，完善市场评价要素贡献并按贡献分配的机制，也需要在再分配领域更好发挥政府的调节作用，完善以税收、社会保障、转移支付和基本公共服务均等化等手段为主的再分配机制。历史和国际经验表明，初次分配并不能完全解决收入差距的问题，政府再分配职能不可或缺。在一些收入分配差距较小的发达国家，初次分配后的基尼系数并不小，通常是通过再分配手段，才把基尼系数降低到比较合理的水平。另外，要鼓励和支持慈善事业发展，发挥其回馈社会、扶贫济困的三次分配功能。①

让改革发展成果更多更公平惠及全体人民，需要加大再分配力度，提高再分配效率，增强再分配与初次分配之间的协调性。要继续深化收入分配制度改革，调节收入分配，要求政府通过法律手段和改革措施着眼于保护合法收入，规范隐性收入，遏制以权力、行政垄断等非市场因素获取收入，取缔非法收入。这是社会公平正义之源。要通过基本公共服务均等化、社会政策托底、保护弱势群体等方式保障基本民生，使发展成果惠及所有社会群体。要下大力气完善公共服务体系。优先发展教育事业，办好人民满意的教育，应该特别注重推进教育公平，推动城乡义务教育一体化发展，努力让每个孩子都能享有公平而有质量的教育。加强社会保障体系建设，要按照兜底线、织密网、建机制的要求，全面建成覆盖全民、城乡

① 郑功成：《全面理解党的十九大报告与中国特色社会保障体系建设》，《国家行政学院学报》2017 年第 6 期。

统筹、权责清晰、保障适度、可持续的多层次社会保障体系。实施健康中国战略，为人民群众提供全方位全周期健康服务，深化医药卫生体制改革，积极应对人口老龄化。

需要强调的是，我国仍处于并将长期处于社会主义初级阶段，改善民生、加大再分配力度都不能脱离实际，提出过高要求，决不能开空头支票。习近平总书记以一些国家为例，多次提醒我们要吸取过度福利化和过度承诺导致效率低下、增长停滞、通货膨胀，收入分配最终反而恶化的教训。因此，在通过再分配手段改善民生方面，我们必须坚持既尽力而为又量力而行，一件事情接着一件事情办，一年接着一年干。

二、加快构建具有中国特色的社会保障体系

社会保障是民生安全网、社会稳定器，与人民幸福安康息息相关，关系国家长治久安。习近平同志在党的十九大报告中明确提出，按照兜底线、织密网、建机制的要求，全面建成覆盖全民、城乡统筹、权责清晰、保障适度、可持续的多层次社会保障体系。坚持以人民为中心的发展取向，推进社会保障体系建设，不仅关乎城乡居民的基本民生保障，更是满足城乡居民对美好生活的需要和维系全体人民走向共同富裕的重大制度安排。我们必须充分认识这一决策部署的重大意义，准确把握其丰富内涵和基本要求，加快推进多层次社会保障体系建设。

（一）全面建成多层次社会保障体系的重大意义

随着经济社会的不断发展，社会保障制度建设在党和国家事业发展总体布局中的角色不断转变，逐步从国有企业改革的配套措施、社会主义市场经济的重要支柱，发展成为国家的一项重要社会经济制度。党的十八大以来，以习近平同志为核心的党中央坚持以人民为中心的发展思想，坚持全覆盖、保基本、多层次、可持续的基本方针，从增强公平性、适应流动性、保证可持续性出发，全面推进社会保障体系建设，覆盖城乡居民的社会保障体系基本建立，保障项目日益完备，制度运行安全有序，保障水平稳步提高，人民群众更多地分享到经济社会发展成果。

党的十九大报告提出全面建成多层次社会保障体系，这是党中央在科学研判世情国情基础上，牢牢把握我国发展的阶段性特征和人民群众对美好生活的向往，对新时期社会保障体系建设作出的重大部署，对于不断提高保障和改善民生水平，促进国家治理体系和治理能力现代化，推动经济社会发展朝着更高质量、更有效率、更加公平、更可持续方向前进，有着重大现实意义和深远历史意义。

全面建成多层次社会保障体系，就是要坚持全覆盖、保基本、多层次、可持续的基本方针，按照兜底线、织密网、建机制的基本要求，实现覆盖全民、城乡统筹、权责清晰、保障适度、可持续的奋斗目标，更好体现社会公平正义，努力满足人民群众差异化需求。这是社会保障体系自身发展完善的必然要求，与全面建成小康社会目标相契合。

全面建成多层次社会保障体系，就是要在保障项目上，坚持以社会保险为主体，社会救助保底层，积极完善社会福利、慈善事业、优抚安置等制度；在组织方式上，坚持以政府为主体，积极发挥市场作用，促进社会保险与补充保险、商业保险相衔接。要积极构建基本养老保险、职业（企业）年金与个人储蓄性养老保险、商业保险相衔接的养老保险体系，协同推进基本医疗保险、大病保险、补充医疗保险、商业健康保险发展，在保基本基础上满足人民群众多样化多层次的保障需求。

全面建成多层次社会保障体系，“兜底线、织密网、建机制”是基本要求。兜底线，就是要发挥社会政策的托底功能，切实保障群众基本生活需求，兜住民生保障底线，坚守社会稳定底线；织密网，就是要实现制度最广泛的覆盖，让人人都能享受基本社会保障；建机制，就是要持续深化改革，建立健全体制机制，不断提高社会保障法治化、制度化水平。“覆盖全民、城乡统筹、权责清晰、保障适度、可持续”是奋斗目标。覆盖全民，就是要不断扩大社会保障覆盖面，基本实现法定人员全覆盖；城乡统筹，就是要统筹推进城乡居民社会保障体系建设，合理缩小社会保障领域的城乡差异；权责清晰，就是要明确各级政府和用人单位、个人、社会的社会保障权利、义务和责任；保障适度，就是要根据经济发展确定保障待遇水平，合理引导群众的保障预期；可持续，就是要确保各项社会保险基金收支平衡，制度长期稳定运行。

（二）全面建成多层次社会保障体系的紧迫性

与党的十九大报告明确的社会主要矛盾已经转化相一致，当前我国城乡居民对美好生活的向往相对集中地表现在对发展社会保障的诉求上，而社会保障领域的不平衡不充分发展是一个客观事实。因为20世纪80年代启动的社会保障改革是一场全面而深刻的制度变革，它改变了原有的社会保障格局以及与之相关的利益分配关系，不可避免地要受到国内经济、社会、政治、文化等因素与全球化进程的影响。为了避免激烈变革导致社会危机，同时为经济增长服务，我国的社会保障改革采取了与经济改革相似的渐进方式，在不同阶段经历了从被动变革到主动变革、从自下而上到自上而下、从试点先行与逐渐推进到中央政府顶层设计与全面推进、从作为治理工具服务并服从于经济改革到独成体系地维系和促进经济社会发展的转变过程。进入21世纪后，整个社会保障制度实现了从国家——单位保障制向国家——社会保障制的转型。即从计划经济时代的国家负责、单位包办、全面保障、板块结构、封闭运行式的社会保障制度转换成了政府主导、企业与个人责任分担、覆盖全民、社会化、多层次化的新型社会保障体系，这一制度也从城市人的专利转变成惠及全民的制度安排。如基本养老保险在2012年就实现了制度全覆盖，所有老年人都能够按月领取数额不等的养老金；医保制度的参保率稳定在97%左右，覆盖人口达13亿多人；以低保制度为核心的综合型社会救助制度实现了应保尽保，等等。不仅如此，社会保障改革还为经济改革与发展创造了相对稳定的社会环境，并通过相关制度安排扫除了阻碍劳动力自由流动的障碍，继而通过新的融资方式直接推动着中国经济增长。因此，中国社会保障改革的成就是巨大的，它不仅使我国人民的福利水平与民生质量得到了大幅度提升，也对世界社会保障发展作出了重要贡献。如果不算中国，全世界社保覆盖面只有50%，算上中国则达到了61%。2016年，国际社会保障协会将“社会保障杰出成就奖”授予中华人民共和国政府，即是国际社会对中国社会保障发展成就的高度认可。

目前，我国社会保障改革已经取得了巨大成就，我国社会保障体系框架虽然已经基本成型，但这一制度体系的不平衡不充分发展格局仍未改变，制度分割、权责不清、多层次缺失以及供给短板等问题依然直接制约着整个社会保障制度的健康发展，地区利益、群体利益格局甚至呈现出了一定程度的固化现象，结构失衡、发展不足仍然是主要矛盾。这一制度初步解决了普惠性问题，但还未解决好公平性问题；它在实践中突出了政府责任，但政府责任边界以及中央与地方政府的责任分担还不明确，社会保障责任、财政体制、税收体制并未实现有效匹配，其他主体的责任分担更是非常有限；社会保障水平虽然在不断提高，但缺乏统筹考虑与正常增长的机制，养老金、医保、低保、救灾、各项福利服务等基本上处于各行其是状态，亦缺乏与物价、工资等以及不同社保项目之间的挂钩，这使社会保障待遇的提高缺乏可预期性。不仅如此，现行社会保障制度还存在着内在缺陷或不足，并且缺乏与时俱进的自我调节功能。所有这些，均反映了现行制度缺乏自我修正功能，不良后果日益显性化，并给国家治理带来了巨大难题。

综上所述，我国社会保障体系还处于形塑之中，与人民群众对社会保障的需要还有很大差距，需要在国家层级重视统筹考虑与顶层设计，并自上而下地推动改革走向深化。

（三）全面建成多层次社会保障体系的基本要求和任务

1. 全面建成多层次社会保障体系的基本要求

党的十九大揭开了国家发展进入新时代的新篇章，也全面拉开了社会保障体系建设走向成熟、定型发展阶段的大幕。全面建成中国特色社会保障体系，要求以十九大报告为行动纲领，按照十九大制定的战略步骤稳步推进。

（1）坚持以共享为基石，坚持政府主导，实行多元主体共建共治

一方面，共享发展作为党的十八届五中全会确立的新理念，已经在国家“十三五”规划中得到了体现。党的十九大再度强化了这一理念并突出强调人人尽责、人人享有，走共同富裕的发展道路。这是我国社会主义性质所决定的，而社会保障是最应当对此做出直接回应的制度安排。因为现代社会保障是以集体力量来化解个体风险，坚持互助共济和集体主义是其与生俱来的本色。因此，在深化社会保障改革中，必须坚持以共享为基石，切实维护互助共济之根本。当前，特别需要警惕个人主义、利己主义对社会保障制度进行

解构，防止社会保障政策被商业力量或利益集团所绑架。

另一方面，社会保障属于公共产品，必须坚持政府主导。在中国特色社会保障体系走向成熟、定型的时候，特别需要尽快从以往的地方创新为主提升到国家层面统筹考虑，由此必须强化中央政府的决策责任，确保中央政府对基本保障制度有牢靠的掌控权，地方政府可以博弈责任分担方式与比重，但不应享有自行创制或按“承包制”思维来独立运行制度的权力。在地区发展不平衡的条件下，可以允许一定时期内存在差距，但任何时候都不能动摇统一制度的目标和扭曲通向目标的路径，在深化改革中不仅不能屈从地区差距、放任地区分割，而且应当尽可能地通过社会保障制度的统一来促使公共资源得到更为公正的配置，让社会保障真正成为缩小地区差距、实现地区之间公正与协同发展的重要手段。中央政府应当担负起做好顶层设计、推动社保立法、合理配置资源、维护制度统一的重大责任。同时，明确划分中央与地方政府的社会保障责任并实现财力的合理匹配。同时还应当充分调动企业、社会团体与个人及家庭的积极性，不仅要让其承担缴费等相应的责任与义务，而且要让代表不同群体利益的工会、雇主组织、残联等参与制度设计、监督制度运行。只有这样，才能确保各方主体有效地参与共建共治，这是维护制度理性发展的重要条件。①

（2）做好社会保障体系建设的顶层设计

基于现行社会保障体系还未成熟，各项社会保障制度缺乏统筹

① 郑功成：《全面理解党的十九大报告与中国特色社会保障体系建设》，《国家行政学院学报》2017 年第 6 期。

并且普遍存在着内在缺陷或不足，必须全面优化才能理性地走向定型。而传统的体制性障碍、渐进改革的历史局限性、利益失衡格局的形成以及牵一发而动全身的复杂社会生态，决定了深化社保改革必须牢固树立统筹、协同观，全面建成中国特色社会保障体系应当首先做好科学的顶层设计。

在宏观层面，应有超部门机构专责统筹，将社会保障体系建设总体设计纳入中央全面深化改革和国家治理体系现代化的总体设计中，实现对社会保障体系及其功能的科学定位。具体包括：基于国家发展目标与进程对社会保障体系进行科学规划，明确这一制度的建制初衷、发展目标与功能定位，同时厘清制度发展的路径。宏观层面的设计还需要解决好社会救助、社会保险、社会福利三大基本制度体系的统筹安排与分工协调问题，解决好法定基本保障层次与市场化、社会化及家庭保障等其他层次之间的统筹安排与合理定位。

在中观层面，应当解决不同社会保障类别或主要项目的结构、功能定位与资源配置方式，以及与相关制度安排的关系，避免主次不分或顾此失彼。例如，医疗保障体系的结构优化及其与医疗、医药之间的协同推进，老年保障体系中经济保障与服务保障之间的协同推进与结构优化，社会救助与扶贫开发之间的协同推进与结构优化，基本养老保险与企（职）业年金及商业养老金之间的协同推进与结构优化，均需要有统筹规划的优化方案。

在微观层面，应当细化具体保障项目的顶层设计，重点是优化制度结构，合理分配责任，保证制度公正、有效且可持续。以医疗保险的顶层设计为例，在切实推进“三医”联动的条件下，不仅需要整合现行制度，还需要同步优化筹资机制与合理分担责任，并对分级诊疗、支付方式、信息系统与智能监管等做出具体而明确的制度安排，同时清晰划定社会医疗保险与商业健康保险的边界，最终向覆盖全民的健康保险制度迈进。

（3）构建具有中国特色的完整社会保障体系

一方面，尽快实现法定基本保障制度定型，同时根据需要增加或调整相关制度安排，并真正做到全覆盖。这是构建完整社会保障体系必须首先筑牢的基石。一是将遗漏在社会保险制度外的未参保人群全部纳入进来，这是必须啃下的“硬骨头”。如在医保制度实践中落实全民参保计划，确保所有人都能够在工作或生活的常住地参保并享受医保待遇；在基本养老保险制度实践中尽快摸清适龄人口的就业状况和职业特性，确保全部参加基本养老保险，当务之急是要将一亿多产业工人（主体是农民工）纳入职工基本养老保险，同时对因各种原因导致的漏保或脱保现象采取切实有效的补救性措施，确保适龄人口人人参保，年老后人人享有能够保障自己基本生活的养老金。二是确保面向特定群体的保障制度能够真正覆盖到该群体全体成员身上。其中，工伤、失业保险等应当覆盖所有职业劳动者，社会救助应将贫困线下以及有急难救助需求的城乡居民悉数纳入并施以援助，面向老年人、儿童、残疾人的社会福利及相关服务体系能够覆盖到有需要的所有老年人、儿童、残疾人身上，保障性住房能够满足那些既买不起房也租不起房的人的需要，等等。同时，还有必要适时顺应人民福利诉求和社会公正要求，增加或调整法定保障项目，如根据人口老龄化需要建立长期护理保险制度，根据人口政策调整增加生育津贴或儿童津贴，等等。完整的社会保障体系必须且只能建立在完整的法定基本保障制度之上。

另一方面，大力发展通过市场机制与社会机制建立的各种补充保障，全面建成多层次的社会保障体系。构建多层次的社会保障体系是各国社会保障改革的共同取向，实质上是要通过多层次的构架来进一步合理划分不同主体的责任，更加合理地配置社会保障资源。以养老保险为例，基本养老保险由用人单位或雇主、劳动者与政府三方分担责任，职业或企业年金通常由雇主与劳动者双方分担缴费责任，而商业性的人寿保险或养老金则纯粹是参保者个人自负缴费责任，三个层次三种责任承担方式。在老龄社会背景下，单一层次的养老金难以持续发展，发展第二、三层次的养老保险就具有必要性和重要性。以医疗保险为例，要全面解决疾病医疗的后顾之忧，要想获得更为便捷、高效的医疗服务，仅有基本医疗保险制度是不够的，还需要发展商业健康保险加以补充。只有这样，才能更好地让政府、企业、社会及个人与家庭合理分担社会保障责任，才能源源不断地壮大社会保障物质基础，这是实现国民福利持续增长的前提条件。因此，加快发展商业保险与慈善事业，用相关政策来维系家庭保障与民间互助传统，同时促进机构福利正常发展，鼓励城乡居民提升防范风险与自我保障的能力，应当成为全面建成中国特色社会保障体系的重要方向。

在构建完整的社会保障体系时，还特别需要尽快补上短板，包括：大力发展立足社区、支撑居家养老的养老服务；加大儿童福利投入力度，将解决托幼难的问题摆在社会保障体系建设的优先位置，将儿童优先战略落到实处；加快残疾人福利事业发展步伐，等等。

综上所述，我国需要筑牢法定保障层次的基石，坚持正式制度与非正式制度有机结合，普惠性制度与特惠性制度双层构架，政府与市场、社会、家庭与个人等多支力量相融合，真正构建起有序组合并且具有一定弹性的多层次化社会保障体系。

(4) 优化关键性制度安排，重塑富有效率的社保运行机制

主要包括：一是尽快实现基本养老保险全国统筹，促使养老保险制度真正走向全国统一；二是在整合城乡居民医疗保险制度的基础上，积极推进居民医保与职工医保的整合，争取早日用一个制度覆盖全民，同时取消个人账户，均衡筹资责任负担，真正建成成熟的全民医保制度，并藉此切实解除人民的疾病医疗后顾之忧，促进全民健康；三是尽快完善低保制度，包括实行一定的收入豁免来激励低保对象努力通过劳动获得收入增加、生活改善，建立规范的家计调查制度以确保符合条件的对象应保尽保，同时促进低保与扶贫有序衔接，真正兜住低收入困难群体的民生底线，还需要尽快启动《社会救助法》的立法程序，让包括低保制度在内的所有救助项目运行在法制轨道上；四是加快优化养老服务体系。关键是要立足社区，加大公共投入，同时将现代型的社会养老服务与传统型孝老、敬老的家庭保障有机结合，真正放开对民间甚至外资的投资管制，以便充分调动市场资源与社会资源，不断壮大支撑养老服务业发展的物质基础；五是落实儿童优先战略，采取公私并举、官民结

合、合理布局的方略，大力发展托幼事业，以此减轻居民家庭育儿负担，增进居民福利，实现人口均衡增长的目标。

同时，为维护整个社会保障制度的健康持续发展，重塑富有效率的社会保障运行机制势在必行。一是按照党的十九大报告的要求，尽快建立全国统一的社会保险公共服务平台，全面实施全民参保计划，也为提高社会保险统筹层次、有效促进制度整合进而提升制度公平性提供技术支撑。二是充分利用社会力量，运用互联网、大数据等信息技术，提升制度运行的预测、预警与监控能力。三是增强经办机制的灵活性。在社会保险待遇方面实行本地享有与异地享有并行、连续计算与分段计算并用。四是建立科学的评估机制。包括社会保障政策评估机制、制度运行风险评估机制、项目实施效果评估机制等，并接受社会监督。

2. 全面建成多层次社会保障体系的主要任务

要按照党的十九大的重要部署，紧紧围绕全面建成多层次社会保障体系的基本要求和奋斗目标，需要扎实推进以下各项具体工作。

（1）全面实施全民参保计划

社会保障覆盖率是衡量全面建成小康社会的基本指标之一。全面实施全民参保计划，是实现覆盖全民目标、促进人人享有基本社会保障最重要的举措。党的十八大以来，各项保险参保人数持续增长，基本养老保险参保人数超过 9 亿人，基本医疗保险覆盖人数超过 13 亿人，全民医保基本实现。当前，扩大参保覆盖范围的重点是中小微企业和广大农民工、灵活就业人员、新就业形态人员、未参保居民等群体。通过全面实施全民参保计划，对各类人员参加社会保险情况进行登记补充完善，建立全面完整准确的社会保险参保基础数据库，实现全国联网和动态更新。采取有效措施，促进中小微企业和重点群体积极参保、持续缴费，促进和引导各类单位和符合条件的人员长期持续参保。

（2）完善城镇职工基本养老保险和城乡居民基本养老保险制度，尽快实现养老保险全国统筹

养老保险制度对于保障退休人员和老年居民基本生活有着十分重要的意义。党的十八大以来，机关事业单位养老保险制度改革积极推进，统一的城乡居民基本养老保险制度全面实施，养老保险基金启动投资运营，企业退休人员基本养老金水平连续提高，有效保障了退休人员的基本生活。今后一个时期，为积极应对人口老龄化，必须全面推进养老保险制度改革。继续完善社会统筹与个人账户相结合的城镇职工基本养老保险制度。进一步规范职工和城乡居民基本养老保险缴费政策，健全参保缴费激励约束机制。推进养老保险基金投资运营，努力实现基金保值增值。积极稳妥推进划转部分国有资本充实社保基金，进一步夯实制度可持续运行的物质基础。逐步建立待遇正常调整机制，统筹有序提高退休人员基本养老金和城乡居民基础养老金标准。加快发展职业（企业）年金，鼓励发展个人储蓄性养老保险和商业养老保险。针对人口老龄化加速发展的趋势，适时研究出台渐进式延迟退休年龄等应对措施。实现养老保险全国统筹是提高基金使用效率，均衡地区间和企业、个人负

担，促进劳动力合理流动的重要举措。要进一步巩固省级统筹，从建立企业职工基本养老保险基金中央调剂制度起步，通过转移支付和中央调剂基金在全国范围内进行补助和调剂，在此基础上尽快实现全国统筹，逐步形成中央与省级政府责任明晰、分级负责的基金管理体制。

（3）完善统一的城乡居民基本医疗保险制度和大病保险制度

医疗保险制度对于保障群众就医需求、减轻群众医药费用负担、提高群众健康水平有着重要作用。党的十八大以来，积极整合城乡居民基本医保制度，全面建立城乡居民大病保险制度，基本实现异地就医住院费用直接结算，整体推进支付方式改革，医保在医改中的基础性作用进一步发挥。今后一个时期，为协同助推医改，促进全民健康，必须持续深化医保制度改革。全面统一城乡居民基本医保制度和管理体制，实现经办服务一体化。深化支付方式改革，建立完善适应不同人群、疾病、服务特点的多元复合支付方式。完善国家异地就医管理和费用结算平台，为群众提供高效便利服务。探索建立长期护理保险制度，不断完善政策体系，减轻长期失能人员的家庭经济负担。鼓励发展补充医疗保险、商业健康保险，努力满足人民群众多样化医疗保障需求。全面实施城乡居民大病保险制度，有利于拓展基本医保的功能，放大保障效应，夯实医保托底保障和精准扶贫的制度基础。要不断巩固完善大病保险制度，对贫困人员通过降低起付线、提高报销比例和封顶线等倾斜政策，实行精准支付。通过加强基本医保、大病保险和医疗救助的有效衔接，实施综合保障，切实提高医疗保障水平，缓解困难人群的重特大疾病风险。

（4）完善失业、工伤保险制度

失业保险、工伤保险制度对于维护失业人员和工伤人员的基本权益有着非常重要的作用。党的十八大以来，失业保险预防失业、促进就业的作用明显增强，预防、补偿、康复“三位一体”的工伤保险制度体系初步形成。今后一个时期，要建立健全失业保险费率调整与经济社会发展的联动机制，完善失业保险金标准调整机制，放宽申领条件，落实稳岗补贴、技能提升补贴政策。积极实施工伤保险基金省级统筹，全面推开工伤预防工作，促进待遇调整机制科学化、规范化。

（5）建立全国统一的社会保险公共服务平台

社会保险公共服务是党和政府联系群众的纽带，直接关系各项社会保险政策实施效果。党的十八大以来，社会保险公共服务规范化、信息化、专业化建设不断加强，从中央到乡镇的五级管理体系和服务网络基本形成。随着社会保障制度逐步完善，人民群众对优质高效的公共服务有着更高期盼。要建立各项社会保险全国统一的公共服务平台，以全国一体的社会保险经办服务体系和信息系统为依托，以社会保障卡为载体，以实体窗口、互联网平台、电话咨询、自助查询等多种方式为服务手段，为参保单位和参保人员提供全网式、全流程的方便快捷服务，提高社会保险公共服务水平。继续巩固完善全国统一的五级社会保险经办管理服务体系，积极实施“互联网 + 人社”行动，实现跨地区、跨部门、跨层级社会保险公共服务事项的统一经办、业务协同、数据共享。构建全国一体化的社会保险公共服务信息平台，推行综合柜员制，实行“一站式”服务，充分应用互联网、大数据、移动应用等技术手段，逐步实现线上线下服务渠道的有机衔接。加快推进社保卡应用，完善社保卡持卡人员基础信息库功能，实现社会保障一卡通。实施统一的社会保险公共服务清单和业务流程，基本实现社会保险基本公共服务标准化。

(6) 统筹城乡社会救助体系，完善最低生活保障制度，完善社会救助、社会福利、慈善事业、优抚安置等制度

这些都是解除困难群体生存危机、维护社会底线公平的重要制度安排。党的十八大以来，社会救助法制化水平显著提升，低保规范管理机制不断完善，各项救助水平稳步提高，社会福利、慈善事业和优抚安置持续推进。今后一个时期，要强化基本民生保障，兜住民生底线，不断提升保障水平。完善最低生活保障制度，推进城乡低保统筹发展，确保动态管理下的应保尽保。建立健全残疾人基本福利制度，完善扶残助残服务体系，全面提升儿童福利服务水平。激发慈善主体发展活力，规范慈善主体行为，完善监管体系。完善优待、抚恤、安置等基本制度。①

三、实施托底的社会保障政策

社会保障政策是指政府在某种社会价值理念指导下，为了达成

① 尹蔚民:《全面建成多层次社会保障体系》,《人民日报》2018 年 1 月 9 日。

一定的社会目标期望，而制定的关于社会保险、社会救济、社会福利、社会优抚安置等方面的一系列方略、法令、办法、条例的总和，它们旨在对个人与群体生命周期内的生活风险进行干预，并提供社会安全支持。促进公平正义、增进人民福祉，是我国改革发展的出发点和落脚点。要真正做到并不容易。从底线思维出发，最关键的一条就是必须使社会保障政策起到托底作用。

由于经济社会发展水平以及制度、文化的差异，不同国家的社会保障政策体系在构成上是不同的。我国社会保障政策体系主要包括社会保险政策、社会救助政策、社会福利政策、社会优抚政策。社会保障政策是加速我国经济发展和社会进步的基本保证，社会保障政策是社会主义市场经济体制的重要内容。

（一）坚持社会政策要托底的原则

“社会政策要托底”实际上蕴含着对社会建设、社会福利一个重要规律的认识，那就是一个好的社会政策必须做到普惠、持久、有效。

所谓“普惠”，就是让发展成果惠及每一个人，有利于走共同富裕道路，守住生活的底线。由于每个人禀赋不同、能力有异，业绩有优劣、机遇有差异，因而获得的报酬和生活水平是有差别的，但社会应该提供基本生活保障。这既是基于满足基本生活需求的原则，也是基于保障生存权发展权的原则。

所谓“持久”，就是社会福利的供给水平要与实际发展水平相适应，要尽力而为、量力而行。一个长期执政的政党应当有长治久安的打算。我们不能像国外一些不负责任的政党那样，为了取悦于民、取票于民，不切实际地在社会福利上作高承诺。一定要认识到经济发展周期性波动和福利持续刚性增长之间的矛盾。经济增长有快有慢，而福利待遇水平一旦上去了就很难降下来。应吸取一些国家社会福利过度膨胀、难以兑现的教训，避免走上债台高筑、财政危机、失信于民、政府垮台的道路。

所谓“有效”，就是社会保障和社会福利的提供要有利于形成鼓励“通过勤劳致富改善生活”的机制。社会主义不是平均主义，不是“大锅饭”，更不能罚勤赏懒，在这方面我们有过深刻教训。一个社会要充满活力，就要建立公平竞争的社会纵向流动机制，让每个人都有凭借勤奋工作、诚实经营和聪明才智改变自身命运的机会。正像习近平同志所说的，要鼓励个人努力工作、勤劳致富，创造和维护权利公平、机会公平和规则公平的社会环境，让每个人通过努力都有成功机会。

（二）社会政策要托底的内涵

社会政策的核心是提供民生保障。社会政策托底，就是要建立起完善的保障体系，使贫困人员病有所医，老有所养，鳏寡孤独有基本的生活保障。具体来说，社会政策托底应该包含以下四个方面的内容：托保障和改善民生的底，托全面建成小康社会的底，托社会和谐稳定的底，托转变经济发展的底。

第一，托基本保障和改善民生的底。在义务教育、医疗、养老等方面提供基本保障，满足人们基本生存和发展需求。要托住特殊困难人群的底，对他们进行特殊救助和扶持，“守住他们生活的底线”；要托住急需救助人群的底，帮助他们渡过生活中不期而遇的各种难关。“多做一些雪中送炭、急人之困的工作，少做些锦上添花、花上垒花的虚功。”

经济发展的目标是为了改善民生水平，民生水平的提高必须要让社会政策与经济政策相结合。政府应该有针对性地对各个群体的困难与问题进行研究，建立社会保障制度体系，有效地托起民生保障的底。十九大报告指出要在五大方面加强社会保障体系建设：全面实施全民参保计划；尽快实现养老保险全国统筹；完善统一的城乡居民基本医疗保险制度和大病保险制度；统筹城乡社会救助体系，完善最低生活保障；坚持房子是用来住的、不是用来炒的定位，加快多主体供给、多渠道保障、租购并举的住房制度，让全体人民住有所居。

第二，托全面建成小康社会的底。全面建成小康社会是我国在“十三五”期间的一项重大任务。中央提出了全面建成小康社会的五大发展理念，共享理念是其中之一。所谓共享，指的是全体社会成员都能够参与发展过程并且分享发展的成果。十九大报告科学准确地指出：“中国特色社会主义进入新时代，我国社会主要矛盾已经转化为人民日益增长的美好生活需要和不平衡不充分的发展之间的矛盾。”社会的不平衡不充分发展如何得以调和，共享就是其中一条路径，在共享中值得投入的其中一块是教育资源的共享。这样的共享理念的推动无法完全依托于市场，需要社会政策的支持。如今我国收入差距大、社会政策相对滞后。在这样的背景下，社会政策的托底作用对于能否全面实现小康社会的目标毫无疑问将具有举足轻重的影响。

第三，托社会和谐稳定的底。我国城乡居民恩格尔系数由1978年的57.5%(城)、67.7%(乡)下降到了2016年的29.3%(城)、32.2%(乡)，人民生活水平提高。与此同时，我国社会分化和不平等也逐步扩大，社会福利事业发展在城乡间、地域间、人群间、职业间等多个维度上存在不平衡，导致社会矛盾也不断增多和加深，对社会和谐造成了较为严重的负面影响。在这样的背景下，加强社会政策在社会和谐稳定的托底作用，是降低社会群体之间矛盾冲突的有效工具。十九大报告及时认清了社会群体间矛盾冲突加剧的现状，提出："扩大中等收入群体，增加低收入者收入，调节过高收入，取缔非法收入。""履行好政府再分配调节职能，加快推进基本公共服务均等化，缩小收入分配差距"，"确保到2020年我国现行标准下农村贫困人口实现脱贫，贫困县全部摘帽，解决区域性整体贫困，做到真脱贫，脱真贫。"

第四，托转变经济发展方式的底。中国进入新常态，新的经济形势必然伴随着新的社会问题。政府要跳出单纯的经济学视野，将社会政策与经济政策结合起来，从更宽广的角度去审查经济发展会产生的问题，实现社会政策在经济发展方式转变时的积极托底作用，做好经济、民生保障协调发展。

（三）新时代要实施更加积极的社会政策

“社会政策要托底”意味着我国社会政策的基本特征并不是国家替代或完全改变市场和社会的运行，而主要是针对市场和社会的不足而加以干预和弥补。如今，经济结构处于转变的时期，需要我们认真对待转变过程中可能产生的社会问题，实施更加积极的社会政策。

1. 充分重视改善民生的社会建设

中国特色社会主义的制度优越性，归根结底要体现为国家综合实力不断增强和人民生活较快改善。习近平同志社会建设思想的一个核心，就是强调不断改善民生。习近平同志强调，改善民生涉及诸多方面，就业是根本民生问题，要努力增加就业岗位；收入是热点民生问题，要努力实现劳动报酬增长和劳动生产率提高同步；教育是长远民生问题，要努力办好人民满意的教育；社会保障是普惠托底的民生问题，要建立更加公平可持续的社会保障制度；消除贫困是紧迫民生问题，要格外关注困难群众；等等。

社会建设的目标是，一方面通过保证所有人得到基本的社会和经济安全，满足人们生存的基本需要，可促进社会稳定发展，推动实现社会公正，营造经济长期稳定增长所必需的有利环境；另一方面它通过发展和释放人力潜能，降低社会工作风险，还可直接促进生产率的提高。

2. 确保人民安居乐业，需要夯实城乡社区建设这个基础

“基础不牢，地动山摇。”我国社会结构的一个重要变化，就是社会生活组织形式从“单位化”到“社区化”的转变。当前，为了实现社会生活既有活力又有秩序，必须大力加强基层社区建设。习近平同志指出，“社会治理的重心必须落到城乡社区，社区服务和管理能力强，社会治理的基础就实。”“要尽可能把资源、服务、管理放到基层。”就业是民生之本，要从全局高度重视就业问题。要深入实施就业优先战略，真正把促进就业作为经济社会发展的优先目标，选择有利于扩大就业的经济社会发展战略，创造更多就业机会。

3. 确保社会安定有序，需要更好地发挥社会力量的作用

改革开放以来，我国经济体制改革的核心问题，就是处理好政府与市场的关系。在创新社会治理方面，我们面临的核心问题是处理好政府与社会的关系。习近平同志指出，要处理好政府和社会的关系。发挥社会力量在管理社会事务中的作用，一些不适宜政府去管的事务，可以让群众依法实行自我管理、自我服务，同时也要加强对各类社会组织的规范和引导。

4. 创新社会治理的前提是依法治理

社会上出现的“信访不信法”现象是不正常的，加大了行政成本，使一些普遍存在的问题久拖难解。习近平同志指出：“要善于

运用法治思维和法治方式进行治理。”应加强法治权威和依法监管，提高党员干部法治思维和依法办事能力。特别是为人民群众安居乐业提供有力法律保障，完善对维护群众切身利益具有重大作用的制度，强化法律在化解矛盾中的权威地位，使群众由衷感到权益受到公平对待、利益得到有效维护。创新社会治理要有新思路。习近平同志强调，“治理和管理一字之差，体现的是系统治理、依法治理、源头治理、综合施策。”平安是老百姓解决温饱后的第一需求。创新社会治理应以确保人民安居乐业、社会安定有序为依归，“把人民群众对平安中国建设的要求作为努力方向”。一个社会如果连平安都做不到，还奢谈什么幸福呢！所以习近平同志说，“平安是老百姓解决温饱后的第一需求，是极重要的民生，也是最基本的发展环境。”

5. 以积极的托底性社会政策为基础

在现代社会条件下，社会政策是支持和保障陷入困境的人群使之得以过他们所应有的生活方式的政策。这样，现代社会政策不但具有补救性，还具有发展性。以此为基本视角和尺度，积极的托底性社会政策有补救性、及时性、有效性、人文性、发展性等特征。积极的社会政策托底，要注意以下四个方面。首先，要精确帮助对象。特别要对因经济增速放缓，经济结构调整而导致生存困难的群体提供援助。其次，要帮到实处。授人以鱼不如授人以“渔”。对于上述群体遇到的就业和生存的困难，不仅要通过救助帮助他们走出困境，还要强化帮助对象的主体意识，帮助他们实现自立自强。

再次，要以人为本。救助的核心是提供关怀，提供关怀不意味着施舍。关怀比施舍更加站在对方角度考虑。政府在提供保障的同时要注意增强人文关怀的感觉。只有当受助人感受到了关怀，才能使受助者的幸福感提高，社会经济生活才能更好。最后，要注意社会政策的发展性。我国经济转型面临失业问题的挑战，积极的社会政策除了能够提供更多的就业岗位之外，还要注意以对失业人员的能力进行培养为目标，让失业人员可以增强进入职场的能力和应对困境的能力，减少结构性失业人数。

参考文献

马克思、恩格斯：《共产党宣言》，人民出版社 1997 年版。

《毛泽东选集》第 4 卷，人民出版社 1991 年版。

《毛泽东年谱 1893—1949》（下卷），中央文献出版社 2005 年版。

《刘少奇年谱 1898—1969》，中央文献出版社 1996 年版。

《邓小平文选》第 2 卷，人民出版社 1994 年版。

习近平：《坚持以创新、协调、绿色、开放、共享的发展理念为引领促进中国特色新型城镇化持续健康发展》，《人民日报》2016 年 2 月 24 日。

习近平：《决胜全面建成小康社会　夺取新时代中国特色社会主义伟大胜利——在中国共产党第十九次全国代表大会上的报告》，人民出版社 2017 年版。

习近平：《开放共创繁荣创新引领未来——在博鳌亚洲论坛 2018 年年会开幕式上的主旨演讲》，人民出版社 2018 年版。

习近平：《始终坚持和充分发挥党的独特优势》，《求是》2012 年第 15 期。

习近平：《在纪念红军长征胜利八十周年大会上的讲话》，《人民日报》2016 年 10 月 22 日。

习近平：《在欧洲学院发表重要演讲》，《人民日报》2014 年 4 月 2 日。

习近平：《在庆祝中国共产党成立 95 周年大会上的讲话》，人民出版社 2016 年版。

习近平:《在省部级主要领导干部学习贯彻党的十八届五中全会精神专题研讨班上的讲话》，人民出版社 2016 年版。

《习近平在新进中央委员会的委员、候补委员学习贯彻党的十八大精神研讨班开班式上发表重要讲话》，《人民日报》2013 年 1 月 6 日。

中共中央文献研究室:《习近平关于社会主义经济建设文献摘编》，中央文献出版社 2017 年版。

《建国以来重要文献选编》第 10 册，中央文献出版社 1994 年版。

《建国以来重要文献选编》第 15 册，中央文献出版社 1997 年版。

《三中全会以来重要文献选编》（上），人民出版社 1982 年版。

《三中全会以来重要文献选编》（下），人民出版社 1982 年版。

《十三大以来重要文献选编》（上），人民出版社 1991 年版。

《十四大以来重要文献选编》（上），人民出版社 1996 年版。

《十五大以来重要文献选编》（上），人民出版社 2000 年版。

《十六大以来重要文献选编》（上），中央文献出版社 2004 年版。

《十七大以来重要文献选编》（上），中央文献出版社 2009 年版。

《十八届五中全会公报》，2015 年 11 月 16 日。

《中共中央国务院关于实施乡村振兴战略的意见》，《人民日报》2018 年 2 月 5 日。

中共中央、国务院:《关于全面深化农村改革加快推进农业现代化的若干意见》，人民出版社 2014 年版。

中共中央、国务院:《国家新型城镇化规划（2014—2020 年）》，人民出版社 2014 年版。

中共中央:《中共中央关于制定国民经济和社会发展第十三个五年规划的建议》，人民出版社 2015 年版。

中共中央办公厅、国务院办公厅:《关于加大脱贫攻坚力度支持革命老区开发建设的指导意见》，2016 年 2 月 2 日。

《国家信息化发展战略纲要》，国务院办公厅印发，2016 年 7 月 27 日。

《全国农业现代化规划（2016—2020 年）》，国务院 2016 年印发。

《长江经济带发展规划纲要》，国务院，2016 年版。

《中国共产党第十一届中央委员会第三次全体会议公报》，人民出版社 1978 年版。

包心鉴：《如何理解和把握“四个全面”的精髓》，《光明日报》2016 年 1 月 20 日。

薄一波：《若干重大决策与事件的回顾》，中共党史出版社 2008 年版。

蔡奇：《推动京津冀协同发展》，《人民日报》2017 年 11 月 20 日。

曹潇滢：《农业现代化研究综述》，《北方经济》2012 年第 19 期。

陈佳贵、黄群慧、钟宏武：《中国工业化进程报告》，中国社会科学出版社 2007 年版。

陈坚、李东方、刘志新：《历史性变革——我们中国这五年》，中国言实出版社 2017 年版。

陈璐：《河北发展蓝皮书：京津冀协同发展报告（2018）》，社会科学文献出版社 2018 年版。

陈全国：《把党和政府的关怀温暖送到各族群众心坎上——认真学习贯彻习近平总书记关于保障和改善民生的重要论述》，《求是》2015 年第 7 期。

陈锡文：《走中国特色农业现代化道路》，《求是》2007 年第 22 期。

陈昕：《新发展理念的五大特征》，《人民日报 · 海外版》2017 年 11 月 29 日。

程湛恒、陈燕：《工业化与城镇化良性互动的理论研究》，《成都行政学院学报》2013 年第 2 期。

崔桂忠：《深刻认识新时代以人民为中心的发展思想》，《大连日报》

2017 年 12 月 6 日。

董裕平:《综合施策降低企业成本》,《经济日报》2016 年 2 月 19 日。

方建中:《把握新常态下开放发展的新内涵新变化新趋势》,《群众》2016 年第 6 期。

费洪平、滕飞:《以六个“结合”推进新型工业化》,《人民日报》2017 年 11 月 26 日。

郭广银:《全面把握以人民为中心的发展思想》,《光明日报》2018 年 4 月 2 日。

国家行政学院经济学教研部:《中国经济新方位》,人民出版社 2017 年版。

韩保江:《构建以人民为中心的中国特色社会主义政治经济学》,《学习时报》2017 年 5 月 24 日。

韩保江:《新时代我国社会的主要矛盾及其现实意义》,《光明日报》2017 年 11 月 1 日。

韩俊:《坚决打赢脱贫攻坚战》,《经济日报》2017 年 11 月 23 日。

韩庆祥:《深刻把握我国社会主要矛盾转化的新特点》,《浙江日报》2017 年 10 月 21 日。

韩长赋:《大力实施乡村振兴战略》,《人民日报》2017 年 12 月 11 日。

何广顺:《海洋强国建设迎来历史机遇期》,《人民日报》2018 年 2 月 11 日。

何元锋:《新时代社会主要矛盾的区域性特征及其平衡重构》,《行政管理改革》2017 年第 12 期。

侯彦峰、杨文选:《中国新型工业化道路的科学内涵和基本特征》,《生产力研究》2013 年第 6 期。

胡鞍钢、吴群刚:《农业企业化:中国农村现代化的重要途径》,《农业经济问题》2001 年第 1 期。

胡鞍钢、鄢一龙、唐啸、刘生龙：《2050 中国：以人民为中心的社会主义全面现代化》，《国家行政学院学报》2017 年第 5 期。

胡滨：《坚决打好防范化解金融风险攻坚战》，《学习时报》2018 年 3 月 12 日。

华兴顺：《推进新型城镇化与农业现代化互动协调发展》，《理论建设》2013 年第 4 期。

黄坤明：《深刻理解“四个全面”的重要意义》，《求是》2015 年第 7 期。

黄群慧：《从高速度工业化向高质量工业化转变》，《人民日报》2017 年 11 月 26 日。

黄宪起：《科学认识和把握我国社会主要矛盾的转化》，《学习时报》2017 年 11 月 10 日。

景普秋、张复明：《工业化与城镇化互动发展的理论模型初探》，《经济学动态》2004 年第 8 期。

康爱荣、于法稳：《我国农业现代化的诠释》，《甘肃社会科学》2005 年第 1 期。

蓝海涛、陈良彪：《加强城镇化和农业现代化协调发展的顶层设计》，《农民日报》2014 年 8 月 2 日。

冷溶：《关于新时代和社会主要矛盾的解读》，《中国邮政报》2017 年 10 月 28 日。

李君如：《深入理解我国社会主要矛盾转化重大意义》，《人民日报》2017 年 11 月 16 日。

李克强：《以改革创新为动力加快推进农业现代化》，《求是》2015 年第 4 期。

李鹏：《坚持以人民为中心经济学研究导向》，《中国社会科学报》2016 年 6 月 22 日。

李毅中：《中国特色的新型工业化道路内涵及基本特征》，《企业家日报》2013 年 6 月 8 日。

李余、詹懿：《我国工业化与城镇化互动发展研究》，《求索》2013 年第 10 期。

李云才、刘卫平、陈许华：《中国农村现代化研究》，湖南人民出版社 2004 年版。

林密：《新时代社会主要矛盾转化背后的哲学思考》，《内蒙古日报(汉)》2017 年 11 月 13 日。

刘东超：《如何理解社会主要矛盾的转变》，《中国社会科学报》2017 年 10 月 26 日。

刘海龙：《促进我国工业化与城镇化互动发展》，《宏观经济管理》2016 年第 6 期。

刘少波：《社会主要矛盾转化的内在逻辑现实依据与发展方略》，《南方日报》2017 年 11 月 20 日。

刘玉：《农业现代化与城镇化协调发展研究》，《城市发展研究》2007 年第 6 期。

刘志彪：《建设现代化经济体系是解决新的社会主要矛盾必由之路》，《新华日报》2017 年 10 月 25 日。

娄飞鹏：《结构性去杠杆是防范化解金融风险的重要切入点》，《学习时报》2018 年 4 月 13 日。

鲁俊海、吕欢：《论中国现代化的特点与世界意义》，《时代经贸》2011 年第 32 期。

马雪娇：《积极稳妥去杠杆》，《人民日报》2016 年 8 月 24 日。

梅松武：《“新四化”在互动中提升——三论从全面小康看多点多极支撑战略》，《四川日报》2013 年 2 月 18 日。

莫志斌、覃卫国、徐健：《从“工业化”到“富强民主文明和谐”的现代化——对建国后中共现代化发展战略目标演变的考析》，《广西社会科学》2007 年第 4 期。

牛若峰：《中国农业现代化走什么道路》，《中国农村经济》2001 年第 1 期。

秦宣：《认识和把握我国社会发展的阶段性特征——深入学习贯彻习近平同志“7·26”重要讲话精神》，《人民日报》2017 年 8 月 30 日。

秦中春：《把握实施乡村振兴战略的重大意义和工作重点》，《中国经济时报》2017 年 11 月 15 日。

任洁：《中国特色社会主义道路自信的根基》，《前线》2017 年第 6 期。

任理轩：《关系我国发展全局的一场深刻变革》，《人民日报》2015 年 11 月 4 日。

任晓伟：《准确把握社会主要矛盾的转化意义》，《中国社会科学报》2017 年 11 月 2 日。

汝信、付崇兰：《中国城乡一体化发展报告（2013)》，社会科学文献出版社 2013 年版。

上海市中国特色社会主义理论体系研究中心：《善把大势善谋大局——如何深入认识和把握我国发展规律》，《经济日报》2017 年 1 月 6 日。

石建勋、王盼盼：《三步走：中国制造转型升级如何实现历史跨越》，《探索与争鸣》2017 年第 6 期。

石建勋、张凯文、李兆玉：《现代化经济体系的科学内涵及建设着力点》，《财经问题研究》2018 年第 2 期。

石建勋：《读懂新矛盾、读懂新时代》，《人民日报·海外版》2017 年 11 月 20 日。

石建勋：《坚定不移地推动高质量发展》，《文汇报》2017 年 12 月 22 日。

石建勋：《践行新理念引领新发展》，《经济日报》2017 年 1 月 13 日。

石建勋：《认识把握发展规律的新飞跃》，《文汇报》2017 年 2 月 24 日。

石建勋：《深刻理解现代化经济体系的科学内涵》，《经济日报》2018

年3月23日。

石建勋：《推动经济高质量发展从哪里发力》，《解放日报》2018年1月2日。

石建勋：《中国经济新常态的演变逻辑分析及展望》，《光明日报》2015年1月29日。

石建勋：《抓住主要矛盾攻克发展难题》，《经济日报》2017年12月8日。

寿思华：《马克思主义城市观与中国城镇化观察》，《改革与战略》2014年第2期。

孙存良：《全面认识新时代我国社会主要矛盾变化的重要依据》，《光明日报》2017年10月22日。

孙大海：《始终坚持以人民为中心的价值追求》，《人民日报》2017年10月23日。

孙虎、乔标：《我国新型工业化与新型城镇化互动发展研究》，《地域研究与开发》2014年第4期。

孙应帅：《社会主要矛盾新判断是对新时代社会实际的回应》，《长江日报》2017年11月12日。

唐洲雁：《深刻领会我国社会主要矛盾的变化》，《经济日报》2017年11月17日。

汪克强：《信息化："新四化"同步发展的关键》，《人民日报》2013年3月24日。

王东京：《马克思主义政治经济学中国化的最新理论成果——学习习近平新时代中国特色社会主义经济思想》，《光明日报》2018年1月9日。

王宏：《海洋强国建设助推实现中国梦》，《人民日报》2017年11月20日。

王思斌：《积极托底的社会政策及其建构》，《中国社会科学》2017年第6期。

王一鸣:《实施区域协调发展战略》,《经济日报》2017 年 11 月 16 日。

王子蕲:《研判主要矛盾转变,彰显政治担当》,《解放日报》2017 年 10 月 31 日。

巫文强:《中国特色社会主义需要以人民为中心建立社会生产关系——以人民为中心的中国特色社会主义政治经济学研究系列之一》,《改革与战略》2017 年第 6 期。

吴振兴:《我国农业现代化的国际比较研究》,《热带农业科学》2003 年第 2 期。

谢春涛:《如何认识我国社会主要矛盾的历史性变化》,《经济日报》2017 年 11 月 4 日。

谢迪斌:《坚持人民立场是不忘初心继续前进的政治保证》,《南方日报》2016 年 8 月 15 日。

辛鸣:《正确认识我国社会主要矛盾的变化》,《兵团日报(汉)》2017 年 11 月 9 日。

闫越:《准确把握社会主要矛盾的历史性变化》,《吉林日报》2017 年 10 月 26 日。

颜晓峰:《社会主要矛盾转化:关系全局的历史性变化》,《新华日报》2017 年 10 月 25 日。

杨佩卿:《新型城镇化的内涵与发展路径》,《光明日报》2015 年 8 月 19 日。

杨义芹:《新时代以人民为中心的价值追求》,《光明日报》2017 年 12 月 8 日。

尹成杰:《大力推动城镇化与农业现代化相互协调》,《农民日报》2012 年 11 月 14 日。

尹蔚民:《全面建成多层次社会保障体系》,《人民日报》2018 年 1 月 9 日。

喻新安:《新型城镇化究竟“新”在哪里》,《中国青年报》2013 年 4 月 15 日。

张国祚:《始终坚持以人民为中心的发展观》,《光明日报》2018 年 4 月 27 日。

张鹏:《从两个维度认识我国社会主要矛盾》,《红旗文稿》2017 年第 21 期。

张晓鸣:《破解发展不平衡不充分带领人民创造美好生活》,《文汇报》2017 年 10 月 21 日。

张占斌:《正确认识中国新时代的社会主要矛盾》,《人民论坛》2017 年第 S2 期。

赵昌文:《把握新时代新型工业化的新内涵》,《人民日报》2017 年 11 月 26 日。

赵弘:《推进城镇化和农业现代化同步协调发展》,《中国合作经济》2012 年第 12 期。

赵展慧、顾仲阳:《降成本“组合拳”怎么打》,《人民日报》2016 年 1 月 4 日。

赵中源:《开辟科学社会主义发展新境界——以习近平同志为核心的党中央推进马克思主义中国化的重大贡献》,《人民日报》2017 年 2 月 7 日。

郑功成:《全面理解党的十九大报告与中国特色社会保障体系建设》,《国家行政学院学报》2017 年第 6 期。

钟经文:《在理论和实践创新中开辟伟大事业新境界》,《经济日报》2017 年 10 月 17 日。

种海峰:《中国道路的时代内涵和深远影响》,《中国社会科学报》2018 年 1 月 9 日。

朱永刚:《准确理解我国社会主要矛盾的转化》,《中国纪检监察报》2017 年 11 月 1 日。

后　记

新时代，人民群众期待更好的社会服务、更高水平的社会保障，期待幼有所育、学有所教、劳有所得、病有所医、老有所养、住有所居、弱有所扶，这些是人民群众美好生活的基本要求和实实在在的需求。相对人民群众的期待和需求，我国社会供给目前还有差距和巨大缺口。人民群众的期待，就是我们的奋斗目标。习近平同志在第十三届全国人民代表大会第一次会议上的讲话中指出，我们要以更大的力度、更实的措施保障和改善民生，加强和创新社会治理，坚决打赢脱贫攻坚战，促进社会公平正义，在幼有所育、学有所教、劳有所得、病有所医、老有所养、住有所居、弱有所扶上不断取得新进展，让实现全体人民共同富裕在广大人民现实生活中更加充分地展示出来。

着力解决我国社会主要矛盾，党和国家已经开始了全面布局和伟大实践。2018 年是全面落实党的十九大会议精神的第一年，“把人民对美好生活的向往作为奋斗目标”，从二中、三中全会到十三届人大，从建设现代化经济体系的中央政治局学习到博鳌讲话，从纪念海南建省 30 周年讲话到“一带一路”座谈会和北京中非峰会讲话，习近平总书记努力践行着中国共产党对人民的承诺，为着力解决我国社会主要矛盾谋划、布局、考察和指导工作。当今世界正处在前所未有的大变局，中国正处在由“富起来”到“强起来”伟大飞跃的历史交汇期，在这样关键的历史时刻，紧密团结在以习近平同志为核心的党中央周围，在习近平新时代中国特色社会主义思想指引下，坚持“四个自信”，全国人民齐心协力，着力解决我国社会主要矛盾，“两个一百年”奋斗目标和中华民族伟大复兴的中国梦一定能够实现。

本书是在上海市社科规划“研究阐释党的十九大精神”系列课题“新时代我国社会发展的主要矛盾研究”基础上，进一步修改和完善而成的。8、9月份又按照上海市习近平新时代中国特色社会主义思想研究中心统一部署和出版社要求进行了格式规范，感谢为支持本书出版的所有机构和所有人员。由于水平有限，对习近平新时代中国特色社会主义思想学习研究还有待进一步深化，在研究和写作过程中难免有谬误和不足之处，欢迎批评指正。

作 者

2018 年 10 月于同济大学

责任编辑：毕于慧
封面设计：肖　辉　王欢欢
版式设计：汪　莹

图书在版编目（CIP）数据

新时代我国社会发展的主要矛盾研究 / 石建勋 著. —北京：人民出版社，
2019.3
ISBN 978－7－01－009860－9

Ⅰ. ①新…　Ⅱ. ①石…　Ⅲ. ①社会发展－研究－中国　Ⅳ. ① D668
中国版本图书馆 CIP 数据核字（2018）第 285425 号

新时代我国社会发展的主要矛盾研究
XINSHIDAI WOGUO SHEHUI FAZHAN DE ZHUYAO MAODUN YANJIU

石建勋　著

人民出版社 出版发行
（100706　北京市东城区隆福寺街 99 号）

北京中科印刷有限公司印刷　新华书店经销

2019 年 3 月第 1 版　2019 年 3 月北京第 2 次印刷
开本：710 毫米 ×1000 毫米 1/16　印张：20
字数：214 千字

ISBN 978－7－01－009860－9　定价：60.00 元

邮购地址 100706　北京市东城区隆福寺街 99 号
人民东方图书销售中心　电话（010）65250042　65289539